Rupert Neudeck

Das Versagen des Humanismus

Rupert Neudeck

Das Versagen des Humanismus

Unkonventionelle Hilfsmaßnahmen für die Dritte Welt

BELTZ
Quadriga

Die Deutsche Bibliothek – CIP-Einheitsaufnahme

Neudeck, Rupert:
Das Versagen des Humanismus : unkonventionelle Hilfsmassnahmen für die Dritte Welt / Rupert Neudeck. –
Weinheim ; Basel : Beltz Quadriga, 1992
ISBN 3-407-30562-1

Redaktion: WZ Media
Recherchen: Katharina Huniat
Korrektur: Dietmar Heekerens
Satz und Umbruch:
Satz- und Reprotechnik GmbH, 6944 Hemsbach
Druck und buchbinderische Verarbeitung:
Druckhaus Beltz, 6944 Hemsbach
Umschlaggestaltung:
Dieter Vollendorf, München, unter Verwendung einer Fotografie von Guido Mangold, Bilderdienst Süddeutscher Verlag
Printed in Germany

ISBN 3-407-30562-1

Inhalt

Ein Blick zurück – Trauerbrief an Heinrich Böll

„Ich glaubte mich der Literatur zu weihen, während ich in Wahrheit in einen Orden eingetreten war. Die Gewißheit des demütigsten unter den gläubigen Menschen wurde in mir zur stolzen Evidenz meiner Prädestination. Prädestiniert sein, warum nicht? Ist nicht jeder Christ ein Erwählter? So wuchs ich als Unkraut auf dem Humus der Katholizität“
(Jean-Paul Sartre: Die Wörter, Reinbek 1965, S. 142)

„Ich meine nicht kirchlich. Ich meine religiös." Wer hat in der Geschichte der Bundesrepublik und der Deutschen so klar und ohne Mißverständnis, so eindeutig evangelisch und tröstlich gesprochen? Seit es ihn nicht mehr gibt, als Zeitgenossen meine ich, ist es ärmer geworden in unserer Gesellschaft, kälter, manchmal auch schwachsinniger und dreister. Es fehlt jemand, der zum Golfkrieg, zum Aufmarschieren der Armeen im humanitären Nachklapp des Golfkrieges, zum Sieg der D-Mark über die Ossis, zur Total-Vernachlässigung der Völker und Menschen Afrikas etwas sagen würde, was nicht überhört werden könnte.

Jemand, der vielleicht die Grünen zurechtgebracht haben könnte, jemand, der die Radikalität so gewinnend in die öffentliche Debatte eingeführt hat, jemand, der keine Fragen unerlaubt fand, weil das Fragen ja die „Frömmigkeit des Denkens" und diese Frömmigkeit wiederum das Lebenselixier der Demokratie ist. Ich werde den Moment der ersten Begegnung mit ihm, dem Menschen Heinrich Böll, nie vergessen, da wußte ich und ahnte ich noch nichts von unserer späteren schönen Zusammenarbeit bei Cap Anamur: Das war in der Hülchrather Straße, mitten in Köln; diesen Platz hat Böll dann später ganz verlassen, als er die Schnüffelangriffe der Polizei und des Verfassungsschutzes leid war und er nach Langenbroich zog, weg von seinem geliebten-gehaßten „Kölle". Es war in der Zeit der größten inneren Zerreißprobe der Republik – die Terrorwelle schwappte über das Land, und jemand, der sich über die Gründe für so viel schrecklichen Irrsinn und darüber, wie er bei so wertvollen jungen Menschen wie Ulrike Meinhoff und Gudrun Ensslin zustande kam, Gedanken machte, bewegte sich im staatspolitisch unerlaubten, im beobachteten und zensierten Gelände.

Es war just nach einem Interview im Bayerischen Rundfunk, einem Interview mit Gerd Heidenreich, wenn ich mich richtig entsinne, das dann nicht gesendet werden durfte. Ich sollte für das „Kritische Tagebuch" und Mariane Lienau dieses Gespräch machen; ich war damals noch in einem katholischen Laden angestellt. Böll aber nahm mir den Bammel auf seine Art: Einmal war er der Demokrat und Freiheits-Fan, als den ich auch seinen Kollegen Jean-Paul Sartre kennengelernt hatte. „Sie dürfen natürlich jede Frage stellen", lachte er mir rauchend ins Gesicht, als ich auf diese typisch verbildete Art, die im deutschen Rundfunk gang und gäbe ist, tatsächlich wohl gebeten hatte: „Darf ich Ihnen dann noch die Frage stellen...?" Das war für Heinrich Böll schon eine professionelle Fehlleistung. Ich habe diese Frage auch nie mehr gestellt – in Erinnerung an diese Vormittagsstunden in der Hülchrather Straße.

Zum anderen war er ein Mensch – voilà un homme. Nein, nicht ein Mann, ein Mensch, voller Wärme und Sympathie für jeden, der da vorbeikam. Und ich war damals ein Vorbeigelaufener, ein Hergelaufener, nichts mehr. Wie er jemanden sofort mit Namen ansprach. Wie er jeden ernst nahm, das hat mir für mein Leben imponiert.

Es war fünf Jahre später, als ich das noch einmal beobachten und erleben durfte. Heinrich Böll wurde Mitgründer des „Deutschen Komitees Ein Schiff Für Vietnam". Wir waren zusammen bei einer Pressekonferenz, der noch zwei andere Böll-Pressekonferenzen folgten. Diese erste hat, pathetisch aber wahr, mein Leben auf eine sehr glückliche Art geändert. Das Komitee war da, aber war noch nicht gegründet. Bis heute ist Cap Anamur/Not-Ärzte noch nicht richtig gegründet. Es soll auch nie gegründet werden. Damit es nicht verfettet, verdickt, träge, bärbeißig und in sich bürokratisch ruhend wird. Wir haben damals auf ihn, Heinrich Böll, gesetzt. Und er hat diese Herausforderung angenommen. Und uns im Komitee in Deutschland wie allen Mitarbeitern, Ärzten und Ärztinnen, Krankenschwestern und Krankenpflegern und allen anderen, die beim Aufbau von Ambulanzen und der Brunneneinfassung in Krankenhäusern des Sudan mittun, als Vermächtnis etwas mitgegeben, was er am 23. Oktober 1984 in Holstebro in Jütland spontan, aber wohlbedacht gesagt hat. Er war vom Odin-Teatret gebeten worden, eine gute Summe dänischer Kronen, die die Schauspieler des weltberühmten Stelzentheaters jedes Jahr sammeln, 1985 an einen Preisträger weiterzugeben. Böll wählte das Komitee Cap Anamur aus.

Er kam selbst nach Holstebro, obwohl es für ihn beschwerlich war. Mit seiner Frau und seiner Mitarbeiterin Renate Grützbach. Ich selbst hatte eigens den Rückflug aus Tansania nach Kopenhagen und dann weiter nach Jütland gebucht. Als ich in Frankfurt zwischenlandete, hörte ich die Nachrichten von der Äthiopien-Kampagne, die durch einen kleinen TV-Bericht unter den Deutschen losgetreten war. Dann trafen wir uns, und nach einer rauschhaften Theatervorstellung sagte Böll:

„Man hat mich gefragt, warum ich den Preis nicht jemandem übergeben habe, der Kunst macht. Ich möchte darauf hinweisen, daß das griechische Wort, von dem das Wort Poesie abstammt, ‚poiein', sehr viele Bedeutungen hat. Nur eine davon, und gar nicht die wichtigste, heißt Dichten und Erdichten. Die wichtigsten Bedeutungen haben mit Machen zu tun und mit Tun, etwas tun. Ich möchte aufmerksam machen auf die Poesie des Tuns."

Er fügte den folgenden Text an:

> Es ist schön, ein hungerndes Kind zu sättigen,
> ihm die Tränen zu trocknen,
> ihm die Nase zu putzen,
> es ist schön, einen Kranken zu heilen.
> Ein Bereich der Ästhetik, den wir noch nicht entdeckt haben,
> ist die Schönheit des Rechts;
> über die Schönheit der Künste, eines Menschen, der Natur
> können wir uns halbwegs einigen.
> Aber – Recht und Gerechtigkeit sind auch schön, und
> sie haben ihre Poesie, wenn sie vollzogen werden.
> Tuende, nicht Tätige, möchte ich ehren.
> Alle diejenigen, die wissen, was es bedeutet, ein Flüchtling,
> ein Vertriebener zu sein,
> unwillkommen zu sein.

Manchmal kommen mir die Tränen, wenn ich diesen Text lese oder ihn auf einer kleinen Kassette anhöre. Und ich schäme mich dessen nicht. Es tut manchmal weh, daß er nun endgültig nicht mehr da ist. Wenn es mit der Aktion für Sowjetrußland, für Sibirien (Kusbass) so schwierig wird, wenn – wie im Januar, Februar 1991 geschehen – hemdsärmelige und ganz eitle Kritik in den Zeitungen steht, dann möchte ich wieder zu ihm fahren, von diesem Platz im Hochhaus des Deutschlandfunks (DLF) am Raderberggürtel nach Bornheim-Metten, wo er sein drittes Domizil hatte, wo ich ihn oft gesehen habe, weil er mir gesagt hatte: „Neudeck, wenn was ist, dann kommen Sie einfach. Auch wenn ich gar nichts tun kann."

1979 – nachdem die Medien, die beiden TV-Giganten ARD und ZDF, alle auf das Schiff eingedroschen hatten, weil – ja, weil wir nach 14 Tagen noch keinen Ertrinkenden in der letzten Minute aus dem Wasser hatten ziehen können –, da sagte er mir in seiner Naivität, die höchste humanitäre Empfindung verbarg: „Ich verstehe das nicht, welche Motive haben denn diese Journalisten, das Schiff fertigzumachen?"

Ich verstand diese Motive mittlerweile sehr gut. Es ist tödlich, Journalisten auf eine Unternehmung mitzunehmen, deren Erfolg nicht von vornherein, und zwar innerhalb von höchstens sechs Tagen garantiert ist. Ich hatte diesen fast tödlichen Fehler gemacht. Manchmal träume ich an solchen Tagen, wenn wieder einmal irgendein „erfolgsverseuchtes" Medium oder ein erfolgsverseuchter Politiker uns die Arbeit schwermachen will, daß ich ins Auto steige und zur Martinstraße nach Bornheim fahre. Hoc meminisse iuvabit. Es hilft mir dann, mich an ihn zu erinnern, in der Enttäuschung, daß das alles nicht mehr so ist; daß es seine Texte gibt. „Ich meine nicht kirchlich. Ich meine religiös." Danke, Heinrich Böll. Du fehlst uns heute sehr.

(Troisdorf, im Juni 1991)

Das Versagen des Humanismus

„Die amerikanischen Intellektuellen ... sind schockiert, aber gerade das Schockiertsein befriedigt sie, beweist es doch, was sie bewiesen sehen möchten: daß sie recht haben, wenn sie gegen den Krieg sind. Daraus geht klar hervor, daß die Amerikaner für ihren Widerstand gegen Johnsons Vietnampolitik eine Rückenstärkung brauchen, die Vietnamesen hingegen nicht. In der mittleren Generation verbleibt ein Zweifel, wie bei den marxistischen Veteranen zur Zeit der Moskauer Schauprozesse. Ein trotzkistischer Freund gestand mir einmal, daß er damals immer wieder nachts schweißgebadet aus dem Schlaf auffuhr: ‚Was aber, wenn Stalin recht hat?' So begrüßten wir die Nachricht von den Zwangsarbeitslagern als eine Bestätigung unserer Auffassungen, während die Nachricht von den Todeslagern der Nazis zunächst mit ungläubigem Staunen aufgenommen wurde... Nicht daß die Angst, politisch im Unrecht zu sein, eine an sich unerwünschte Eigenschaft wäre; wenn sie jedoch menschliches Elend braucht, um ein Argument zu untermauern, ist es an der Zeit, sich vorzusehen."

(Mary McCarthy: Hanoi 1968, München 1969, S. 97)

Wie eine mehrdeutige, aber strahlende Fanfare klingt die Botschaft des Johann Gottfried Herder Ende des 18. Jahrhunderts – und bis zum Ende des 20. Jahrhunderts hat sie ihre strahlende Clairon-Qualität noch nicht eingebüßt: „Denn jedes Volk ist Volk; es hat seine Nationalbildung wie seine Sprache." Was alles muß dann noch geschehen, damit zum Beispiel die afrikanischen Völker mit ihren Sprachen den Altar der weltweiten Anerkennung und des mondialen Respektes erreichen? Und warum gilt das nicht für die Kurden, die Iren, die Basken, die Korsen?

Wenn es doch wahr ist, daß sich die Emanzipation der europäischen Nationen über die Lexika, die Lexikographen vollzog, dann ist in Afrika fast alles noch zu tun. Die Reduktion der kolonialen Epoche in diesem Zusammenhang auf Versklavung und Diskriminierung ist widersinnig und kontraproduktiv, weil sich in dieser kolonialen Epoche ja nicht nur Versklavung und Diskriminierung ereignete, sondern sich auch der erste Ansatz zu einer Gleichberechtigung nach dem Rezept von Herder zeigte.

Die Neubewertung des Kolonialismus durch die Einführung einer neuen Form von Entwicklungsstrategie, die auf der Grundlage dieser Neubewertung steht, wird eine der wichtigsten und mutigsten Arbeiten Europas in den nächsten Jahren werden, wenn denn Europa nicht wieder versagen will. Die Zeit, die vor uns liegt, und die zumal die Zeit unserer Kinder werden wird, muß sich radikal und heftig umdrehen und die bisherigen Standpunktprothesen einfach wegwerfen.

Die erste Radikalwende ist die Neubewertung des Kommunismus-Marxismus, die zweite die Neubewertung des Kolonialismus. Beide unter dem alleinigen Aspekt zu sehen, daß es dabei nicht um die akademischen Leistungen, sondern um die Konsequenzen geht, die Praxis, die aus dieser Neubewertung folgt.

Das Drama Afrikas besteht darin, daß sich die autochthonen Regierungen in aller Regel um die eigene Herkunft, die eigene Sprache, die hundertfältigen Dialekte, die historischen Ruinen wenig kümmern. Jedenfalls spielen solche Bemühungen eine politisch völlig untergeordnete Rolle. Das brutale und furchtbare Zerstören, das Kaputtschlagen und Vernichten wird in Afrika weitergehen und vielleicht sogar zunehmen, wenn es nicht einen Ruck in der kulturellen Entwicklung gibt. Es müßte wirklich eine radikale Umkehr geben in der gesamten Politik Europas gegenüber dem südlichen Kontinent. Afrika ist nur diesem Europa zugeordnet, ja, uns aufgegeben, sonst niemandem. Von woher sollte es eine Perspektive bekommen, falls sie überhaupt von außen kommen muß, wenn nicht von Europa?

Der Ruck muß mit spektakulären Schritten begonnen werden, sonst wird es wieder kein Ruck. Es ist ganz schwierig, sich dies vorzustellen. Der Ruck kann eigentlich nicht nur allein durch Verhandlungen mit den Regierungen geschehen, weil die Mehrzahl der Regime und Diktaturen den Kontinent so verraten haben wie jener Kaiser Bao Dai in Indochina-Vietnam, der sein Land in der größten Existenzkrise nach 1945 von der Französischen Riviera aus regierte. Ähnlich ist es ja mit den modernen Gott-König-Präsidenten (abgekürzt: GKPs), jenem Sese Seko Mobutu oder Olympio Eyadema, die sich ebenfalls eine beträchtliche Zeit ihrer jährlichen Amtsperiode in ihren Privatvillen an der Französischen Riviera aufhalten.

Ich will damit aber nicht unterschätzen, wie schwierig es für die neue europäische Politik werden wird, diesen radikalen Bruch zu vollziehen. Es muß ja auch erst die Erkenntnis wachsen, wie verantwortungslos und hemmungslos die Kumpanei der Nomenklaturen und Familientyranneien mit europäischen Regierungen lief. Obwohl das Desaster in den letzten 12 Monaten in einer so dramatischen Form sichtbar, sogar in Bildern sichtbar geworden ist: in Liberia wie in Somalia. Man hat bis zuletzt in Somalia auf den abgewrackten Präsidenten Siaad Barre gesetzt und steht jetzt vor einem unabsehbaren Trümmerhaufen. Der vormalige, jetzt wohl verjagte Präsident hat das Land nicht nur ökonomisch in die allerschlimmste Katastrophe hinabgerissen. Das wäre ja noch zu reparieren. Nein, er hat die eigene nomadische friedliche Pastoralkonstitution, dieses wunderbare Gleichgewicht zwischen Natur und Hirten, zwischen Ökonomie und Ökologie so radikal an der Wurzel zerstört, daß nach der sogenannten Befreiung keine einzige von der Nomadenkultur her sich anbietende Kraft mehr das Land aus seinem totalen Chaos reißen kann. Siaad Barre hat mit seinem Clan das Land zu seinem eigenen Profit, den seine Familie schon heute in der Schweiz von seinem Nummernkonto verzehrt, in den totalen kulturellen, politischen, ökonomischen Abgrund gestürzt.

Das hilflose Bild der drei grünen Jungs, die an einer zerstörten Straße in dem zerstörten Mogadischu sitzen – wobei der Reporter der „Tagesschau“ am 31.1.1991 im deutschen Fernsehen sagt: „Rechts im Bild der nominierte Präsident des United Somali Congress“ –, bricht den Stab über die Fähigkeit der Befreiungsbewegungen, von denen es mittlerweile vier oder fünf, möglicherweise unter dem Eindruck einer Beute, die zu verteilen ist, schon sieben oder acht gibt, das Land zu ordnen. Es versinkt, wie nur ein anderes afrikanisches Land in Westafrika, nämlich Liberia, auch schon versunken ist, im Meer von Blut und Tränen und Leichen. Nicht eine einzige Perspektive ist mehr zu sehen im Rahmen der Regelungsmechanismen, die die uns bekannte Welt vorsieht. Es gibt keine Diplomatie, die jetzt zu einem Runden Tisch drängen könnte, es gibt kein strategisch-militärisches Interesse mehr an dieser Streusandwüste, obwohl die USA in Berbera (Somalia) ja noch bis zum 25. Januar 1991 eine Basis hatten, es gibt kein ökonomisches Interesse an diesem Land mehr – außer der Tatsache, daß es jetzt gerade gut genug dafür wäre, unseren Atommüll aufzunehmen. Es gibt kein wissenschaftliches Interesse mehr. Wo bleibt die stolze ostafrikanische Nation der Somalis? Oder hat es eine somalische Nation noch gar nicht gegeben?

Die Katastrophe ist da, die niemand für möglich gehalten hätte. In dem Moment der sogenannten Befreiung (30.1.1991) kündigen die belgischen „Médecins sans frontières“ an, sie müßten evakuiert werden, weil sich in der Hauptstadt so viele Banden herumtreiben, die sogar das Leben der belgischen Ärzte bedrohen. In dem Moment der Befreiung erzählt mir der Vertreter der SNM (Somali National Movement) Hassan Djamas (Bonn) strahlend am Telefon (es war am 2.2.1991): Die drei großen Befreiungsbewegungen hätten sich jetzt geeinigt, sich „auf neutralem Boden“ außerhalb Somalias zu treffen. Ich bin bei so viel Unverstand und Chuzpe wütend geworden: „Wie, Sie behaupten, Sie hätten das Land befreit und den Tyrannen verjagt – und jetzt wollt Ihr Befreier Euch nicht auf befreitem Territorium treffen, sondern im Ausland?“ Wer kann denn das alles noch verstehen?

Dem Versagen Europas entspricht das Versagen Afrikas. Wobei

wir hier die Völker von den Regierungen trennen müssen. Die Völker Afrikas haben bis heute nicht die Regierungen, die sie verdienen. Das Versagen wird auf allen Ebenen deutlich, mit dem profitträchtigen Versagen Europas wird es zur Kumpanei, die die Völker stranguliert. Die Verdienstspannen für Europas Firmen waren viel zu üppig und lecker, als daß man von einem Milliardenprojekt vorzeitig gelassen hätte, das seit Jahren als ökologische und ökonomische Katastrophe für Somalia erkennbar ist. Ich konnte selbst erfahren, wie stark der Druck von kommerziellen Interessen bei uns in der Bundesrepublik ist, als ich den damaligen Staatssekretär im BMZ (Bundesministerium für wirtschaftliche Zusammenarbeit), Volkmar Köhler, auf einer Ostafrikareise im Jahre 1985 begleitete. Der Weg führte vom Sudan nach Somalia, von dort nach Ägypten. Es ging erneut um Beratungen, ob man das Geld würde zusammenklauben können für den Staudamm am Fluß Juba. „Die Europäische Gemeinschaft treibt das Projekt mit großem Eifer voran, denn die somalische Regierung wünscht sich diesen Damm schon lange. Für neun Millionen Mark wird in Mailand bereits an den Konstruktionszeichnungen gearbeitet und an den Ausschreibungsunterlagen, denn die somalische Regierung möchte, daß mit dem Bau möglichst schnell begonnen wird", so hat es der ZDF-Reporter Albrecht Heise schon am 9. April 1984 berichtet – in einem zweiteiligen Film, der damals beim Publikum wie eine Bombe einschlug. „Wie Hunger gemacht wird", hieß der Zweiteiler, der zeigte, daß Hunger auch durch völlig unsinnige, ökologisch verrückte und ökonomisch verheerende, für die traditionelle Nomadenkultur wahnsinnige Projekte „gemacht" wird. Der Damm wurde projektiert, obwohl bereits die einschlägigen Erfahrungen mit den Dämmen am Assuan, in Manantali, in Cabora Bassa und andernorts vorlagen. „Macht nichts, der Jude wird geköpft!" heißt es in Lessings „Nathan der Weise", angewandt auf diese Situation könnte man sagen: Macht nichts, jedes Argument und jede Erfahrung wird in den Wind geschlagen, wenn harte Profit- und Korruptionsinteressen im Spiel sind. „Von den zwei Milliarden Mark, die der Damm kosten wird, haben arabische und europäische Geber erst knapp die Hälfte zugesagt."

Als ich mich mit Volkmar Köhler im Sudan in der Provinz Darfur aufhielt und ihn im Regierungsgästehaus in El Fascher für ein

„Interview der Woche“ im DLF befragen konnte, da sagte er mir freimütig, er hoffe, daß mit diesem Besuch der Juba-Damm gestorben sei. Denn Köhler war von dem ökonomischen Unsinn des Plans überzeugt. Als er aber zurückkam aus Somalia, wohin ich nicht gefahren war, war der offizielle Vertreter der Bundesregierung umgedreht. Jetzt hatte er für den Damm und die Beteiligung der Bundesrepublik an den Kosten gesprochen. Die Interessen verflochten sich.

Albrecht Heise fragte damals einen deutschen Entwicklungsexperten in Mogadischu, Dr. Jürgen Kraft, ob denn – banale Frage – Somalia so einen teuren Damm überhaupt braucht, „um sich mit Nahrung zu versorgen?“ Die Antwort:

„Also vom Boden, vom Klima, von den Regenfällen her kann man ganz einfach sagen, das vorhandene Ackerland reicht aus. Das Land kann genug produzieren und kann auch in begrenztem Umfang eine Reserve anlegen für schlechte Zeiten. Die Bauern tun es ja sowieso schon für ihre eigenen Familien. Die Nomaden benötigen ja keineswegs ihre Nahrung nur in Form von Getreide oder auch nur in der Hauptsache – die Hauptsache für Nomaden ist Milch, Kamelmilch und Fleisch. Und das haben sie beides im Übermaß. Und die Somalis sind gesunde Leute. Wenn Sie die sehen im Busch, die ein normales Jahr hinter sich haben – stellen Sie sich mal vor, daß Sie sich mit denen streiten müssen. Das sind kräftige Gesellen, gut genährt, durchtrainiert – denen fehlt gar nichts!“

Wohin man ein Land kaputt-entwickeln kann, ja, regelrecht von außen kaputt machen kann, das beweist mehr als jedes andere – das Land von Weihrauch und Myrrhe, Somalia. Die Kultur der Nomaden, dieser wunderbare Einklang von Mensch und Natur, diese von C.S. Lewis beschriebene „Pastoral democracy“, nein, nicht Westminster, eine ganz genuine Form von nomadischer Basisherrschaft mit ausgezeichneten Regelungsmechanismen – das alles wurde zerstört. Somalia wurde erst von Moskau unterstützt und der Kopf verdreht, als eine besoffene Regierung den Somalis (d.h. 80 Prozent Nomaden) klarmachen wollte, daß das Konzept des „wissenschaftlichen Sozialismus“ ihnen Heil bringen würde; dann warf der Präsident Siaad Barre die Kommunisten aus der Sowjetunion und dem Ostblock über Nacht heraus – das war 1978 – und zwang die Amerikaner (und im Gefolge der USA natürlich die Westeuropäer, an erster Stelle den treuesten Vasallen der USA, die Bundesrepublik Deutschland) hinein...

Es gab eine phantastische, aber ganz unangepaßte Entwicklungshilfe; es gab noch etwas ganz Geheimes, was die Nomenklatura in ihrem unersättlichen Beherrschungs- und Machttrieb ganz besonders schätzte: eine „Ausrüstungs-", später ab 1988 „Ausstattungs-" Hilfe genannt, die der somalischen Polizei zugutekam. Ich zitiere aus den „streng-vertraulichen" VS-Sachen (VS = Verschluß) zu Somalia. Diese Ausstattungshilfe kommt ca. 60 Staaten zugute, davon sind die meisten von Amnesty International als Folterstaaten ausgewiesen, das Jahresbudget für diese Assistenz – die in einzelnen Fällen demonstrativ ist –, betrug früher 80 Millionen DM; sie ist jetzt aufgrund öffentlicher Proteste auf 60 Millionen DM heruntergegangen. Das Dokument trägt das Datum des 20. Oktober 1988, stammt aus dem Bundesministerium für Verteidigung, darüber steht klar „VS – Nur für den Dienstgebrauch". Empfängerland Somalia. Die Ausstattungshilfe läuft seit 1962; bisheriges Finanzvolumen: 77,3 Millionen DM; Zusage für 1988–1990: 12 Millionen DM. Zuständig für die Durchführung: das Verteidigungsministerium; Beratergruppe der Bundeswehr. Programmschwerpunkte: Verbesserung der Lufttransport-Kapazität und Inbetriebhaltung eines LFZ Do 28; Aufbau und Betrieb eines landesweiten Kommunikationsnetzes; Aufbau und Betrieb einer zentralen KFZ-Instandsetzungseinrichtung für die somalische Polizei.

Die Zusammenarbeit mit der somalischen Polizei ist historisch begründet, da zum Zeitpunkt des Beginns unseres Engagements die Armee vollständig in DDR-Hand war. Die somalische Polizei war *der* Ordnungsfaktor im Lande, da die Armee überaus schlecht ausgerüstet und ausgebildet ist. Dem somalischen Wunsch nach Lieferung eines neuen Flugzeuges (Do 288) mußte von unserer Seite widersprochen werden, da die Betriebskosten (Wartung, Instandsetzung und Flugbetrieb) von somalischer Seite nicht übernommen werden können und die Mittel der Ausstattungshilfe dafür nicht ausreichen, ohne die übrigen Projekte zu gefährden. Die Lieferung von Waffen, Munition sowie Maschinen zu ihrer Herstellung ist durch einen entsprechenden Vermerk im Haushaltsgesetz im Rahmen der Ausstattungsilfe ausgeschlossen. Das verhinderte aber nicht, daß die LKWs, die der Polizei für ihren Mannschaftstransport in Mogadischu zur Verfügung gestellt wurden, von einem Zeugen im Bürgerkrieg in Nordsomalia im Einsatz der Armee – bestückt mit MPs – gesehen wurden, der Zeuge war geschult, er kannte aus seiner Arbeitszeit bei Siemens in München sehr genau diese von der deutschen Seite gelieferten MAN- und Mercedes-LKWs.

Jetzt ist das Land als Staat total zusammengebrochen, und das, was man voraussehen konnte, ist eingetreten: Die Bundesregierung gilt von nun an nur noch als Kollaborateur einer schrecklichen Familientyrannei, der des Staatschefs Siaad Barre. Bis zum letzten Moment hat man die Ausstattungs- und Entwicklungshilfe weitergeführt, so als wollte man sich um jeden Preis die eigene Entscheidung zur Beendigung aus der Hand nehmen lassen. Das gesamte Kommunikationsequipment, das zum Aufbau eines landesweiten Netzes der Information von deutscher Seite geliefert wurde, ist zerstört, in sich zusammengebrochen. Der Staat der Somalis hat seine Seele – unter unserer kräftigen Assistenz – ausgehaucht – ob und wie die Somalis noch einmal einen Staat haben wollen und können, ist mir schleierhaft. Vielleicht gelingt das nur noch in Form eines aufgeklärten Post-Kolonialismus. Es müssen jedenfalls europäische Experten mit an den Schlüsselstellen sein, sonst gehen das Land und seine Bevölkerung endgültig zugrunde.

In der Begründung für die Neubewilligung der Ausstattungshilfe „insbesondere im Transportsektor" werden nun unvorsichtig alle Katzen aus dem Sack der unberührten zivilen Wohlanständigkeit gelassen:

„Das nach einem spektakulären Kurswechsel seit 1977/78 außenpolitisch am Westen orientierte Somalia muß als latent instabil gelten. Die inneren Schwächen des Regimes unter Präsident Siaad Barre liegen insbesondere in der ungenügenden wirtschaftlichen Basis, im andauernden Spannungszustand mit dem militärisch überlegenen Äthiopien, in der Existenz einer von Äthiopien unterstützten bewaffneten Opposition und in der ungeklärten Nachfolgefrage im Amt des Staatspräsidenten. Somalia kommt andererseits in seiner geostrategischen wichtigen Lage in der Nähe von

Rotem Meer und Persisch/Arabischem Golf und in der Nachbarschaft zweier mit der Sowjetunion verbündeter Staaten (Äthiopien/Yemen) im strategischen Konzept der USA für die Region Nord-Indik/Mittlerer Osten eine bedeutsame Rolle zu. Somalias Beziehungen zur Bundesrepublik Deutschland haben seit der Geiselbefreiung von Mogadischu eine besondere Qualität."

Die Bundesrepublik leistet den USA mit ihrer Ausstattungshilfe einen Gefallen, weil die somalische Armee und Polizei bei der Stange gehalten werden müssen – im Prokrustesbett der strategischen Interessen der USA.

Eine wirklich friedliche Entwicklung im Osten und im Süden kann erst gelingen, wenn die tödliche Politik und die tödliche Hilfe wirklich abgebaut und beendet sind. Dafür aber müßten sich die Wähler und Bürger wirklich interessieren. Die wenigen Zeitgenossen, die uns auf die wichtigsten Fragen von Gegenwart und Zukunft vorbereiten und alle Schleier von unserem Kokon wegreißen, verschwinden in der Versenkung, weil sie ja viel zu unbequem sind. Zwei Beispiele und Belege dafür: Brigitte Erler und Franz Alt.

Brigitte Erler hat uns Deutschen schon 1985 gesagt, daß wir mit der bisherigen Form der sogenannten Entwicklungshilfe weder Entwicklung forcieren noch wirklich helfen, sondern etwas Tödliches betreiben. Wir machen die Reichen nur reicher, die Armen nur ärmer und sorgen noch durch Kredite und teure Projekte mit viel ideologischem Gutachterbrimborium dafür, daß besonders gefährliche Technologien, Pestizide, Düngemittel und ähnliches in die Dritte Welt exportiert werden. Erler hat damals – 1984 schon – herausbekommen, daß wir gar nicht zusammenarbeiten, sondern nur das Feld bereiten wollen, um unserer Groß- und Kleinindustrie den Weg zu bahnen. Wie anders denn, so sagt Brigitte Erler, würden Hoechst und Bayer ihre Chemieprodukte nach Bangladesh bringen können, gäbe es nicht Landwirtschafts- oder Gesundheitsprojekte des Deutschen Entwicklungsdienstes (DED) oder der Gesellschaft für technische Zusammenarbeit (GTZ)?

„Während eines Abendessens saß ich neben einem hohen UN-Beamten, uns gegenüber ein prominenter Bangladeshi.

UN-Beamter: Die Bangladeshi brauchen uns eben. Wenn Sie ihn

fragen würden, würde er Ihnen das gleiche sagen. Ich: Dann fragen Sie ihn doch, er sitzt Ihnen doch gegenüber. UN-Beamter: Ich weiß das, er würde das sagen. Der Bangladeshi hörte schweigend diesem Gespräch zu." (Tödliche Hilfe, Freiburg 1985, S. 95)

Dabei hatte Brigitte Erler auf etwas aufmerksam gemacht, was nicht kurzgeschlossen, auch nicht metaphorisch gemeint war, sondern lange überlegt. Und ihre Polemik war auch nicht zu diskreditieren durch den Hinweis, daß ihr Fallbeispiel eben nur eines war (= Bangladesh), daß sich die Verhältnisse in anderen Bereichen ganz anders verhalten.

Die Strukturen sind eben so: Der entscheidende Gewinner bei der Entwicklungshilfe in all ihren Modalitäten sind die Reichen bei uns in Westeuropa wie in den begünstigten Ländern. Deshalb hat sich zwischen Nord und Süd ja auch wenig verändert. Deshalb können ja die Agrarsubventionen der EG weitergehen, weil unser entwicklungspolitisches Bewußtsein von zwölf Uhr bis Mittag reicht. Die Industrie geht nach ihrer eigenen Logik auf den Untergang der gemeinsamen Lebenswelt zu, wenn man sie machen läßt. Es gibt ja nicht die kleinste Andeutung dafür, daß etwa die Manager der deutschen Chemiefabriken wie die Karl Kolb AG in Hanau oder die Firma Gildemeister in Bielefeld oder in Drensteinfurt die H & H Metallwerke jetzt beunruhigt wären, daß sie nicht im nächsten Moment die gleichen Waffenexporte oder Zubringer zu Waffenexporten wieder bestreiten würden: „Après nous le déluge." Oder: Hauptsache, die Profitraten stimmen. Es ist doch nicht etwa Entsetzen und Trauer, Nachdenklichkeit oder Zähneknirschen, was auf den Chefetagen der betroffenen Firmen herrscht über die leckeren Geschäfte, die man mit Saddam Hussein gemacht hat. Im Gegenteil: Man feiert das doch insgeheim! Der damalige Bundeswirtschaftsminister Bangemann hat zu Zeiten, da er noch Minister war und der CIA wegen der deutschen Chemiewaffenfabriken in Libyen zum ersten Mal in Bonn vorstellig wurde, die deutsche Industriehaltung auf den Punkt gebracht: „Konkurrenzneid der Amis".

Brigitte Erler hat das analysiert und vorhergesagt, daß wir uns mit unserer Entwicklungshilfe ganz schön lächerlich machen würden, weil die Ergebnisse zu Lasten der Länder Afrikas gehen würden, und deshalb eben „tödliche Hilfen" sind.

Das Ministerium (BMZ) läuft mehr schlecht als recht weiter. Der Sachverstand nimmt dort ab. Ich erlebe bei jedem Besuch von neuem, daß diese geballte Kraft an Sachverstand und Engagement immer mehr zertrümmert wird. Die Regierung und der Kanzler haben mit dieser Sache wegen ihrer klaren Bedeutungslosigkeit nichts zu tun. Sie verachten sie de facto, indem sie dieses Ministerium zum Ausverkaufsposten machen. Manche Politiker, die man anderswo in wichtigen Positionen nicht mehr gebrauchen kann, die versetzt man einfach hierhin, in die Bonner Karl-Marx-Straße. Ich kann auch die Politiker, die sich damit noch gemein machen, nicht mehr bewundern – wie einen Hans-Peter Repnik, der Parlamentarischer Staatssekretär bleibt, wenn Carl-Dieter Spranger Minister wird. Als ich zum ersten Mal im Ministerbüro bin – am 4. Februar 1991 –, einfach deshalb, weil ich Sprangers Vorgänger, dem in diesen Fragen sensiblen Jürgen Warnke, noch am 15. 1. 1991 einen Brandbrief geschrieben hatte und ihn um Nahrungsmittelhilfe für die hungernde somalische Bevölkerung bat, erlebe ich wirklich Wunderbares. Dieser neue Minister spricht mit mir über den angeschlagenen Ruf der Entwicklungshilfe, ohne zu merken, daß seine Person selbst das schlagende Beispiel dafür ist, daß der Ruf gänzlich ruiniert ist.

Dann erlebe ich am gleichen Tag noch etwas Merkwürdiges in diesem Ministerium. Der Referatsleiter, der auch für den Sudan und für Somalia zuständig ist, hat mir eine Telefonnummer weiterzugeben. Der Leiter der deutsch-somalischen Gesellschaft, Herr Nottmeyer, erzählt mir am Telefon folgende Räuberpistole – und die Ironie der Geschichte will es, daß das Ministerium für Entwicklungshilfe noch Hebamme dieses Gespräches ist. Er habe ein Schiff, das sei mit Medikamenten und Equipment an Bord die Küste Somalias auf und ab gefahren, es habe keine Möglichkeit gehabt, dieses Zeug in Mogadischu an Land zu bringen. Nun weiß ich aber seit einem Jahrzehnt, daß die Deutsch-Somalische Gesellschaft an vielen merkwürdigen Geschäften mit Somalia beteiligt war. Gerade 1990 ging das Gerücht, daß deutsche Cargoschiffe Nuklearmüll auch in Somalia gelandet hätten. Ich konnte das leider nicht verifizieren. Nun aber erzählt mir im Zimmer des Ostafrika-Referatsleiters im BMZ Nottmeyer am 4. 2. 1991: sein Schiff sei dann nach Mombasa gefahren, aber das Rote Kreuz habe die Ladung nicht haben wollen, dann sei es nach Livorno weitergedampft, aber die Italiener hätten den Schiffsinhalt nicht haben wollen, dann sei das Schiff jetzt auf dem Wege nach Brüssel oder Antwerpen: Ob denn die „Médecins sans frontières“ nicht Interesse hätten, den Medizininhalt zu übernehmen?

Brigitte Erler hatte mit diesem Bundesministerium, wie es uns damals schien, ein für alle Male abgerechnet. Die Sätze, die wie Stakkato in die politische Langeweile der Bonner Journalisten im Jahre 1985 knallten, wirkten wie gemeißelt:

„Mein Entschluß, der Entwicklungshilfe den Rücken zu kehren, war das Ergebnis jahrelanger Erfahrungen in der Entwicklungspolitik und zahlreicher Diskussionen innerhalb wie außerhalb des BMZ. Den Anlaß bildeten die Erlebnisse auf meiner letzten Dienstreise nach Bangladesh. Dort wurde mir die einzige noch verbleibende Illusion geraubt, daß wenigstens ‚meine Projekte‘ zur Beseitigung von Elend und Hunger beitrügen. Ich erfuhr im Gegenteil, wie jede einzelne Komponente der unter meiner Verantwortung durchgeführten Projekte die Reichen reicher und die Armen ärmer machte. In Bangladesh bedeutet das in vielen Fällen den Unterschied zwischen Leben und Tod. Ich konnte die Einsicht nicht mehr verdrängen: Entwicklungshilfe schadet allen, denen sie angeblich nützen soll, ganzen Ländern wie einzelnen Betroffenen. Sie muß deshalb sofort beendet werden. Ohne Entwicklungshilfe ginge es den Menschen in der Dritten Welt besser.“

Franz Alt, als Spinner und Herz-Jesu-Journalist verschrien, hat immer noch die Basispopularität, aber nicht mehr Einfluß in Bonn. Weil man Menschen, die nicht taktieren und nicht alles auf ihre Karriere legen, einfach keinen Einfluß einräumt. Man hält sie für gefährlich – wie Brigitte Erler, weil sie nicht nur das Richtige erkennen, sondern sich daran halten. Franz Alt ist aus der CDU ausgetreten, als er erkannte, daß mit dieser Partei konsequente Friedens- und Ökologiepolitik nicht mehr zu machen ist. Er hatte sich lange darum bemüht, in seiner Freundschaft mit Norbert Blüm, mit dem er private Reisen in die DDR machte, mit Heiner Geißler, mit dem er sich mehr und besser verstand, als es Geißler in seiner damaligen hohen Position recht war, mit Herbert Gruhl, den er förderte, wie es gerade noch journalistisch legitimiert war, solange dieser noch in der CDU für die ökologische Wende kämpfte. Es half nichts, er mußte aus dieser Partei heraus. Er wird jetzt belächelt. Welche Divisionen hat er schon? Keine, kleine ambrosianische Kreise, wie Helder Câmara sagen würde.

Dabei ist er der treueste unter den Journalisten, die das deutsche Fernsehen hat. Er – Alt – hat die Dritte Welt nie vergessen, während viele andere sie pünktlich und gern vergaßen, wenn es ihnen in den Kram paßte. Er war der unfrustrierte Moderator und Anreger, der immer wieder mit tolldreisten Ideen die Bundesrepublik aufwühlte. Schade, daß seine Umgebung, seine unmittelbare, ihn oftmals nicht mehr ertragen konnte – wie jener großartige Journalist Wolfgang Moser. Ich denke, ich wäre auch nicht lange zu ertragen in so einer Funktion, und bin es beim Komitee ja auch für viele nicht. Aber allein dieses „Frieden ist möglich" war ja deshalb so wichtig und gut, weil es – eben – gar kein tolles Buch war, sondern sich darauf beschränkte, uns pedantisch und so einfach wie möglich die herausfordernde Botschaft der Bergpredigt und des Evangeliums aufzuzeigen. Mir selbst, ihm selbst, ja uns allen, denn ob wir es wahrhaben wollen oder nicht, ob unsere Intelligenzija dafür Verständnis aufbringt oder sich das Verständnis erst mühsam beibringen muß: Europa hängt an dieser Botschaft stärker, als wir es uns in unserer Schulweisheit haben träumen lassen.

Vor Europa und uns Deutschen stehen drei große Zukunftsaufgaben:

- Wir müssen den sich langsam aus den Verschalungen des bürokratischen Kommunismus befreienden Völkern in Osteuropa und der Sowjetunion assistieren und gute, freundschaftliche Verhältnisse zu ihnen aufbauen.
- Wir müssen versuchen, Pontonbrücken zu den Muslims wiederaufzubauen, die auf dem anderen Flußufer in feindlicher Abwehr- und Verteidigungsstellung sitzen und darauf warten, daß wir sie wieder betrügen.
- Wir müssen den immer tiefer in die Verachtung und das Vergessen versinkenden Kontinent Afrika festhalten und dürfen ihn nicht fallenlassen, auch wenn das so leichtfallen würde.

Zu den Aufgaben im einzelnen ist im vorhergehenden eine ganze Menge gesagt worden. Ich will zum Schluß noch etwas über die Reihenfolge dieser drei Zukunftsaufgaben sagen. Einmal: Die Ökologie ist dabei nicht zu vergessen. Im Osten Europas bis nach Sibirien ist das eine der verzweifelten Aufgaben – nach Jahrzehnten völliger Mißachtung und Verachtung der natürlichen Umwelt jetzt neben den Aufräumarbeiten in der Makroökonomie auch noch erste Pflöcke einzuschlagen für die Ökologie. In Afrika gilt es, die Völker und Staaten zu beschützen vor denjenigen, denen ihr Profit etwas auf der Welt gilt und sonst – gar nichts.

Zum anderen: Bei Durchsicht dieses Aufgabenkatalogs wird der unbefangene Leser vielleicht sagen: Gibt es dafür nicht zunächst mal Zuständige? Gibt es nicht für Osteuropa die entsprechenden Ministerien, wie das Bundesministerium für wirtschaftliche Zusammenarbeit und die GTZ? Und gibt es nicht für die Ökologie den behenden und nicht auf den Mund gefallenen Professor Klaus Töpfer?

Ja, aber... Wenn man auf die Zuständigen wartet, ist man in dieser Gesellschaft verraten. Es folgen zwei Beispiele, die andeuten, wie die Zuständigkeiten im entscheidenden Fall versagen. Wobei wir uns aus unserer Cap-Anamur-Erfahrung noch sagen können: Hätte ich damals im April 1979 auf das Funktionieren der zuständigen Welt- und Bundesorgane gewartet – die 9507 Vietnamesen, die wir als Schiffbrüchige im Südchina-Meer mit dem Schiff Cap Anamur I aus dem Wasser gezogen haben, wären allesamt ersoffen...

Wir bekamen Andeutungen und Hinweise darüber, daß es Atommüll – oder sonstige Transporte mit gefährlichem Müll – nach Somalia gab, im Jahre 1989 und 1990. Ich wollte diese Berichte sofort glauben, da es ja nirgendwo einfacher ist, dieses lebensgefährliche Zeug hinzuschmeißen, als in Länder, deren Regierungen auf dem letzten Loch pfeifen. Ich erfuhr dann auch, daß ausgerechnet in den Tagen, da das Regime des Präsidenten Siaad Barre in den letzten Zügen lag, ein Schiff mit Panamaflagge und einer italienischen Reederei, registrierter Name „Luzie“, tatsächlich vor Mogadischu hin und hergedümpelt ist mit 29 Containern an Bord, die aufgegeben wurden von der See-Nord, dem Amt des Bundesverteidigungsministeriums für die Marine in Bremerhaven. Entweder hatte das Schiff Bundeswehrmaterial oder Waffen geladen oder Gift- oder Atommüll.

Ich konnte vom Auswärtigen Amt (AA) nicht herausbekommen, womit dieses Schiff eigentlich beladen war. Das Auswärtige Amt hatte einen winzigen Teiltransport (3,5 Tonnen – 80 Kisten) mit diversen, aber nicht genau aufgelisteten Antibiotika und 50 Krankenhausbetten, Matratzen und ähnlichem mitfinanziert – mit 4000 DM. Das Schiff zog dann wie ein Fliegender Holländer über die Weltmeere, weil es das Zeug nicht mehr loswurde. Nottmeyer, der Mann von der Deutsch-Somalischen Gesellschaft, der gern das Komitee motivieren wollte, die Medikamente in Antwerpen, wo das Schiff am 13. Februar 1991 landete, abzunehmen, erwähnte, daß der Kapitän das Recht habe, die 29 übrigen Container ins Meer zu schmeißen. Das alles machte mich mißtrauisch. Aber darauf setzen, daß die zuständigen Kontrollorgane funktionieren, das ist wohl etwas viel erwartet. Es kann sein, daß das Humanitäre Referat des AA, das Referat 301, einen Transport mit hochgefährlichem und menschheitsvergiftendem Zeugs mitfinanziert hat, weil auf dem Dampfer noch 3,5 Tonnen undefinierbarer Medizin herumstanden. Wie unglaublich schlecht die Zuständigkeiten funktionieren, wenn sie überhaupt greifen – belegt ja der Fall der Embargobrecher, der im Januar/Februar 1991 durch den „Spiegel“ aufgedeckt wurde. Zitat aus „Spiegel“, 10. September 1991:

„Sogar die Vorschriften zur Herstellung chemischer Kampfstoffe wurden aufgeweicht. Bis Juli 1990 war es verboten, ohne Genehmigung Anlagen zu exportieren, die für die Giftgasproduktion ‚geeignet‘ sind. Die Vorschriften wurden erweitert, neuerdings müssen alle Anlagen ‚besonders geeignet‘ sein, um ein Verbot zu erwirken.“

Die Behörden lassen sich leicht, vielleicht manchmal auch gern täuschen. Die Strafen sind wie für Kavaliersdelikte: Ein Freiburger Kaufmann wurde trotz der Lieferung von kerntechnischen Anlagen nach Pakistan im Jahre 1985 nur zu einer milden Bewährungsstrafe von acht Monaten verurteilt. Die staatlichen Kontrollbehörden, so die Richter, hätten ihm die Tat sehr leicht gemacht. So ähnlich kam auch der Lieferant der Giftgasfabrik Rabta nach Libyen davon. Der Lahrer Fabrikant Jürgen Hippenstiel-Imhausen wurde mit fünf Jahren „belohnt". Den Gewinn aus den verbotenen Geschäften in Höhe von 60,1 Millionen DM kann er behalten, es gibt keine juristische Handhabe, ihm die abspenstig zu machen. Soll einer sagen, unser Profitkapitalismus funktioniere nicht...

Junge Menschen, Schüler, Studenten, Azubis, sollten sich all das einfach nicht gefallen lassen. Aber sie sollen ihre Wut nicht nur in Demonstrationen und Ad-hoc-Umzügen verpulvern – so sehr ich diese selbst gern mitgemacht hätte. Viel gefährlicher ist es für die lahmen Zuständigen, wenn junge Menschen einen Teil dieser Aufgaben übernehmen. So wären in der Zeit nach Ausbruch des großen Golfkrieges (der kleine begann am 2. August 1990) eine Dauerdemonstration und ein Durchfilzen der Büroräume der betroffenen kriminellen Firmen, die das Embargo profitträchtig umgangen haben, viel wirkungsvoller gewesen als das große Ausstellen unserer gemeinsamen Wutgefühle über so viel Unverschämtheit auf der Bonner Hofgartenwiese am 26. Januar 1991! Ist denn der Anlaß, bei der Firma MBB zu filzen, geringer als der Anlaß, das Stasi-Hauptquartier in Ostberlin zu stürmen und zu besetzen?

Das Versagen der Kirchen

„Als der Papst in Sao Luis ankam, kam gerade eine neue Meinungsumfrage heraus, die das Blatt La Folha de Sao Paolo in Auftrag gegeben hatte. Nach dieser Umfrage, bei der insgesamt 2328 Personen befragt wurden, wußten ganze 41 Prozent nicht, wer der Papst ist. 59 Prozent waren der klaren Gewißheit, daß die Priester im Luxus leben. 51 Prozent wissen sicher, daß Priester sexuelle Beziehungen haben und daß sie sich viel mehr um die Politik als um die Religion kümmern. Diese Umfrageergebnisse, die natürlich hier einschlugen, wurden allerdings nach dem Blatt vom Kardinal von Sao Paolo Msgr. Paulo Evaristo Arns als interessant und gut gemacht eingestuft. Arns erklärte sich bereit, diese Umfrage auch dem Papst Johannes Paul II zukommen zu lassen.“

(Le Monde, Bericht über den Papstbesuch in Brasilien, 15. Oktober 1991)

Wir brauchen die Kirchen für eine menschenwürdige Gesellschaft, aber die Kirchen sind zum Teil alles andere als menschenwürdig. Mit diesem Widerspruch wollen viele nicht weiterleben. Die Institution Kirche in Deutschland setzt darauf, daß sie von der offiziellen Politik und dem Staat nicht angerührt wird. Daß sie ihren „Machtanspruch" weiter aufrechterhält und diesen Anspruch und die eigene Machtposition nicht einmal demokratisch korrigieren muß, wenn erkennbar ist, daß ihr Einfluß auf die eigene Klientel, das eigene Wähler- oder Gläubigenvolk in einem so starken Maße abnimmt, wie das in der Bundesrepublik der Fall ist.

Der Faktor Kirchenanhängerschaft spielt offenbar auch für das neue vereinigte Deutschland keine Rolle, sonst müßten aus der Vereinigung kirchensoziologisch so radikal verschiedener Gebilde wie das BRD und DDR nun mal sind (und geblieben sind), auch Konsequenzen gezogen werden. Aber das prästabilisierte Interesse des Bewahrens der einmal festgezurrten Positionen und des verteilten Kuchens ist so gewaltig, daß niemand in der Öffentlichkeit, in der Publizistik, in der Politik daran rühren will, man kann nicht mal sagen: zu rühren wagt, weil es ja überhaupt keinen ausgeprägten Willen gibt, daran zu rühren. Also: In der DDR gab/gibt es an die 700000 Katholiken, etwa drei bis vier Millionen Protestanten, und der Rest – 11 Millionen Deutsche – gehören der Kategorie der „postsozialistischen Atheisten" (Thomas Gauly) an. Die Erwartung, daß viele von diesen 11 Millionen Atheisten nach der Befreiung und Vereinigung sich wieder in den Schoß der bergenden Kirchen zurückbewegen, hat getrogen. Insofern läßt sich ein religiös-sozialer Wandel gegenüber der Zeit vor 45 Jahren ausmachen, der sensationell ist – und alarmierend zugleich für die Kirchen. Denn die Prägekraft des Glaubens und der Kirchenanhänglichkeit läßt rapide und dramatisch nach.

Diese neue Aufteilung zwischen Kirchenanhängern und abstinenten Postsozialisten, die ja auch eine realpolitische Steueraufteilung bedeutet – während in der Bundesrepublik trotz einer langsam aushöhlenden Abwanderbewegung immer noch an die 97 Prozent der Bevölkerung Kirchensteuer zahlt, ist das im Fall der DDR genau umgekehrt –, hat aber zu keinerlei Konsequenzen in der institutionellen Neueinteilung und dem Neuaufbau geführt. Die

Positionen beim Rundfunk werden ebenso besetzt wie in der Politik. Der Einfluß der Kirchen (aus der alten Bundesrepublik) wird sich auch in der Regelung der Abtreibungsfrage eindeutig und ohne Abstriche durchsetzen. Das, worauf die Frauen in der DDR so stolz waren und was sie gemeinsam und ohne Wimpernzucken bis auf die Barrikaden verteidigen wollten, wird eingesackt von der CDU und ihrer Symbiose mit der Kirche.

Zwar hat Thomas Gauly (in seinem Buch „Die Katholiken. Machtanspruch und Machtverlust“, Bouvier Verlag, Bonn 1990) dargelegt, daß sich ein Prozeß der Abbröckelung im katholischen Lager vollzieht, an dem die Kirche nicht wird vorbeigehen können, aber ich kann diesen Prozeß in der deutschen Gesellschaft noch nicht sehen. In anderer Hinsicht ist die Kirche mit ihren großartigen Institutionen und sozialen Pflegediensten, mit ihren Fürsorge- und Altersheimen, den Krankenhäusern und Asylen, den Auffangnetzen für Ausländer und Gestrandete ein ganz unentbehrlich-wesentlicher Teil dieser Gesellschaft, jedenfalls solange sie sich als menschenfreundlich einstuft und dieses Prädikat beanspruchen möchte. Anders als Gauly aber befürchte ich, daß die Kluft zwischen Machtanspruch und Machtverlust zu groß wird und daß sie eines Tages (oder Nachts, um im biblischen Bild zu bleiben: „wie der Dieb in der Nacht“) reißt. Dann werden all die Kirchenfürsten das merken, was ihnen heute noch vorenthalten wird (oder wovor sie sich selbst schützen): daß sie zwar noch meinen, Macht zu haben, aber schon lange nicht mehr über die Herzen und Köpfe der Gläubigen verfügen.

„Begleitete Mrs. Churchill zu einem Dankesgottesdienst für die Befreiung von Paris in der Krypta der St.-Pauls-Kathedrale. Das Kabinett und die Stabschefs hatten sich ebenso versammelt wie das diplomatische Korps. Der Gottesdienst war einfach, aber eindrucksvoll, besonders als die Kapelle der Irish Guards die Marseillaise spielte. General de Gaulle hat gestern an einem Tedeum in Notre Dame teilgenommen, bei dem es zu einer Schießerei in der Kathedrale kam. In St. Paul schlugen die Wellen der Emotion natürlich nicht zu hoch, und die Begleitumstände waren nicht so dramatisch, aber es herrschte das Gefühl, daß der Fall von Paris das Ende einer langen, dramatischen Geschichte symbolisiert. Die Ironie der Geschichte brachte es mit sich, daß dieser Dankgottesdienst vor Wellingtons geschmücktem Grabmal stattfand." (Louis Volvelle, Downing-Street-Tagebücher 1939–1945, Siedler Verlag, S. 362)

Das ist eine ungebrochene Tradition in der katholischen wie evangelischen Kirche: Gott ist mit den Siegern. Oder auch: Mit uns, gegen die anderen. Wieder wurden in den Tagen seit Ausbruch des Golfkrieges die propagandistisch eindrücklichen Bilder von Mrs. und Mr. George Bush gebracht, wie sie in die Kirche zum Beten eilen. Das Weiße Haus in Washington läßt andauernd verbreiten, daß er, Mr. President himself, bete. Etwas, worüber man lieber schweigen sollte, wird hier blasphemisch genutzt. Ist es schon Blasphemie, daß sich die Staaten der Welt zu solch furchtbarer Kosten und Armut treibender Hochrüstung verstiegen, so wird der bigotte Charakter dieser Politik durch die Ketchupsauce oder Mayonnaise der vermeintlichen Weihrauchgefühle noch absurder.

Hat sich in den Kirchen Europas wirklich etwas geändert? In den etablierten Kirchen der Bundesrepublik geistert der Kardinal Francis Spellman in Gestalt des Scharfmachers Dyba (Bischof von Fulda) bei uns herum! Das Versagen der Kirchen hängt damit zusammen, daß sie ihrer Bestandsgarantie mehr verpflichtet sind als dem Evangelium Jesu Christi. Das macht Zeitgenossen wie Franz Alt oder Adolf Holl, Heinrich Böll oder Walter Dirks zu solchen Paradiesvögeln, von denen niemand annimmt, daß sie mit der verknöcherten Institution etwas zu tun haben. Das Gebäude der christlichen Gesellschaft ist mehr als brüchig geworden. In der Sexualmoral halten sich die Gläubigen mitnichten an das, was vom Himmel hoch, also aus Enzykliken des Vatikans, über sie hinabträufelt. Sie, die große Mehrheit derer, die weiter pro Kopf durchschnittlich 213 DM pro Jahr an die Kirche über die staatlich eingetriebene Kirchensteuer zahlt, beschäftigt sich nicht mit „Humani Generis" und den Folgen; würde die päpstliche Position nicht einmal mehr der Überlegung und der Andeutung des Respektes für würdig halten. Die 26,3 Millionen Katholiken sind die 26,3 Millionen Steuerzahler der Kirche, die mit ihrer Steuer die äußere Gestalt, den Büroapparat der Kirche ebenso widerwillig aufrechterhalten, wie der Bürger Normalverbraucher den Staat mit seinen Steuern aufrechterhält.

Ich bin kein Verächter der Kirche(n). Allein schon deshalb, weil die Kirche über die Caritas und Misereor, Brot für die Welt und das Diakonische Werk, das Deutsche Aussätzigen-Hilfswerk und Tausende anderer Institute und Heime für die Menschen an den Rändern der Gesellschaft sich zuständig weiß und aufopferungsvoll und hingebungsvoll eine Dreckarbeit tut, die niemand anderer wahrnehmen will. Im übrigen eine Arbeit, die man schlecht im Turnus der gewerkschaftlich garantierten 40- oder demnächst 35-Stunden-Woche machen kann. Eine Arbeit, die mit Engagement und Hingabe zu tun ist, die Liebe und Zuneigung den Alten und Kranken, den Krüppeln und Zukurzgekommenen, den Obdachlosen und Verzweifelten in der Gesellschaft zuwendet. Hat je die große intellektuelle Studentenrevolte zu irgendeiner Konsequenz an Lebensqualität und mehr Beachtung für diese Menschen geführt, die verstoßen und auf den Müllhaufen der Gesellschaft geworfen werden?

Das alles hindert mich aber nicht, die erstarrte Struktur der Lametta-Kirche zu beklagen. Im entscheidenden Fall kann man sich als deutscher Katholik (ich rede von mir, gehöre dieser Kirche an) auf die Kirche nicht verlassen, im Gegenteil: Man ist verlassen. Als wir, Bürger der Bundesrepublik, dem Beispiel französischer Freunde (Bernard Kouchner, Jean-Paul Sartre, Raymond Aron, André Glucksmann) folgend ein Menschen-Rettungsschiff ins Südchina-Meer schickten – August 1979 –, da hatte der winzige Verein mit dem Namen „Deutsches Komitee Ein Schiff für Vietnam" von keiner Seite wirklich aktiven Rückenwind. Die Kirchen in ihrer Staatsabhängigkeit hielten das für riskant, weil das Schiff mit der Rettung von je länger je mehr Menschen, Schiffbrüchigen, Boatpeople, der offiziellen Regierungspolitik in Bonn und den Bundesländern stracks zuwiderlief. (Die Ausnahmen, wie der gute Mensch der Caritas Freiburg, Dr. Georg Splett, verletzten diese Regel.) Die Politik ging auf Minimierung der bei uns in Deutschland zu Rettenden und damit Aufzunehmenden. Hat sich etwa ein Bischof der katholischen und evangelischen Kirche hingestellt in die pralle Öffentlichkeit und dieses Schiff mit seiner Menschenfischer-Aufgabe in biblisch-evangelischen Worten heftig zu seiner Sache gemacht, wie es sich angeboten hätte? Ja, es gab einen, den damals neu eingesetzten Bischof von Trier, Spitta, der das einmal tat, als MS Cap Anamur 1980 mit einer Ladung von aus dem Wasser Gezogenen unterwegs war, und ein christliches Hochfest drohte. Als ich bei der nächsten Ausfahrt der Cap Anamur zu einer neuen Rettungssequenz demselben Bischof erneut auf den Pelz rückte, sagte der mir mit einem merkwürdig falschen Nebenton ab. Schließlich hätte er sich einmal eingesetzt, das könne er „nicht ein zweites Mal" machen, das sollte ich verstehen, das kann ja schließlich nicht so weitergehen.

Wohin führt das, wenn die Bergpredigt und das Evangelium wieder ernst genommen werden? Jedenfalls nicht zu einer harten Militär- und Rüstungspolitik – oder zu einer Haltung, in der die Kirche sich weiter im degenerierten Status einer – nächst Wirtschaft, Militär, Partei – gleich wichtigen Stütze der Gesellschaft befindet.

Die junge Generation verbindet mit dieser so verfaßten Kirche, die aus ihrem ausgelaugten und ausgeleierten Prokrustesbett steif und unbeweglich kaum noch herauskommt – nichts mehr. Die eigenen Taufen werden organisiert, um den Großeltern und den eigenen Eltern einen Gefallen zu tun. Kinder haben mit der Kirche kaum noch etwas am Hut, glauben aber an Gott. Ihre Gottesdienste sind ganz andere: ein Konzert mit Konstantin Wecker oder mit den Beatles, mit dem heißblütigen Naturapostel und Indianerbeschützer Sting oder dem Friedensapostel John Lennon: „All you need is love". Diese Song- und Chansonbotschaften entsprechen denen alteuropäischer Frömmigkeit. „Ama et fac quod vis" hätte Augustinus das Beatles-Lied vor 14 Jahrhunderten ins Lateinische übersetzt. „Liebe und dann tu was du willst".

Konstantin Weckers Plädoyer gegen die bedingungslose Härte, gegen das „Gelobt sei, was hart macht", für die „liebe Erde", die so viel an Neigung und Zuneigung für uns bereithält, hat evangelische Züge, deren er sich selbst vielleicht gar nicht bewußt ist. „Wenn der Sommer nicht mehr weit ist" wirkt wie eine Verheißung einer kommenden Zeit, gesungen von einem der kräftigsten Sänger, den die Gesellschaft heute hat, neben Herbert Grönemeyer derjenige, der die junge Generation zu neuen Zielen animieren kann – und es auch tut.

Die Kirche als Institution hat sich den Wind aus den Segeln genommen und dümpelt vor sich hin. Das Schlimmste, was man von ihr sagen kann: Sie fällt nicht mehr auf. Als der letzte (Golf-)Krieg ausbrach, hat der Vorsitzende der deutschen Bischofskonferenzen, Karl Lehmann, eine regierungsfreundliche Position eingenommen, statt der einzig möglichen, wenn, ja wenn die kirchliche Verlautbarung sich auch noch um die „letzten Dinge" zu kümmern hätte: Dorothee Sölle hat in einem Gedicht für die „Orientierung" (Zürich, 15. Februar 1991) ausgedrückt, was wir ohnmächtigen Bürger beim Zuschauen, beim Ausbruch und Nicht-verhindern-Können dieses schrecklichen Krieges gedacht haben:

Im Krieg ist die Wahrheit das erste Opfer

Wir werden belogen
Unsere Augen dürfen die Kinder nicht sehen
zerfetzt und verstümmelt in diesem Krieg
Die vollendete Flugbahn der Geschosse
sollen wir bewundern
Wir werden belogen

Aber du siehst die Opfer
und gibst uns andere Augen
Deine Wahrheit macht frei
und schon die Suche nach Wahrheit
schafft uns Raum zu atmen

Wir sehen keinen Weg
außer dem, an den alle glauben
die Blutstraße der Gewalt
Unsere Analysen stranden
an dem Tod, den wir
gesucht und gefördert
erforscht und erprobt

bezahlt und exportiert haben
Wir sehen keinen Weg

Aber du bist der Weg
du widerstehst den Mördern
Im Schweigen und Mahnen
stehst du mitten unter uns
und lehrst das Nein

Wir werden erpreßt
Die Gewalt ist mit uns verbündet
Mitgegangen im Konsum
mitgefangen in der Verteidigung von Öl
mitgehangen in allen
die jetzt an der Gewalt ersticken
Wir werden erpreßt

Aber du bist Freiheit
und versprichst noch immer
„du wirst nicht morden"
Das Leben könnt ihr wählen
Du gibst uns nicht auf
Warum dann wir?

Gewährt die Kirche noch Asyl?

„Apparuit benignitas et humanitas Domini Jesu Christi" singt es sich wunderbar in der Weihnachtsmesse der katholischen Kirche (ich bitte protestantische Leser um Entschuldigung, sie werden ihre eigenen Beispiele finden, ich bin nun mal in der katholischen Kirche großgeworden). Aber nur wer sich nach Hoyerswerda begibt und dort etwas *tut*, um Menschen anderer Hautfarbe zu schützen, der darf noch Forderungen wegen des Asylrechts aufstellen. Es war für mich typisch, daß die deutschen Bischöfe gar nicht kapierten, als sie sich in den Tagen des 26. und 27. September 1991 zu ihrer Herbstvollversammlung trafen, daß sie besser nach Hoyerswerda geschwiegen hätten.

Hoyerswerda: Dort fanden eine ganze Woche lang Jagdszenen auf Ausländer statt. Eine Stadt mit etwa 70000 Einwohnern in Sachsen zeigte vor der ganzen Welt, daß sie nicht bereit ist, mit irgend jemandem von außerhalb zu leben. Die Bevölkerung demonstrierte nationalsozialistischen Fremdenhaß – mit dem einzigen Unterschied zum Dritten Reich, daß die Juden fehlten. Aber selbst diese Tatsache des Judenmangels hätte die Bewohner nicht daran gehindert, gegen Juden zu grölen – sie kamen nur nicht darauf. Dafür kamen sie auf die Türken, die es dort auch nicht gab. In einer „Doppelpunkt"-Sendung des ZDF mit Barbara Stöckl wurde ein Jugendlicher aus Dresden oder Leipzig von einem Türken aus Westdeutschland gefragt: Und er fiel genau in das ausgehobene Loch hinein und wollte sich gegen die vielen Türken wehren, die es in der Ex-DDR eben gar nicht gibt.

Seit Dienstag, dem 14. September 1991 kam es zu einer regelrechten Verfolgung, physischen Bedrohung, Brandanschlägen und der lautstarken Androhung weiterer potentiell mörderischer Gewalt. Diese Verfolgung und Bedrohung konnte ganze sechs Tage weiter gären. Wo war ich selbst? Wo war Cap Anamur? Am 12. September war ich aus Vietnam zurückgekommen. Dann eskalierte diese Szenerie. Ich hatte nirgendwo in deutschen Sendern und Zeitungen auch nur ein Quentchen Interesse und Aufmerksamkeit für Vietnam gefunden. Einzig das WDR Mittagsmagazin wollte etwas wissen. Mit Wibke Bruns habe ich mich geeinigt, daß ich den Bericht Vietnam mit Hoyerswerda anfange.

Wir von der Cap Anamur waren zu spät. Wir haben uns aber vorbereitet für das nächste Mal. Wir werden dann sofort Busse in das entsprechende Ghetto schicken, wo Ausländer unter Beschuß und Molotowcocktail-Feuer liegen, und sie dort herausholen.

Aber von meiner Kirche erwarte ich natürlich mehr. Die ist ja schließlich dort organisiert. Ein Bischof oder Pfarrer muß alles stehen-, seine Gabe am Altar liegenlassen und erst dorthin gehen, wo diese Menschen in Not sind. Sie dort besuchen, auch unter der Gefahr, daß ihm irgendein Cocktail an den Kopf fliegt. Statt dessen trat im Fernsehen nur immer wieder ein dicker Superintendent auf, der um Verständnis für die Faschisten warb unter seinen Mitbürgern. Wie auch die Kirche in den Jahren nach 1933 schon immer versagt hat, indem sie die Botschaft nicht rein und klar gehalten hat und – opportune importune, „komme es gelegen oder ungelegen" – gepredigt und *getan* hat. Es darf nicht sein, daß Menschen physisch verfolgt und belästigt werden, daß sie Opfer rassistischer Verfolgung werden. Punkt. Gründe, weshalb eine ganze Bevölkerung ausrastet, völlig irrational die Ausländer für Diebe ihrer eigenen Wohnungen hält – und das vor laufender Kamera –, darf es doch für eine Kirche Jesu Christi nicht geben... Übrigens wirkte die Szenerie, so gespenstisch und mörderisch sie war (und an anderen Orten ja weiterhin ist), wie ein neues Abziehbild für Klaus Staeck: „Arbeiter, die SPD will Euch Eure Villen im Tessin wegnehmen"! So ähnlich richtet sich klassische Sündenbocksucht gegen die Allerärmsten, jedenfalls diejenigen, die sich auf dem Gelände einer sächsischen Stadt kaum bewegen können.

Die Bischöfe haben nur in ihrer gewohnten abgehobenen Feierlichkeit etwas Enzyklikagleiches erklärt: Der Asylartikel des Grundgesetzes soll nicht verändert werden.

Ich wäre sehr dafür, daß wir alles aus unserem Grundgesetz und unseren Gesetzen herausnehmen, was uns ermöglicht, die Heuchelei aufrechtzuerhalten, wir seien das großzügigste Land der Welt, was die Aufnahme von Ausländern oder Asylbewerbern angeht.

„Seit der Wende verfallen die deutschen Tugenden", berichtet die „tageszeitung" am 23. September über Manfred Gnecko, einen der Drahtzieher hinter der Gewalt in Hoyerswerda: „Seitdem die Fremden da sind, gerät für Manfred Gnecko (30) die Welt aus den Fugen. Die Roma schicken ihre Kinder betteln, auch an seiner Haustür habe schon ein Mädchen geklingelt. Dem hat er ein paar Groschen gegeben. Dann konnte er beobachten, wie das Kind in einen Mercedes einstieg. ‚Betrüger sind das', ruft er. Und die, die aus Ghana oder Kamerun kommen, von denen weiß Gnecko, daß sie ihre Frauen zu ‚Sextänzen' in dubiosen Kellerkneipen zwingen: ‚Seit der Wende verrohen bei uns die Sitten, verfallen die deutschen Tugenden.'"

Man kann es nicht mehr leugnen: Wir haben es schon längst zugelassen, daß Fremde, Ausländer, Gastarbeiter, Asylbewerber bei uns in Lebensgefahr sind, sich nachts nicht mehr auf den Straßen deutscher Städte bewegen können. Das ist ja alles schon passiert. Das hat ja bei uns nicht den Ruck gegeben. Ich bin deshalb dafür, wir streichen alle Verfassungs- und Rechtsinsignien, die uns immer noch die Vorstellung eingeben, wir seien das großzügigste Volk der Welt.

... Was wir übrigens sind: Wenn sich eine kleine Roma-Initiative als eingetragener Verein in Köln niederläßt, dann bekommt sie in ganz kurzer Zeit sogar fünf ABM-Stellen zugeteilt, wenn sie sie nur beantragt. Das hat mir jüngst Konrad Klesse, ein alter Studienfreund aus alten Münsteraner Tagen, berichtet, der mit seiner Frau Elisabeth und anderen eine solche sehr aktive Pro-Roma-Gruppe in Köln leitet. Aber allein mit Geld sind Menschen nicht aufzunehmen, menschenwürdig zumindest geht das allein mit Geld nicht.

Ich wäre für die Streichung des Artikels 16 und für neue Anstrengungen und Überlegungen zugunsten der Menschen, die auf uns in der Zukunft zukommen werden. Das werden in der größten Masse nicht mehr politisch Verfolgte sein oder – auch solche kollektiv Verfolgte wie die 700000 Kurden, die, von Saddam Hussein vertrieben und verfolgt, in die Türkei hineinströmen und dort ihres Lebens nicht mehr sicher sind. Diese kollektiv verfolgten Kurden meint unser Asylrecht nicht. Unser Asylrecht meint, wie Heribert Prantl nachgewiesen hat („Süddeutsche Zeitung"), den Irak-Diktator Saddam Hussein. Wird der eines Tages von seiner Armee gestürzt, kann der sich unter Gefahr außer Landes begeben und an die Pforte der Bundesrepublik kommen, dann wird die ihm aufgetan, und er bekommt – zweifelsfrei – Asyl.

Die Kirchen – sie sind nicht in der Lage, da noch mitzumischen. Sie versuchen ihre kleinen institutionellen Rechte aufrechtzuerhalten. Aber zugleich strömen ihnen die jungen Leute in Scharen weg. Natürlich wünschte ich mir, es wäre anders. Aber ich wünsche mir das seit über 30 Jahren. Ich kann nur noch einmal sagen: Die entscheidenden menschenrettenden, ja sogar die – biblisch gesprochen – „Menschenfischer"-Aktionen werden nicht mehr von der Kirche gemacht, sondern von Menschen, die einen hohen moralischen Anspruch an sich selbst und ihre Gesellschaft haben, die aber keine Heimat haben in einer Kirche, die keinen Mumm mehr hat. Die den Mächtigen nicht wirklich die Meinung sagt, weil sie von den Mächtigen viel zu oft abhängig ist. Ja, ich weiß, die Gegenbeispiele liegen auf der Straße. Aber es ist doch eher Resignation, die die Szene beherrscht. Der Franziskanerpater Leonardo Boff erklärt seine Resignation, zu Recht und verständlich: Die offizielle Kirche des Vatikan hat alles getan, um dieses spannendste und mutigste Experiment der katholischen Gegenwartskirche, die „Theologie der Befreiung“ – ein Experiment, das den Kontinent vielleicht in letzter Minute hätte aus dem Versinken in das Chaos retten können –, aus Angst und Orthodoxie-Quisquilien sowie aus Rücksicht vor den herrschenden Agenturen zu bremsen. Gert von Paczensky – den ich zu seinem Buch „Teurer Segen“ (Über die unheilvollen Folgen der christlichen Missionen in Afrika, Asien und Lateinamerika) jüngst befragte, sagte mir: Er habe vor Jahren vorgehabt, sein 500-Seiten-Buch mit einem rühmenden Ausblick auf die lateinamerikanische Kirche zu beenden. Da der polnische Papst dort aber alle Pflänzchen zertreten, den allerwichtigsten Initiatoren wie dem Kardinal Paulo Evaristo Arns von Sao Paolo die Diözese beschnitten hat, hat er davon Abstand genommen.

Die deutsche Kirche ist dabei belasteter als alle zusammen: Sie lebt davon, daß „Was tun?“ heißt: „Was organisieren?“ Deshalb bekomme ich im September 1991 schon die Einladung zu einer Größtveranstaltung am 20. Juni 1992. Eine Riesenportion der äußerlichen Aktivitäten verpufft in solchen Größtkongressen und Katholikentagen – wie der Vorbereitung des nächsten im Juni in Karlsruhe, für die ein ganzes Bataillon gut- bis bestbezahlter Funktionärskatholiken ein ganzes Jahr kostenpflichtig für unsere Kirchensteuer arbeitet. Es klingt wie eine Nachricht aus dem Weltraum, als ich am 27. September die Einladung zu einer Podiumsdiskussion aufmache, wie eine Botschaft aus der Weltraumkapsel, außerhalb von Raum Hoyerswerda und Zeit Ausländerhatz: Das Thema des Katholikentages laute: „Europa bauen in der einen Welt“, „im Blick auf den kurz vor seiner vorläufigen Vollendung stehenden europäischen Binnenmarkt wie auch angesichts der großen Umbrüche in den mittleren und östlichen Ländern unseres Kontinents“ …

Am 2. Februar passiert in der Katholischen Akademie Hohenheim in Stuttgart, bei einer Tagung zum Ausländerrecht, etwas Spannendes, das ein grelles Scheinwerferlicht auf unsere „menschenfreundliche“ Bundesrepublik wirft: „Samuel Mhiribidi kam, via London, aus Harare. Harare ist die Hauptstadt von Zimbabwe und liegt in Südostafrika. Dort sind die Menschen ziemlich schwarz. Nun sind schwarzhäutige Menschen den Grenzbeamten am Flughafen Stuttgart-Echterdingen möglicherweise von Natur aus verdächtig: als Rauschgiftschmuggler, Mädchenhändler oder zumindest als Asylbewerber. Deshalb griffen sie Mister Mhiribidi zu dritt, kaum daß er das Flugzeug verlassen hatte, um ihn peinlich zu befragen und gründlich zu untersuchen.

Der Mann aus Afrika gab zwar zu verstehen, daß er in der Katholischen Akademie in Stuttgart Hohenheim einen Vortrag halten wollte. Aber das sagte er zum einen auf englisch, zum anderen mochte seine Einlassung den Beamten, falls diese sie verstanden, als besonders dreist erscheinen. Der Verdächtige behauptete nämlich, er wolle über die ‚philosophy'afrikanischer Flüchtlingspolitik reden. Erst als Klaus Barwig, Akademieleiter von Stuttgart Hohenheim, durch die Flughalle herbeistürzte, um seinen Gast zu suchen, gaben die Beamten ihr Opfer frei. Der Flüchtlingskommissar der Regierung von Zimbabwe konnte nun seinen Vortrag halten und bei der Tagung erfahren, wie sich Europäer ihre zukünftige Flüchtlingspolitik vorstellen." (Zitiert nach Süddeutsche Zeitung vom 5.2.1992.)

Die Mühen des christlich-islamischen Dialogs

Wir starren auf das unlösbare Problem, das Osteuropa bis zum Ural und darüber hinaus darstellt; wir starren auf die Hungerprobleme, das Versacken von Hunderten von Millionen in das Verdämmern und Vergessen vor einer Weltöffentlichkeit, die ihr Interesse an Wachstumsraten und Investitionschancen festmacht. Aber schicksalhaft wird nach dem Verdampfen aller marxistischen und kommunistischen Realitäten und Utopien die Frage sein, ob es von Europa aus künftig noch irgendeine Brücke zum Islam und zu den Muslims gibt. Die Kirchen warnen in den ersten Wochen des Golfkrieges (Januar–März 1991) vor einer neuen Stimmung des Anti-Islam. Die sinnstiftende Kraft dieser Religion übersteigt das Bewußtsein und die Fassungskraft von uns Westlern so beträchtlich, daß wir uns über unser eigenes Unverständnis, gepaart mit unserem Überlegenheitsgefühl, so lange wundern, bis wir uns über gar nichts mehr wundern. Das westlich-säkularisierte Überlegenheitsgefühl gegenüber Religionskulturen und religiös fundierten Zivilisationen ist getragen von der allein im Christentum geltenden Technik- und Naturwissenschafts-Fremdheit. Wir haben immer noch nicht begriffen, daß es bisher keinen Fall Galileo Galilei im Islam gegeben hat und wohl auch keinen geben wird. Der Islam wird von uns ganz automatisch als die Dunkelmänner-Religion gelesen und gesehen, weil wir uns aufgrund unserer geschichtlichen Herkunft Religion nur so vorstellen können. Aber diese Religion ist anders – und vor allem: Sie hat die Kraft einer aufbrechenden Ursprünglichkeit, die so tut, als sei sie gerade jetzt erst entstanden. Woher sie diese Kraft bekommen hat oder zieht, das bleibt noch zu ergründen.

Aber wichtig bleibt: Da kein Störfall Galilei dazwischenliegt, gibt es eben kein Problem zwischen strengster und diszipliniert eingehaltener Orthodoxie und einer technologischen Computerwelt, die sich so selbstverständlich in den hierokratischen Ländern wie Saudi-Arabien und Kuwait, Jemen und Syrien eingerichtet hat, als sei diese Computerzivilisation ein Stück vom Islam. Der Buick oder Mercedes in Spezial-de-luxe-Ausführung für den saudischen Großbürger ist das Markenzeichen für die Welt der Habenichtse – und eine unglaubliche Verheißung. Diese Religion wird das Heil bringen, sie bringt nicht nur das Gebet, den Muezzin-Ruf, die Kargheit und die Askese – sie bringt auch die Providentia, die Voraussehbarkeit eines überwältigenden Wohlstandes, die Erwartbarkeit des Landes, in dem Milch und Honig fließen.

Es ist ja ganz typisch, daß es Saudi-Arabien ist, das Land, in dem diese bruchlose und fugenlose Synthese zwischen rigoroser Orthopraxie und dem unverschämten Dollar-Regen anzutreffen ist; in dem die Muslime aus allen Rassen und Nationen, Ländern und Kontinenten in der Zeit des Hadsch, der großen Pilgerfahrt, zusammenströmen. Saudi-Arabien hat für das Entstehen dieses exklusiven, uns Europäer ausschließenden Hochgefühls mehr getan als jedes andere Land, auch als jeder der eschatologisch sich gebenden Führer wie Abdel Nasser oder Saddam Hussein, Mohammed Gaddhafi oder Assad. Die Reise nach Mekka und Medina hat schon immer den islamischen Erdkreis verbunden und das Wir-

Gefühl geschaffen, das es ja sicher auch in der Christenheit des Mittelalters durch die Pilgerfahrten nach Santiago de Compostela, nach Jerusalem und nach Rom gegeben hat – lang ist es her.

Der Ethnologe Victor Turner hat die „Reise" als eine sinn- und machtstiftende Erfahrung beschrieben. Die Städte Rom, Mekka, Benares waren und sind in den Köpfen der Christen, Muslime und Hindus nicht bloß die Zentren heiliger Reiche, sondern ihre zentrale Stellung wurde „in einem steten Fluß von Pilgern, die sich aus entlegenen, ansonsten in keiner Beziehung stehenden Gegenden dorthin bewegten, erfahren und realisiert. Tatsächlich waren die vorgestellten äußeren Grenzen der alten Religionsgemeinschaften durch die jeweiligen Pilgerreisen bestimmt." (Zitiert nach Benedict Anderson: Die Erfindung der Nation. Zur Karriere eines folgenreiches Konzepts, Campus Verlag, Frankfurt 1990, S. 61.) Der befremdliche Anblick des Nebeneinanders von Malaien, Persern, Indern, Berbern und Türken in Mekka müßte unverständlich erscheinen, wenn es nicht eine Idee von ihrer *Gemeinschaft* gäbe. Der Berber, der vor der Kaaba einen Malaien trifft, muß sich fragen: „Warum nur ist dieser Mensch derselbe wie ich, spricht dieselben Worte, obwohl wir nicht miteinander reden können." Darauf gibt es nur die eine machtvolle Antwort: „Weil *wir* Muslime sind", „je me révolte, donc nous sommes" (Albert Camus).

In der Choreographie der religiösen Pilgerfahrten gibt es zwei Elemente: „Die Masse der Ungebildeten, die nur der Landessprache mächtig waren, bildete die dichte körperliche Präsenz der zeremoniellen Reise, während ein schmales Segment gebildeter und zweisprachiger Spezialisten aus jeder Sprachgemeinschaft die einheitsstiftenden Riten vollzog und der Gefolgschaft den Sinn der kollektiven Reise verdeutlichte. Vor dem Zeitalter des Buchdrucks hing die Existenz der vorgestellten Religionsgemeinschaften darum entscheidend von zahllosen unablässigen Reisen ab. Den stärksten Eindruck vom westlichen Christentum in seiner Blütezeit vermittelt das freiwillige Strömen gläubiger Pilger aus ganz Europa nach Rom, wobei sie ihr Weg über berühmte Klöster führte. Diese großen lateinsprachigen Institutionen führten Menschen, die wir heute als Iren, Dänen, Portugiesen, Deutsche bezeichnen würden, in Gemeinschaften zusammen, deren sakrale Bedeutung täglich aus dem sonst unerklärlich bleibenden Nebeneinander ihrer Mitglieder in den Refektorien der Klöster deutlich wurde.“ (Benedict Anderson, w.o., S. 61).

Dafür ist uns aufgeklärt nüchternen Seelen der Sinn abhanden gekommen, wie uns das Lieblingswort der Russen – die „Seele“ – schon obsolet erscheint. Die Verluste des Rationalismus werden uns noch einholen. Der Sinn für Religion ist uns wirklich gestohlen worden, wir erfahren Religion als etwas Museales – Gestriges, das dem Zeitalter der Dunkelmänner angehört, der Magier und Schamanen, aber in der Neuzeit nichts mehr zu suchen hat. Diese Haltung macht uns gleichermaßen unfähig, dem religiösen Aufbruch des Islam Verständnis entgegenzubringen. Die Muslime, die TV-Korrespondent Ulrich Wickert zum Beispiel in Paris im November 1991 in den entsprechenden Arrondissements befragt, drücken sich ähnlich aus, wie das Christen getan haben würden, die dem Aufruf des Bernhard von Clairvaux im 12. Jahrhundert gefolgt sind, ihr Bündel geschnürt haben und aufgebrochen sind mit dem enthusiasmierenden Spruch auf den Lippen: „Deus it vult“, Gott will es. Ähnliches spielt sich jetzt in Bangladesh und Pakistan ab, die Muslime begehren auf gegen die offizielle Politik, die die verdorbenen Regime zu Verbündeten der USA und der Alliierten gemacht hat. Die Muslime verlangen gebieterisch die Teilnahme am heiligen Krieg, der ja schon deshalb ausgebrochen ist, weil ein muslimisches Land Opfer und Objekt der Resolutionen der UNO ist. Die muslimischen Gruppen der Jammiat Islami in Pakistan (Bericht im WDR von Rainer Wolfgram am 24.1.1991) fordern sogar, die eigene pakistanische Nuklearwaffe für den Dschihad im Irak anzuwenden.

Es ist ja auch gar nicht so einfach, Verständnis zu haben. Denn Verstehen und Sich-Einfühlen in den Kern von Religion ist eine Sache, die uns schon schwer genug fällt. Die andere ist, daß wir der Despotie der Inquisition in allen ihren Teilen in Europa so gut wie abgeschworen haben. Daß wir aber nun vor dieser neuen Despotie stehen, die es ja im Islam dieser Jahre ebenso gibt wie die Heuchelei, und ratlos mit unserem aufgeklärten Bewußtsein den Muslimen etwas erzählen wollen, was die uns nicht glauben, ist evident. Daß es uns darum geht, den anderen etwas Gutes zu wollen und sie vor den Folgen der Despotie (à la Chomeini) wie der Machtheuchelei und des Machiavellismus (à la Saddam Hussein) zu bewahren: Sie glauben uns das nicht.

Nach Ausbruch der Golfkrise, die alle prophezeiten und prognostizierten Aspekte der ökologischen Apokalypse erfüllt, die Welt-Kassandras vorhergesagt haben, gibt es zwischendurch auch mal eine wirkliche Besinnung. Warum konnte das „Projekt Weltethos" (Hans Küng) nicht schon etwas früher begonnen werden? Warum haben die Religionen, die vielen hauptberuflichen Religions- und Kirchenbetreiber sich nicht schon viel früher daran gemacht, Verständigung und Frieden nicht nur zu predigen, sondern auch zu tun? Wo gibt es noch Gesprächskreise, wo Debattierclubs, wo Scharniere, wo Muslims und Christen miteinander die Ereignisse der letzten Wochen von Anfang 1991 besprechen können? Kurz gesagt: Es gibt eigentlich gar nichts mehr. Die Muslime in Frankreich haben Angst, weil sie von einer aufgehetzten weißen Gesellschaft alle als kleine Möchtegern-Terroristen und Saddam Husseins angesehen werden. Dabei sind sie eher vorsichtig und halten sich aus dem Krieg heraus. Sabine Rollberg hat für das ARD-Fernsehen („Weltspiegel", 27.1.1991) in Marseille mit über 100000 Muslimen in den entsprechenden Vierteln der Stadt, die zum entscheidenden Basar des erlaubten und verbotenen Handels zwischen Orient und Okzident geworden ist, herausbekommen, daß die Muslime „nur" als vollgültige Mitglieder der Gesellschaft leben wollen, nichts weiter. Das genau ist ihnen Jahrzehnte verwehrt worden, um die Zeit der Jahrhunderte vorher auszublenden.

Heiner Geißler, damals mächtiger Generalsekretär der CDU in Bonn – und mir dröhnt es noch in den Ohren (zumal er es mit schrecklich falscher Betonung des Wortes Koran sagte): „Nicht der Koran, sondern das Grundgesetz ist die Basis des Zusammenlebens in der Bundesrepublik..." Fast alles ist versäumt worden. Das ist das eine. Das andere muß man genauso wahrhaftig berichten: Alles das, was getan worden ist an Kontakt und Dialog, ist unglaublich schwierig, belastet von den Heißspornen, den Intransigenten, den Fanatikern, die die Inquisition gegen uns Ungläubige, Heiden in jedem Fall einsetzen wollen.

Die bisherigen Dialoge halten sich auf rein akademischer Ebene, sie haben überhaupt keine wirkliche Verbindung zur Realität. Das macht die Begeisterung von Hans Küng auch so unrealistisch in bezug auf das von ihm vorgeschlagene Projekt Weltethos, es wird nur in akademischen oder theologischen Zirkeln ausgedacht. In seinem neuen Buch „Projekt Weltethos" spricht Küng mit Emphase von einem ersten Religionskolloquium der UNESCO, das vom 8. bis 10. Februar 1989 in Paris stattfand: „Man realisiert bei dieser Organisation mittlerweile, daß Veränderungen in Sachen Weltreligionen hin auf mehr ‚Brüderlichkeit' (und ‚Schwesterlichkeit') unter den Nationen, hin auf mehr Menschenrechtsverwirklichung und Friedensverantwortung, nicht gegen, sondern nur mit den Religionen gelingen können. Religionen, die in Ländern Afrikas und Asiens, des Nahen und Mittleren Ostens noch einen ganz anders direkten Einfluß auf Menschen haben als im nachaufklärerischen Europa." Der UNESCO-Generalsekretär Federico Mayor habe die Bedeutung der Religionen für das UNESCO-Programm „Erziehung zu den Menschenrechten" betont.

Aber das alles hat wenig oder keine Bedeutung, weil es von solchen UN-Konferenzen überhaupt keine Nabelschnur zu der Realität gibt, kein einziger „trickle-down"-Effekt zu der Basis des Lebens in unseren Gemeinden. Diese Konferenzen sind überteuerte Selbstbedienungsgelegenheiten für eine akademisch-intellektuelle Schickeria – an deren Existenz und Notwendigkeit man irre werden kann. Allein das Büchlein von Hans Küng gibt einen völlig falschen Einblick in den katastrophalen Zustand der Nicht-Kommunikation der Weltreligionen, der sich bei Ausbruch der Golfkrise evident gezeigt hat. Alle Brücken sind abgebrannt. Wo gibt es in Beirut, im Libanon, wo in Kairo, wo in Bagdad noch funktionierende Schalt-Vermittler-Stellen: Gäbe es sie, hätte es vielleicht noch vor Ausbruch des Golfkrieges einen Schnelldialog des Papstes mit seinen „homologues" auf der Seite des Islam gegeben! Der Papst, so war in der FAZ zu lesen, wäre durchaus bereit gewesen, sofort nach Bagdad zu fliegen. Scheitert das an der Fehlanzeige einer vernünftigen Bürokratie und Diplomatie?

In unseren deutschen Gemeinden gibt es kaum irgendeine Verbindung zwischen Muslimen und Christen. Nun hilft es auch nichts, sich dauernd einzureden, wie schwierig das ist, weil sprachlich, kulturell und theologisch die Muslime aus einer ganz anderen

Welt kommen. Es würde ja um zeichenhafte Anerkennung und Gleichbehandlung gehen, die wir den Gläubigen im Namen des barmherzigen und mächtigen Allah schulden.

Wie wäre es, wenn die Sender in der Bundesrepublik ihre Arroganz und Ignoranz einmal vergessen und aufgeben müssen, mit denen sie die Bedürfnisse der Muslime bisher negierten? Jede Religionsgemeinschaft wird mit eigenen liturgischen und Informationssendungen versorgt, nur der Islam nicht. Daß den Sendern das immer noch nicht einleuchtet, den Gremien noch nicht einmal in den Schoß ihrer nichtsnutzigen Beratungen gefallen ist, nicht einmal seit dem schlimmen Ausbruch der kriegerischen Ereignisse im Golf, spricht Bände. Denn ob wir das für „richtig“ oder „falsch“ halten, von der Seite der Muslime wird dieser Krieg als Krieg gegen den Islam eingeschätzt – weshalb jetzt vieles zu tun wäre, daß die Muslime morgens im Radio den Muezzin-Ruf hören, daß sie auch mal Informationssendungen unter dem Titel bekämen: „Aus der Welt des Islam...“

Religionen haben in unserer Gesellschaft einen ungeheuer großen repräsentativen Anerkennungsfundus. Spitzen aus Religion, Wirtschaft und Armee sind versammelt, wenn es auf den Bonner Parties hoch hergeht! Bischöfe, von den katholischen bis zu den orthodoxen, schmücken sehr mit ihrem Violett und sonstigem Lametta. Haben wir schon jemals einen Mufti, einen Scheich, einen Imam bei solchen Gelegenheiten gesehen? Es gäbe sie nicht? Natürlich gibt es sie. Der Verweis auf die parakriminellen Praktiken der saudi-finanzierten Wirtschafts- und Handelsgesellschaften zieht nur bedingt. Gibt es nicht ähnliches im katholischen Orbis mit den Logen der Opus-Dei-Gesellschaft, die ja ganz Spanien, halb Italien und Lateinamerika beherrscht, und zwar mit gewieften und – im bürgerlichen Verständnis – kriminellen Methoden.

Im Januar 1989 kam es in der nordenglischen Stadt Bradford, in der über 40 000 Muslime leben, zu Protesten gegen ein Buch. Das Buch hieß „Satanic Verses“ und war geschrieben von dem indisch-britischen Autor Salman Rushdie (geboren 1947). Gegen das Buch wurde mit dem härtesten Kaliber von seiten des herrschenden Islam vorgegangen. Vom Iran aus erging ein Fatwa, also ein religiös verbindliches Urteil, nach dem jeder Muslim nicht etwa nur berechtigt, sondern geradezu verpflichtet wurde, den Allah-Lästerer Rushdie umzubringen. Am 11. und am 12. Februar 1989 gab es gewalttätige Demonstrationen gegen das Buch in Pakistan – und dabei erste Todesopfer. Am 14. Februar 1989 erklärte der damals noch lebende Religionsführer Ayatollah Chomeini über den iranischen Staatsrundfunk, daß der Autor Salman Rushdie wie auch die an der Publikation Beteiligten zum Tode verurteilt seien, und setzte zugleich eine hohe Belohnung auf den Kopf Rushdies aus. Es gab weltweit Proteste, es gab auch diplomatische Reaktionen bis hin zum Aussetzen diplomatischer Beziehungen, es half alles nichts: Das Urteil blieb bestehen, der schreckliche Nervenkrieg gegen den Autor Rushdie, der fortan in Geheimquartieren unter Bewachung von Scotland Yard leben mußte, führte dazu, daß dieser sich für sein Buch später entschuldigte und zum Islam übertrat. Das geschah erst in letzter Zeit und ist wahrscheinlich Ergebnis der religiösen Zermürbungsstrategie. Die Empörung des Westens war sprichwörtlich, ehrlich und deftig. Hat sie irgend etwas gebracht – außer der Tatsache, daß wir uns der abgebrochenen Brücken zwischen dem Okzident (christlich?) und dem Orient (islamisch!) nur noch schärfer bewußt geworden sind? Auf dem Höhepunkt der Affäre sagte mir Paul Frank, ehemals als Staatssekretär im Auswärtigen Amt Chef der deutschen Diplomatie: „Aber die Zeit, wo der Appell an die großen Prinzipien zwingend war, die ist längst vorbei. Auch die Zeit, wo der Appell an den Anstand zwingend war, ist vorbei. Wir leben in einer darniedergehenden Zivilisation, die Regeln von Anstand, Völkerrecht, Respekt nicht mehr kennt. Nehmen Sie mal das Verhalten des Iran heutzutage. Das ist für meine Begriffe ein Anschlag auf die Zivilisation, so wie wenn jemand eine Atombombe wirft. Das darf man nicht unterschätzen, es geht mir nicht um das Buch, und es geht mir nicht um die Herren Autoren und so, sondern es geht mir um die Tatsache, daß es im Jahr 1989, am Ende des 20. Jahrhunderts, 200 Jahre nach der Französischen Revolution, möglich ist, sich über das Völkerrecht so höhnisch hinwegzusetzen und zu sagen, ich schicke meine Mörder in andere Länder, die mit mir diplomatische Beziehungen haben. Das ist ungeheuer, absolut ungeheuer, und das ist das Ende der Diplomatie.

Die Mühen um einen christlich-islamischen Dialog sind belastet von verschiedenen Seiten:

Die Mehrzahl der Intellektuellen in Westeuropa hat mit dem Christentum und überhaupt Religiösem und Transzendentem wenig im Sinn. Könnte man sich Günter Grass im Dialog mit gläubigen muslimischen Theologen und Schriftstellern vorstellen, die sich siebenmal am Tag in körperlichen – nicht nur symbolischen – Gebetsanstrengungen gen Mekka verneigen und beten? Da fehlt uns (schon wieder) der Heinrich Böll mit seiner demütigen Gottesfürchtigkeit und Einfalt.

Die Institutionalisierung solch eines Dialogs ist schwierig, weil belastet von den gegenseitigen Ansprüchen auf das Alleinseligmachende. Man müßte deshalb dieses Gespräch außerhalb der offiziellen Kirchen/Religionen führen, wo diese Ansprüche erheblich abgemildert sind. Das wiederum ist in Europa leicht, im islamischen Raum schwierig.

Die beste Basis für einen Dialog wären gemeinsame Taten. Aber wo sollte etwas gemeinsam getan werden, wenn die bisherigen Versuche, etwas gemeinsam zu tun, gescheitert sind?

Wir haben im Sudan, in der Westprovinz Darfur, bei einem Flüchtlingsprojekt in dem riesigen Wüstenlager Assernie, das 1984 auch der Bundespräsident Richard von Weizsäcker besuchte, die ganze Wucht der frommen Militanz gespürt, die sich – leider – auch im humanitären Bereich austobt. Eine islamisch-sudanesische Organisation mit dem Titel SARA, „Sudanese Arabic Relief Agency“, wollte uns kurz nach ihrem Betreten des Lagers und dem Aufstellen eines Zeltes aus diesem Lager hinauswerfen. Wogegen ja auch nichts einzuwenden gewesen wäre, im Gegenteil. Überall auf der Welt freut man sich ja, wenn man durch einheimische Helfer und Selbsthilfegruppen ersetzt wird. Aber in dem Hungerlager Assernie (30 km nördlich von El Geneina) war es anders. Diese Hilfsgruppe war nicht in der Lage, ihre eigenen Landsleute zu versorgen, sondern zeigte mehr oder weniger nur Flagge – gegen die Christen, als die die Not-Ärzte des Komitees „Cap Anamur“ galten. Nur an zwei Vormittagen wurde eine Ambulanz abgehalten, kamen zwei sudanesische Ärzte, die aber dann gleich wieder verschwanden. Das heißt, um der medizinischen Versorgung der Sudanesen willen mußten wir in dem Lager bleiben.

Seit dem Machtantritt des fundamentalistischen Militärherrschers – durch einen coup d'état am 30.6.1989 – haben fast alle Organisationen das Land verlassen, weil ihnen öffentlich ins Gesicht gesagt wurde, sie seien nicht mehr erwünscht.

Gemeinsamkeit und aktive Kooperation verwirklichen sich nur aufgrund persönlicher Freundschaft. In Somalia haben die Mediziner von Cap Anamur ein neues Medizinprojekt aufbauen können, weil wir seit 1980 mit einem strenggläubigen Somali namens Abdulkarim Ahmed Guleid verbunden sind. Abdulkarim Guleid hat mit uns in den letzten Monaten wieder geträumt von einer Zusammenarbeit authentischer Muslime und authentischer Christen, denn er weiß viel zu genau, wie viele Gläubige in allen Religionsgemeinschaften Bigotte und Gauner sind. Nur: Die authentischen Christen zu finden, das ist in Europa gar nicht so einfach, wo das Lächeln über das Religiöse immer noch zum guten Talkshow-Plausch gehört. Ist es in islamischen Ländern einfach? Daß es dort auch schwierig ist, werden wir noch lernen müssen! Wie ungemischt sich das Religiöse und das Säkulare in dem Leben und Denken der Muslime, zumal der Araber mischt und wie wir uns daran mit Maßen auch gewöhnen müssen, zeigen ja auch viele arabisch-islamische Intellektuelle, die den Weg nach Europa gefunden haben und die uns bei dem Bau neuer Brücken behilflich sein könnten. Tahar ben Jalloun ist in Frankreich der stärkste und kräftigste Exponent, in der Bundesrepublik sehe ich niemanden, Bahman Nirumand ist ein von seinem Land enttäuschter und säkularisierter persischer Mitteleuropäer, desgleichen der Wissenschaftler Professor Bassam Tibi.

Von Tahar ben Jalloun ist jüngst im Rotbuch Verlag der literarische Essay „Der Gedächtnisbaum" erschienen: „Ich bin der Herr der Blitze. Wer mir nicht glaubt, wird die Rückkehr des Mahdi nicht erleben. Mahdi! Wo bist du? Ich habe dir ein Pferd und ein Kind geschickt. Das Kind hat Flügel. Hier mögen wir die Heimkehrer gerne. Du wirst Datteln und Milch bekommen." Kaum jemand versteht das in Europa, es gibt nur Sondervögel, Halbverrückte, die oft belächelt werden, die sich der Religion wieder unterwerfen. Und damit nach unserem Verständnis das „sacrificium intellectūs" vollziehen. Wie jener Roger Garaudy, der in einer interessanten, aber offenbar weit zurückliegenden Phase des keimenden Dialogs zwischen Ost- und Westeuropa ein wichtiger Mediator war. Ganz vergessen ist diese parallel zum Prager Frühling sich ereignende Explosion von Theologen/Philosophen-Begegnungen in Marienbad (Mariańsky Lazky) und in Prag, dann aber auch an vielen anderen Orten. Es gab Thesen atheïstischer Philosophen wie jenes „Gott ist nicht ganz tot" von Vaclav Gardávsky, der in Bratislava seinerzeit lehrte – und mittlerweile schon gestorben ist. Es gab jenen von innen her glühenden Menschen und kommunistischen Humanisten Milan Machowec, der die Theologie geradezu zu seinem Spezialfach erhob. Es gab jenen begabten jungen Philosophen Milan Prucha, der die Christen, Katholiken wie Protestanten, bat, doch um Gottes Willen keinen Abstrich an ihren transzendenten Positionen vorzunehmen, weil nur so der Dialog wirklich fruchtbringend und spannend bleiben könne. Es waren daran Ernst Bloch und Johann-Baptist Metz beteiligt, der Fundamentaltheologe in Münster. „Fundamentaltheologe", das Wort erinnert einen unabhängig von Metz an den Fundamentalismus, der im Katholizismus ebenso verbreitet ist, vielleicht in vornehmeren Dosen als im Islam. Diese Diskussion, an der das damals bekannte intellektuelle Europa teilnahm, ist eingeschlafen. Warum?

Es scheint, daß die Kirche nicht mal mehr die Kraft hat, aus sich heraus diese Themen wieder aufzugreifen. Oder mit dem polnischen Aphoristiker Stanislaw Jerzy Lec gesagt: „Manche Kirchen sind so schwach, daß sie aus eigener Kraft nicht vom Spielplan herunterkommen." Dagegen wirkt der Islam stark, kräftig, jung, frisch, durch keinen Zweifel angekränkelt. Er wirkt auf die vielen, die im Dunkeln sind, faszinierend, er ist eine einfache, klare Botschaft, die die wesentlichen Bestandteile von Religion unter dem Namen des allmächtigen Allbeschützers Allah versammelt: die Prädestination, das klare Bewußtsein, daß wir mit allen Haaren und Fasern unseres äußeren Körpers wie unserer Seele von Ihm allein abhängen, das alles noch gepaart mit ein wenig materieller Fütterung – die Kernstaaten des Islam, genau dort, wo die heiligen Stätten Mekka und Medina liegen, sind unglaublich reiche, vor

Petro-Dollar-Reichtum geradezu explodierende Staaten, mit einem ins Gigantische steigenden BRT.

Wochen vor dem militärischen Angriff des Irak auf Kuwait verschob das „Kuwait Investment Office“ (KIO), eine der kräftigsten Weltfinanzinstitutionen, einen großen Teil seiner Anlagen – satte 100 Milliarden Dollar – auf andere Plätze außerhalb Kuwaits: Hongkong, Zürich, New York, London. Das sind immer schon doppelte Verheißungen, die auf die besitz- und eigentumslosen, hungernden und darbenden Millionenheere der Muschiks, der Kleinbauern, der Sklaven und Feldarbeiter, der arbeitslosen Massen von Mauretanien bis nach Indonesien und Brunei mit Faszination einströmen. Das Stromlinienförmige ist wiederum das uns Erschreckende: „Die überwältigende Mehrheit der Palästinenser aus den besetzten Gebieten betrachtet die Besetzung Kuwaits als gerechtfertigt und feiert Saddam Hussein als modernen Saladin.“

Nun hat aber der Imam aus Jenin, der Scheich Mohamad Fuad Abu Ziad, in der Freitagspredigt in der Al-Aksa-Moschee versucht, eine abweichende Meinung zu vertreten: Er zog tatsächlich eine Parallele zwischen der Besetzung Kuwaits durch den Irak und der Besetzung von Cisjordanien, also der Westbank, durch Israel. Noch am gleichen Tage – berichtet der Korrespondent der Neuen Zürcher Zeitung (NZZ) aus Jerusalem (18.1.1991) – erschienen Delegationen empörter Gläubiger bei den Redaktionen der drei arabischen Zeitungen Ost-Jerusalems „El Fadr“, „An Nahar“ und „Ash Shaab“ und verlangten Dementis. Pünktlich erschienen am nächsten Morgen Artikel, in denen die Worte des Predigers vom letzten Freitag scharf verurteilt wurden. Dem Prediger wurde Frivolität vorgeworfen, weil er Äpfel mit Birnen in einen Topf geworfen habe. Es kam sogar aufgrund der Kontroverse, in der sich Scheich Abu Ziad noch einmal verteidigen durfte, zu einem „Fatwa“, einem Richtspruch der höchsten islamischen Autoritäten, damit die „Gläubigen fortan wüßten, woran sie sich zu halten hätten“. So kam es zu einer „Inquisition“ (im Wortsinn) der umstrittenen Predigt durch den Mufti von Jerusalem, Scheich Saadeddin al Alami, durch den Direktor des Wafd und die Prediger der Al-Aksa-Moschee. Die Predigt, so hieß es in dem Richtspruch, entspreche „zwar religiösen Grundsätzen, aber einige Absätze in der

Predigt hätten zu Mißverständnissen Anlaß gegeben. So sei zwischen dem Einzug der irakischen Truppen aus Kuwait und der israelischen ‚Besetzung' strikt zu unterscheiden. Im einen Fall handele es sich um eine islamische Armee, die in ein islamisches Land eingedrungen sei, während es sich im Falle Cisjordaniens und Gazas um eine nicht-islamische Armee handle, die islamisches Territorium besetzt halte." (NZZ, 18.1.1991)

Das ist Intoleranz und Abschließung: Es gibt die Gläubigen und die Ungläubigen. Und wenn dann zwei das gleiche tun, ist es noch lange nicht das gleiche. Das zu erkennen und wahrzunehmen, bedeutet noch nicht, daß wir es zureichend analysieren können. Festhalten können wir allerdings schon, daß diese Haltung uns Europäer wie auch die Schwarzafrikaner erschreckt und abstößt. Es sind schon zu viele Religionskriege geführt worden, sagt der geschichtssatte Europäer – und der Schwarzafrikaner im Süden des Sudan hat eine instinktive Abneigung gegen eine missionierende und eifernde Religion. Er ist so tief in seinem Animismus verwurzelt, die Dinkas im Südsudan leben in einem Pantheismus, an dem Johann Wolfgang Goethe seine Freude gehabt hätte, und haben Zeit und Ewigkeit vor sich. Die ersten (österreichischen) Missionare hatten lange Warte- und Dürrezeiten, ehe sie den allerersten Südsudanesen bekehren und taufen konnten.

Wir Westler haben keine Religion mehr, sondern nur Wissenschaft, Kunst und Unterhaltung. Der Goethe-Spruch ist schon lange nicht mehr wahr: „Wer Wissenschaft und Kunst besitzt, der hat schon Religion." Eines der größten Hindernisse für die Kooperation und Kommunikation zwischen West und Ost, zwischen Europa und Nahost, zwischen Okzident und Orient ist das abgestorbene Empfinden, der abgeklemmte Sinn für Religion bei uns Europäern. Wir sind in unserer säkularisierten Rationalität in der Lage, unser Leben und unsere Gesellschaft rational zu organisieren (oft aber auch schon wieder bis zur tolldreisten Irrationalität), so daß wir „n'avons pas besoin de cet hypothèse", daß wir diese Hypothese nicht brauchen, wie ein stolzer französischer Naturwissenschaftler die strahlend aufgehende Aufklärung mit einem Trompetenstoß ankündigte.

In der päpstlichen Enzyklika „Pacem in terris" vom 1. April 1963 heißt es ohne Umschweife, nicht zu interpretieren: „Darum ist es in unserer Zeit, die sich des Besitzes der Atomkraft rühmt, sinnlos, den Krieg als geeignetes Mittel zur Wiederherstellung verletzter Rechte zu betrachten."

Papst Johannes XXIII. sprach damals nicht etwa von „Einsatz" von Atomwaffen, sondern von deren „Besitz". Diese Enzyklika hatte keine Wirkung. Weder auf die katholischen Christen im engeren noch auf die Christen allgemein. Dagegen hat nach dem 17. Januar 1991 der Erzbischof von Canterbury der Regierung Major einen regelrechten Persilschein ausgestellt – und General a.D. Gerd Schmückle meinte gar, „die Präzision der eingesetzten Waffen, der minimale Schaden, der Verzicht auf den Einsatz nuklearer Sprengköpfe sowie das von der UNO aufgestellte Ultimatum reichten für mich als Christen aus, einen gerechten Krieg zu begründen".

Wie dürftig sind die Kräfte der Religion bei uns geworden, wie weit wird der Abstand zum Islam in Nahost, zu Israels unverbrüchlichem Judentum, zum gläubigen Animismus der Menschen in Schwarzafrika. Die US-Kirchen haben sich ebenso dem Golfkrieg widersetzt: sed frustra. Es ist wie in Tucholskys Zeiten, als dieser zu seiner Korrespondentin Annerose Fuchs sagte: „Ich habe, meine Liebe, nur ein Argument gegen das Christentum: Es hat bisher nichts genützt." Zwar hat ein protestantischer Bischof Forck bei der großen Friedensdemonstration in Bonn am 26. Januar 1991 gesprochen, aber ein katholischer wie der Bischof von Limburg, Franz Kamphaus, war nicht dabei, der einstmals davon sprach, daß man der Räuberei ein Ende setzen, nicht nur die Opfer der Räuberei verbinden muß.

Ich sitze zwei Tage nach dieser Demonstration mit Brigitte Erler zusammen, die eine der Organisatoren der Demonstration mit 300000 Teilnehmern auf der Bonner Hofgartenwiese war (das Organisationskomitee ist ad hoc aus insgesamt 30 kleinen Friedensgruppen gebildet worden, so wenig organisiert ist das, was öffentlich und politisch immer als „Friedensbewegung" apostrophiert wird). Es ist ja nicht gelungen, einen Muslim ausdrücklich als Mohammedaner sprechen zu lassen, um diesen für die Muslime und Araber doch wichtigen Aspekt des Angriffs auf den Irak zu verdeutlichen. Dabei schreibt sogar Wolfgang Lerch in der Frankfurter Allgemeinen Zeitung (29.1.1991): „Eint der Haß auf den ‚amerikanischen Satan' am Ende die früheren Kriegsgegner Iran und Irak? Eine Unbekannte allerdings liegt in der Religion: das deutsche Fernsehen zeigte Bilder, aus denen hervorging, daß auch die vor allem den Schiiten heilige Stadt Nadschaf südlich von Bagdad von Bomben der Alliierten getroffen worden ist. Unklar blieb dabei, ob auch das Heiligtum mit dem Schrein des Ali einen Treffer erhielt. Falls die Heiligtümer des Irak durch den Krieg zerstört würden, vor allem die Moscheen in Kerbela, Nadschaf und Samarra, wüchse der Antiamerikanismus im Iran auf ein nie gekanntes Ausmaß an."

Bagdad und Teheran hatten sich offenbar geeinigt, „in Nadschaf das verbindliche Pilgerzentrum für alle Muslime zu sehen, solange die heiligen Stätten von Saudi-Arabien, die Kaaba in Mekka und das Grab des Propheten von Medina, von den ‚ungläubigen Besatzern' entweiht würden". Der Redakteur der FAZ schreibt prophetisch in seiner Zeitung, deren Stil und Tendenz sonst in eine andere Richtung gehen: „Es könnte sich die Stimmung im arabischen Raum nach dem 17. März, dem Beginn des Ramadan, des Fastenmonats, zugunsten Saddam Husseins verändern...". Das würde dann der anderen Prognose entsprechen, nach der die Folge des Krieges eine riesengroße und nicht mehr zu bezähmende Arabien-Intifada sein dürfte.

Brigitte Erler sieht Hoffnung für den Dialog mit dem Islam. Als Chefin von Amnesty International Deutschland war sie einmal beim Botschafter des Iran. Sie hat dem Diplomaten dann erst erzählt, was für sie selbst das Erbe, der Thesaurus des Islam bedeute, wie wichtig die „aristotelische Linke" des Averroes und Avicenna gewesen sei, vermittelt durch den feurigen Revolutionär Ernst Bloch. „Der Botschafter ist, vor mir sitzend, beinahe weggeschmolzen. Wenn man ihnen nur ein winziges Zeichen des Respektes ihrer Würde, ihres Stolzes, ihrer Religion gibt, dann schmelzen sie hin. Aber", fügt Brigitte Erler traurig hinzu, „ich bedaure, daß ich selbst nicht glaube. Ich bin Atheistin."

Der Islam hat in seiner quirlig-ernsten Gläubigkeit, die oft sogar blutig ernst zu werden droht, kaum einen Gesprächspartner in Europa mehr. Die Kirche ist nicht mehr in ihrer staatsverhafteten Behäbigkeit um Erhaltung der alten Positionen und Bastionen bemüht. Aber wer könnte es dann sein? Ein Gespräch müßte ja organisiert werden, weil ganze Mauern an Widerstands- und Vorurteils-Schutt erstmal beiseite geräumt werden müßten...

Europa hat nicht erkannt, daß es sich in den Nahostdialog als religiöse Kraft einbringen muß. Daß es den Respekt vor den heiligen Stätten des Islam beweisen muß. Die Tatsache, die nun Evidenz durch die Fernsehbilder bekommen hat, daß das – in den Augen der Muslime – barbarische Europa plus USA sich sogar an der heiligen Stadt Nadschaf vergriffen hat, läßt für die Auseinandersetzung dieser beiden Welten Schlimmes befürchten. Europa hat nicht einmal mehr den primitivsten Respekt für die Muslime und deren Gefühle. Es hat nicht einmal mehr selbst religiöse Ehrfurchtsgefühle, wie sollte es Respekt für die nicht mehr erkannten Gefühle der anderen haben? Der Beschuß, die Bombardierung von Nadschaf wird, wie Wolfgang Günter Lerch in der „FAZ" geschrieben hat, zu schlimmen Konsequenzen in der muslimischen Bevölkerung des Irak führen. Und vielleicht werden wir uns als Europäer dann auch nicht mehr verstecken können hinter dem bequemen Antiamerikanismus, in dem das alles explodiert, denn irgendwann wird das umkippen in einen Antieuropäismus.

Das Versagen des Islam

Berlin (epd), den 12.12.1991 –
„Islam unterdrückt die Frauen nicht"
„Frauen werden nach Ansicht der muslimischen Philosophin Zeinab Afifi im Islam keineswegs unterdrückt. Im Gegenteil habe erst der Prophet Mohammed die Frau aus ihrer Sklavenrolle befreit, sagte die in Ägypten lehrende Professorin auf einer Orient-Tagung in Berlin. Der Islam habe die Frau gleichberechtigt an die Seite des Mannes gestellt. Sie habe das Erbrecht genauso wie das Recht auf Ausbildung und außerhäusliche Berufstätigkeit. Die Mutterschaft bleibe allerdings die Hauptaufgabe der Frau, sagte Afifi.

Frau Afifi verteidigte auch die Koranvorschrift, nach der eine Frau, die Ehebruch begeht, gesteinigt werden solle. Wenn eine Frau sexuellen Kontakt zu einem anderen Mann aufnehmen wolle, könne sie sich in Übereinstimmung mit dem Koran scheiden lassen. ‚Wir haben keine sexuelle Freiheit', betonte sie. Die Diskussion über Ehebruch hatte die Berliner Ausländerbeauftragte Barbara John ausgelöst. Sie hatte eine in Berlin erscheinende muslimische Zeitschrift zitiert, nach der ehebrechende Frauen die Todesstrafe verdienten."

In Kuwait sind die gräßlichsten Folterungen an Kuwaitis von irakischen Soldaten oder Agenten betrieben worden. Das Fernsehen hat uns nach der Eroberung Kuwaits durch die alliierten Truppen Bilder von Massengräbern gezeigt. Das Ausmaß des Terrors und der Verwüstung, auch der Verwüstung der Moral, der mitmenschlichen Sitten ist unbeschreiblich.

Was hat der oberste Mufti der Muslims in Damaskus oder Bagdad, in Beirut oder an der Al-Azar-Universität in Kairo dazu verlauten lassen? Welche muslimische Stimme hat sich gegen den Brudermord unter Muslimen gewandt? Wer hat den mörderischen Umgang mit menschlichem Leben kritisiert?

Wer hat Allah beschworen, er möge dem Gemetzel ein Ende machen, das jetzt zwischen schiitischen Oppositionellen und den sunnitischen Machthabern ausgebrochen ist? Wer hat sich für die Kurden eingesetzt, die ja auch Muslims sind?

Hat es jemals Proteste, einen Aufschrei, ein langes großes Weinen und Wehklagen der Muslime gegen diese schrecklichen Verletzungen von Menschen, von physischem und psychischem Leben von Mit-Muslimen, also von Glaubensbrüdern gegeben? Habe ich das nur überhört? frage ich meine arabischen Freunde. Nein, sagen sie mir, auch sie haben das nicht gehört.

Jetzt, nach der sogenannten Befreiung Kuwaits, gibt es zunehmende (auch sich bewahrheitende) Vorwürfe gegen die kuwaitische Seite: Man betreibt Gegenfolter, Anti-Quälerei, Anti-Morde, nur jetzt in die umgekehrte Richtung.

„Le Koweit est un desert. Sans eau ni électricité, ce n'est rien", sagt ein kuwaitischer Geschäftsmann (Le Monde, 21.3.91). Die Versorgungslage der 18 Millionen Irakis scheint viel furchtbarer zu sein, wenn man einem so glaubwürdigen Zeugen wie dem IKRK (Internationalen Komitee des Roten Kreuzes) glauben darf – oder den „Médecins sans frontières" (MSF) aus Frankreich. Die Menschen in Bagdad verfügten über 500 Liter Trinkwasser pro Tag vor dem Krieg, jetzt noch gerade über 15 Liter, sie nähern sich dem Stand ostafrikanischer Flüchtlingslager.

Die Versorgung mit Nahrungsmitteln – zumal der drei Millionen ein- bis dreijährigen Kinder – im Irak ist gefährdet, weil seit langer Zeit keine Nahrungsmittel ins Land gekommen sind, zumal kein Milchpulver – sagt uns das IKRK. In einer Mitteilung aus Genf heißt es (21.3.91): Das IKRK ist außerordentlich um die Ernährungssicherheit der Menschen im Irak besorgt. Nach den Berichten, die das Hauptquartier in Genf von den nunmehr 37 Delegierten des Komitees im Irak bekommen hat, droht den Irakis eine wirkliche Hungersnot.

Das sagt leider nicht eine internationale islamische Hilfsorganisation. Wo sind die „Islamic Arabic Relief Agencies (IARA)"? Die mit großem Machtanspruch so oft bei auftretenden Katastrophen in islamischen Ländern uns europäischen Organisationen das Arbeitsfeld streitig machten – wie damals 1986 in Darfur, Westsudan, Geneina, im Flüchtlingslager Assernie? Es war eines der schlimmsten Lager, die ich je gesehen habe, weil die 30000 Flüchtlinge starke Lagerbevölkerung bar jeder Versorgung war. Es war dies das Lager, in dem wir mit der britischen Organisation OXFAM gemeinsam versuchten, die Wasserversorgung behelfsmäßig zu organisieren, damit jeder Flüchtling wenigstens vier Liter Wasser pro Kopf und Tag bekommen konnte. Davor mußten die Flüchtlinge aus einem naheliegenden Gewässer Wasser holen, in dem faulende, aufgeblähte Tierkadaver (Pferde und Rinder) lagen...

Kaum war die Arbeit getan, tauchte mit Triumph und saudischen Mitteln die SARA auf, die uns des Lagers verwies. Das wäre auch in Ordnung gegangen, ich hatte immer auf Zusammenarbeit mit islamischen Organisationen gehofft: Aber die SARA war dort, um das Banner der Saudis hochzuhalten, nicht, um vernünftige basismedizinische Versorgung zu leisten.

Jetzt – wo ist die Stimme der Muslims? Wo sind die Muslime, die ihren Obolus entrichten und ihre Ärzte und Konvois, ihre Wasseringenieure und Wasseraufbereitungsanlagen schicken? Reicht es denn, den fundamentalistischen Fanatismus auszutoben und sich in heller Djibahdbegeisterung gleich für den Märtyrerdienst an der Front registrieren zu lassen – und danach die Glaubensbrüder im Elend des zerstörten Landes vermodern zu lassen?

Es reicht nicht, den Islam in seiner Erstarrung zu lassen, man muß ihn solidarisch kritisieren. Er muß – wenn es sich um eine lebendige, aktive, hilfreiche Religion handelt – sich zumindest um seine Glaubensbrüder und -schwestern in Not kümmern. Warum ist es keine Schande, daß jetzt die zivilen humanitären Konvois in den Irak fahren? Warum ist das keine Invasion, die abgewendet werden muß?

Lord Cromer, der englische Kolonialfürst, hatte einst behauptet, ein reformierter Islam sei kein Islam mehr. Es scheint, als habe er damit den Muftis und Ayatollahs aus der Seele gesprochen. Denn alle (reformatorischen, ja geradezu lutherischen) Bemühungen, das Recht der Igithad, des selbständigen Lesens und Interpretierens des Koran, den Schriftgelehrten und Theologen des Islam zuzugestehen, sind versandet. Die Lähmung in der islamischen Welt ist von Jahr zu Jahr bedrückender geworden. Die Dialogbemühungen sind so festgefahren, daß man von ihnen gar nicht mehr sprechen kann. Wir halten uns fest an Deklarationen und Erklärungen von westlichen, im europäischen Exil lebenden Muslimen, die uns beruhigen, die uns genau das Gegenteil dessen als das Wesen des Islam weismachen wollen, was die Realität uns gegenwärtig anbietet.

Die Stimmung im Westen ist auf des Messers Schneide. Verständnis für den Islam zu wecken ist eine der undankbarsten Aufgaben, weil der Islam auch nicht einen Zentimeter breit Raum für eine Entlastung bietet. In jeder der eben zitierten Fragen gibt uns der real-existierende Islam – jedenfalls in den Ländern, in denen er an der Macht ist – keine Möglichkeit, ihn verständlich und liebenswert zu erfahren. Er verurteilt nicht die Verletzungen und Morde an Menschen, die Muslime sind. Er verurteilt nicht die Blutherrschaft des Saddam Hussein. Er kritisiert nicht die schändliche opportunistische Art, mit der sich der gleiche Saddam Hussein plötzlich – wie es ihm gefällt – auf das religiöse Bein stellt und so tut, als könne er, der alte säkulare Baathist, plötzlich als Nachfolger des Propheten den Frommen spielen. Reine feiste Manipulation – aber wo erhebt sich denn der Protest, die Kritik, meinetwegen die feinsinnige theologische, exegetische? Nirgends.

Gerade weil ich einen solchen Respekt habe vor den Religionen und der reichen Frömmigkeit des Islam, gerade weil ich wundervolle Menschen und Freunde unter den Muslimen in Afghanistan und in Somalia gefunden habe, muß ich um so härter die Stagnation einer Religion bedauern, die auf Dauer nicht in der Lage sein wird, die sozialen und politischen Herausforderungen der Neuzeit zu lösen – ja, nicht einmal sie zu verstehen. Das Drama der stagnierenden Religion wird in diesen Jahren und Jahrzehnten von dem Siegeszug des Islam durch die Hunger- und Habenichtskontinente überdeckt. Auf Dauer aber wird sich der Funke der Partizipation oder – der Demokratie auch in muslimischen Ländern nicht löschen lassen.

„Der Ramadan, der am 17. März begonnen hat, hat auch die Frustrationen unter der kuwaitischen Bevölkerung verstärkt, die in ihr Kuwait zurückgekehrt ist. Diese Bevölkerung konstatiert, daß wieder die großen Machthaber von früher sich die Privilegien zuschanzen. Die erste elektrisch beleuchtete Straße in Kuwait ist genau diejenige, wo sich die Minister, also Mitglieder der Prinzenfamilie, eingenistet haben" (berichtet Françoise Chipaux für Le Monde, am 21.3.1991).

Ganz gewiß hat der türkische Reformer Atatürk das Richtige zur verkehrten Zeit mit untauglichen Mitteln getan, als er am 3.3.1924 das osmanische Kalifat abschaffte und in der Türkei einen säkularen Staat begründete. Seit dieser Zeit hängt die Türkei zwischen Baum und Borke, ist weiterhin ein islamisches Land und versucht Europa gegenüber, dem es wirtschaftlich mehr zutraut, seine säkulare Seite zuzuwenden. Im Golfkrieg posierte der türkische Ministerpräsident Turgut Özal als treuester Verbündeter der USA und gewährte gegen viele Prämien aus dem Militärhilfebudget der USA den Flughafen Incirlik als Basis für die Flugzeuge, die den Irak kaputtbombardierten.

Atatürk hat auf Dauer aber den Weg gewiesen, es kann nicht gutgehen, einen Staat den Gottesgelehrten einer Religion anzuvertrauen, die stagniert und sich nicht bewegt, die nicht in der Lage ist, moderne Herausforderungen auch mit den Mitteln einer neu interpretierten Religion anzunehmen. Wenn der Buchstabe des Buches nicht durch Exegese antastbar ist, wird eine solche Religion auf Dauer keinen Bestand haben, jedenfalls nicht zur Entwicklung unserer gemeinsamen Welt. Sie wird zur Dunkelmännerreligion entarten.

Saddam Hussein hat mit dem Islam gespielt. Der Ayatollah Chomeini hat der Welt das Schreckgespenst einer in den tiefsten Verliesen von religiös-inquisitorischer Inquisition lauernden menschenfeindlichen Religion gegeben. Die Frauen werden auf Dauer die Demütigung und die Erniedrigung ihrer Rolle nicht hinnehmen. Die Berichte, die es aus dem Iran gibt, dem Post-Chomeini-Iran, zeigen diesen Trend auf becircende Weise. Die religiös obligatorische wird jetzt als erotisch anziehende Mode gehandelt. Der Iran verändert unmerklich-merkbar sein Gesicht. Die Modernität läßt sich ganz offenbar nicht in die Verliese des finsteren Ayatollah bannen.

In der westlichen Öffentlichkeit hat ein Buch Aufsehen und Furore gemacht, das von seiten der darin angesprochenen Iraner Empörung ausgelöst hat. Auch ein so oppositioneller und säkularer Iraner wie der Schriftsteller Bahman Nirumand ist entsetzt. Das Buch heißt: „Nicht ohne meine Tochter" von Betty Mahmoody. Der Inhalt:

Im Sommer 1984 fliegt Betty Mahmoody zusammen mit ihrer kleinen Tochter und ihrem persischen Ehemann zu einem zweiwöchigen Ferienaufenthalt in den Iran. Bereits nach kurzer Zeit muß sie feststellen, daß ihr Mann sich immer mehr verändert. Er schlägt sie und das Kind und sperrt sie ein. Der Urlaub wird auf unbestimmte Zeit verlängert, und bald gibt es keine Hoffnung mehr auf Rückkehr in die USA, es sei denn, sie ließe ihre Tochter zurück. Es gelingt Betty, Kontakt zur Schweizer Botschaft aufzunehmen, dort rät man ihr, das Land ohne ihre Tochter zu verlassen. Das aber will sie unter gar keinen Umständen.

Ich sprach in Berlin mit Bahman Nirumand:

„Ja, es ist schon ein tragisches Schicksal, auch der Inhalt des Textes ist schon tragisch, aber das ist erst einmal rein die Geschichte, was ihr widerfahren ist. Ich denke, daß dieses Buch erstmal – obwohl es ein schreckliches Erlebnis wiedergibt, im Grunde ein – das muß man auch ernst nehmen, vollkommen ernst nehmen – ein Racheakt ist. Ein Racheakt gegenüber einem Menschen, den die Frau geliebt hat und von dem sie enttäuscht worden ist. Deshalb, psychologisch gesehen, kann ich das durchaus verstehen. Daß das Buch zum Bestseller wird, das stimmt sehr nachdenklich. Und ich denke, der Grund, daß es wirklich zum Bestseller wird, besteht darin, daß seit geraumer Zeit in Europa, auch in Amerika, ein neues Feindbild aufgestellt wird, das ist der islamische Fundamentalismus. Und dieses Buch paßt genau, ordnet sich wunderbar ein als Propagandamittel gegen den Islam, gegen die islamische Welt. Der Kommunismus existiert nicht mehr, den kann man als Feindbild nicht mehr gebrauchen, und nun steht dieses Feindbild, und bedenken Sie, daß jetzt zugleich, angefangen mit Rushdie bis jetzt, daß es eine Eskalation dieser Widersprüche gegeben hat, und der Gipfel ist ja der Golfkrieg. Man versucht die europäische Zivilisation dort einzubomben, und was bombt man ein, worauf fallen die Bomben? Auf die arabischen Barbaren. Und genau deswegen wird dieses Buch zum Bestseller, weil die Menschen das bestätigt sehen plötzlich, was ihnen schon suggeriert worden ist durch die Medien, durch die Politiker und durch dieses Feindbild, das man jetzt aufgebaut hat.“

Frage: „Dennoch haben wir als Europäer ganz große Probleme, auch wenn wir die Übertreibungen und die Absichten, die Sie politisch darstellen, mal beiseite lassen. Wir haben natürlich große Probleme mit Lebensformen im islamischen Raum.“

Nirumand: „Ich meine, vieles von dem, was Betty Mahmoody beschreibt, diese Pasdaran, Revolutionswächter und all das, was da im Iran jetzt zugespitzt worden ist durch die Islamische Republik, durch den Krieg, das trifft auch zu. Die Frauen werden unterdrückt, Schreckliches müssen sie schon erleben, das ist vollkommen klar. Was ich total ablehne, was sie da schreibt, ist z. B., daß die Iraner stinken, sie nicht sauber sind, also all das, was einfach nicht zutrifft. Absolut erniedrigend ist das, denn schon aus religiösen Gründen sind die Iraner gezwungen, ihre Häuser sauber zu halten. Sie beschreibt z. B., daß da auf dem Perserteppich uriniert wird. Das ist unmöglich, weil sie auf diesem Teppich beten, und der Urin ist unrein. Urin gilt als unrein, und dann gilt das Gebet nicht. Also das ist einfach schlicht gelogen, denke ich. Was da jetzt sehr wichtig ist, ist, was ich schon erwähnt habe, dieses Buch wäre überhaupt nicht beachtet worden, meiner Ansicht nach, vielleicht wäre das als eine fortlaufende Geschichte in der Boulevardpresse erschienen, wenn das nicht in diesen zeitgeschichtlichen Kontext hineingeraten wäre.“

Diese Kritik trifft aber nicht den Kern der westlichen Leserseele;

daß mit so einem Buch schreckliche Vorurteile gezeugt und verstärkt werden, ist evident. Aber das Buch von Betty Mahmoody macht sich zum Sprecher tief innerer Ängste gerade westlicher Frauen vor dem Aufkommen einer maskulin-mörderischen Inquisitionsreligion, die den Frauen einen verhüllten geduldeten Platz in einer Küche zuweist. Das wollen Frauen nie wieder erleben – auch und gerade wenn es finstere Dunkelmänner des islamischen Glaubens so wollen.

Das Versagen der Politik

„Meserves Anwalt sprach von den Belastungen, denen ein ‚zwanzigjähriger Feldwebel ausgesetzt ist (im Vietnamkrieg 1966) ... der seine Männer bei 50, 60, 70 Spähtrupps geführt hat', und bekräftigte seine persönliche Meinung, daß ‚dieser Vorfall nicht mit den normalen, also im zivilen Leben geltenden Maßstäben beurteilt werden kann, weil er sich unter ganz anderen Umständen ereignete'. ... Bei der Beurteilung dieser Tat ist doch ein Gesichtspunkt von ganz besonderer Bedeutung: Die Sache hat sich nicht in den Vereinigten Staaten ereignet. Und tatsächlich gibt es einige Leute, die sagen würden, sie habe sich nicht einmal im Bereich der Zivilisation abgespielt –, das sei eben so, wenn und solange man sich im Kampf gegen einen fanatischen Feind befindet."

(Daniel Lang: Die Meldung. 18. November 1966, Vietnam, Hoffmann und Campe, Hamburg, 1970, S. 77)

Wir wählen zwar unsere Volksvertreter, aber wir tun es (in der Bundesrepublik) unter schon Ausgewählten. Es ist etwas faul im Staat, der die Parteien so stark privilegiert, daß sie nicht mehr an der „Willensbildung des Volkes" mitwirken, sondern sie großmächtig und monoman exklusiv für sich selbst beanspruchen.

Als jemand, der bei einer öffentlich-rechtlichen Rundfunkanstalt seit 1977 Dienst tut, ist mir diese Realität schon so vertraut geworden, daß mir naive Fragen von Mitbürgern und Freunden mit großer Überraschung klarmachen, wie weit wir uns in unserem politischen Leben von bestimmten Prinzipien unserer Verfassung entfernt haben. So ist es selbstverständlich, daß die Bonner Mehrheitspartei den Intendantenposten des Deutschlandfunks besetzt. Daß die Mehrheitspartei auch den Chefredakteur stellt. Daß die FDP als kleine Gegengabe dafür, daß sie die Rolle des Juniorpartners in der Koalition akzeptiert hat, den Programmleiter Politik bekommt.

Eine solche Parteienkumpanei fördert den Eindruck von Korruptibilität. Die Parteien fühlen sich aber so sicher, daß sie sich andauernd hinter und vor etwas stellen, sie begreifen nicht, daß sich langsam, bei den Jüngeren zumal, die sich vom Karriere- und Opportunitätsdenken noch nicht ganz das Rückgrat haben zerbrechen lassen, eine große, immer größer werdende Erregung breitmacht. Diese leichtfertige Haltung unserer Parteien wird sich rächen, bitter rächen, weil sie wahrscheinlich erst wieder Bomben hochgehen hören und Terroristen in ihrer Ohnmacht Züge und Flugzeuge besetzen sehen müssen, ehe sie zur Vernunft und zur Bescheidung ihrer unbegrenzten Machtansprüche kommen werden.

Selbst das Aufdecken der Skandale geschieht – ohne Wirkung. Es ist wie beim Boxen, die guten gestandenen Partner im Ring bekommen wüste Schläge, aber sie bekommen beim Sparringskampf allemal nur Flecken als Zeichen für gelungene Faustschläge. Wolfgang Hoffmann hat in der „Zeit" (8.3.91) schlüssig nachgewiesen, daß die Bundesregierung das Parlament und das Volk mehrmals belogen hat. Die große Lüge besteht in den großen feierlichen Enzykliken, die die Großpolitiker hier abgeben, immer dann, wenn das Kind schon lange in den Brunnen gefallen ist und die Rüstungsexportgewinne schon alle eingeheimst sind.

Eine solche pathetische Enzyklika leistete sich der Bundespräsident Richard von Weizsäcker am 2. März 1991 bei der Technogerma in Seoul/Südkorea. Wie erinnerlich, hatte von Weizsäcker seinen lang angesagten Präsidentenbesuch in Korea wie in Indien im März 1991 nicht abgesagt. In Seoul hatte er darauf bestanden, daß ein Tornado-Kampfflugzeug-Modell, das die Firma Daimler-Benz/MBB dort aufgebaut hatte, vor der Eröffnung der Messe entfernt wurde. So stolz wir Deutsche darauf waren (und daß die „Frankfurter Rundschau" es herausgekriegt hatte), im Grunde war es natürlich nur noch ein Stück rührseliger Reaktion von seiten des machtlosen Präsidenten, der sein Gewissen sauberhalten wollte – aber damit nichts an dem Fortgang der korrupten Praktiken änderte. Die Lackmusprobe wäre ja eine wirkliche Änderung der Politik – und in der Regierung – gewesen. Denn schließlich darf eine demokratisch gewählte Regierung das Volk nicht belügen, und ein gewähltes Parlament darf sich nicht belügen lassen. Aber so einfache und schlüssige Sätze gehören in die Märchenstunde der deutschen Demokratie. Wir, zumal die Medien, haben uns an einen gewissen Bodensatz statistisch auffindbarer Korruption im parteien-besetzten Staat so sehr gewöhnt, daß man daran nicht mehr viel findet.

Kurz nach der Eröffnung der „Technogerma" in Seoul kartete Daimler-Benz/MBB nach. Vorstandssprecher der Daimler-Tochter DASA, Karl J. Dersch, verkündete: „Das Tornado-Flugzeug hat dazu beigetragen, im Golfkrieg Zehntausende von Menschen zu retten." Am 21. Februar 1991 erklärte der neue Wirtschaftsminister Jürgen Möllemann vor dem Parlament – Bonn habe „niemals Kriegswaffen für den Irak genehmigt". Eine – wie die „Zeit" hieb- und stichfest nachweist – faustdicke Lüge. Am 23. November 1990 hatte der Wirtschaftsstaatssekretär Klaus Beckmann im Parlament erklärt: „Bonn hat von 1982 bis 1989 Ausfuhren in Höhe von einer Milliarde Mark genehmigt, die in den Embargolisten A bis D stehen". Die Embargoliste A betrifft Waffen- und Rüstungsmaterial, die Embargoliste B enthält Material für kerntechnische Zwecke, die Liste D Material für chemische Anlagen und Chemikalien.

Kaum ist diese Lug- und Trugaffäre am Laufen – sie schleppt sich übrigens ohne große politische Aufregung von Montag zu Montag weiter, der „Spiegel" bekommt jede Woche neu etwas heraus, was eine neue korrupte Schweinerei ist –, da kommt es zu einer vergleichsweise geringen Affäre, der Dienstwagenaffäre der Bundestagspräsidentin Professor Rita Süssmuth (Enthüllungen im „Stern" 14..3.1991). Rita Süssmuth hat zwei hochkarätige Mercedes-Limousinen vom Feinsten – also etwas, wovon Otto oder Emma Normalverbraucher nur beim Kinobesuch träumen können. Einer dieser Staatswagen steht in ihrer Garage, mit dem anderen fährt sie selbst vor, mitsamt Chauffeur. Den anderen nimmt ihr Mann, der das Benzingeld über die Bundeskasse abrechnet.

Was ist schlimmer: der Fall selbst, und das bei einer Politikerin, die dauernd bei ihren Bundestagsreden-an-die-Nation davon spricht, Politiker müßten ein Beispiel geben und Vorbild sein? Oder die Tatsache, daß sich die Parteien gegenseitig zum „Durchstehen" auffordern – so Hans Jochen Vogel an Rita Süssmuth am 16.3.1991? Oder daß der nicht unmaßgebliche SPD-Abgeordnete Wilfried Penner den Persilschein geradezu in alle Richtungen ausfaltet: „Wenn Graf Lambsdorff als FDP-Parteichef im Parlament sitzt, trotz krimineller Steuervergehen, wenn Lothar de Maizière Vorsitzender der CDU-Programmkommission wird, obwohl noch Stasi-Verdachtsmomente auf ihm lasten, dann sollte man die Meßlatte bei Frau Süssmuth auch nicht zu hoch ansetzen."

Das möchte den Politikern so passen: daß sie, zusammenhokkend in ihrem Schweine- oder Augiasstall, darüber befinden, daß, wenn es in dem Stall schon so stark stinkt und riecht, der zusätzliche naserümpfend akzeptierte Geruch auch nicht mehr ins Gewicht fällt. Die reizende Logik des Satzes von Wilfried Penner ist doch: Wenn wir es schon nicht schaffen, die dicken Korruptionskriminalitäts-Fälle zu bewältigen – durch Rausschmiß, wieso sollten wir dann jetzt anfangen.

Das Furchtbare: Es gibt keine Opposition, weil im Raumschiff die Parteivertreter alle von Korruption durch Sonderbezüge angeknackst sind – und die Journalisten der Bonner Bundespressekonferenz auch, wie David Marsh nachgewiesen hat.

Die Wochen in diesem Frühjahr geht das Schlag auf Schlag. 17.3.91: „Neue Vorwürfe gegen CDU-Vize de Maizière". Er war eben doch ein „IM", ein inoffizieller Mitarbeiter der Stasi. 18.3.91: „Lieferte Daimler Tieflader für Abschußrampen?" Die Ermittlungen von Zollfahndern, die in den letzten Tagen erst (den kleinen Embargo-Verletzer, den Westerwald-Kleinstunternehmer Johannes Schützeichel, hatte man schon vom 1. bis 12. Februar 1991 in Untersuchungshaft) die Büros in Stuttgart-Untertürkheim gefilzt hatten, haben einiges herausbekommen, der „Spiegel" macht es dem sonst schon von solchen Informationen isolierten Publikum zugänglich: „Tieflader seien mit Einrichtungen bestückt worden, die eine Rakete aus der Waagerechten in Schräglage oder in die Senkrechte bringen könnten. Ganz offensichtlich handelte es sich bei den als Panzertransportern angebotenen Acht-Achsern um Kriegsgerät, für das eine Ausfuhrgenehmigung des Bundesamtes für Wirtschaft erforderlich gewesen wäre. Daimler habe sie jedoch als einfache Tieflader, ausgerüstet für ein Projekt 144, betrachtet. Das Projekt 144, so hätten die Nachrichtendienste herausgebracht, war die Tarnbezeichnung für SCUD-Raketen." So liest der Bundesbürger am Montag, dem 18.3.1991, und reibt sich schon nicht mehr die Augen. Das Verblüffende: Die politische Meinung in Bonn – die nicht die politische Meinung der Deutschen ist – hält Korruption für ein Erbübel der Schwarzafrikaner. In Afrika ist der Zugwind Richtung Demokratie in manchen Teilen zu einem großen heftigen Wirbelwind geworden – zumal in Ländern, denen die Bundesrepublik oft über Gebühr Entwicklungs- und Ausstattungshilfe für die Armee und Polizei gegeben hat.

Nehmen wir das Beispiel Kenia. Die Bataillone an Korrespondenten in Nairobi neigen dazu, über alles auf dem Schwarzen Kontinent zu berichten, nur über ein Land nicht, möglichst nicht: Kenia. Uwe Hoering und Christa Wichterich waren drei Jahre in Kenia als freie Korrespondenten und haben sich den Mund verbrannt. Erst nach Deutschland zurückgekehrt, können sie frei über Kenia berichten. „Nähert man sich, etwa im Restaurant, einem politischen Thema, wird ängstlich über die Schulter geblickt: Wer sitzt da am nächsten Tisch? Einschüchterung, Angst – Stasinismus kenianischer Prägung. Statt demokratischer Auseinandersetzung wurde die Unkultur des Applaudierens und der Loblieder gefördert." (So in dem Feature-Text „Wechselwinde am Horn von Afrika", SFB 19.3.91)

Das Land erlebt den schlimmsten Zusammenbruch im Verhältnis zu seinem Entwicklungsstand, aber noch schlimmer: Es wird gebeutelt von einer Cliquenwirtschaft und der Willkür des international so geschätzten Präsidenten Daniel Arap Moi.

In Kenia sind Menschenrechtsverletzungen an der Tagesordnung: einmal die von Amnesty International aufgezeigten Folter- und Unrechtstaten, zweitens die brutale Verjagung von Slumbewohnern aus dem Umkreis von Nairobi. Über das Wegbulldozern von Muoroto gab es im Mai 1990 sogar einen Song, der unter dem Titel „Die Probleme der armen Leute von Muoroto“ aus allen Lautsprechern der Minibusse und Verkaufsbuden dröhnte. Protest von seiten des deutschen Geldgebers? Mahnung der Bundesregierung, die im Falle Nicaraguas ständig mit dem Zeigefinger zur Stelle war? Fehlanzeige.

Das große Fressen in der Politik

Es gibt in der Politik keine Ehrlichkeit und keine Verläßlichkeit. Das ist ja der Grund, weshalb junge Menschen davor zurückschrecken, irgend etwas mit der Politik zu tun zu haben, so wie sie gemacht wird. Die Parteien erobern sich mit ihrer monomanen Gefräßigkeit die Machtpositionen, gehen dabei über Verfassungsrechte und Grundpfeiler der Gesellschaftsordnung hinweg wie über ein Schlachtfeld. Als ich selbst vor über zehn Jahren in einem Anfall von Verantwortung mal daran dachte, ich sollte mich bei einer Partei binden und engagieren, wurde mir dieser halbe Entschluß sofort wieder fragwürdig: Jeder Kollege und jede Kollegin im Deutschlandfunk (DLF) hätten solch einen Entschluß für eine karrierefördernde Taktik und Strategie gehalten, für sonst nichts.

Die Parteien haben die Sender wirklich besetzt. Von Zeit zu Zeit erklärt immer wieder einmal ein hochmögender Journalist: er sei in seiner Freiheit noch nie beschnitten worden – und das mit den Parteien sei ja gar nicht so. Das finde ich phantastisch. Die Machtpositionen werden aber so besetzt. Wir haben einen CDU-Chefredakteur im DLF, Dr. Günter Müchler, der Gott sei Dank wenigstens ein anständiger Mensch ist. Wir haben einen Leiter des Studios in Bonn, der zum allerhärtesten Urgestein der CDU, geradezu zur Betonfraktion gehört.

Wir haben in diesem Bonner Studio einen FDP-Mann, Dieter Kopp, der den Hans-Dietrich Genscher auf Schritt und Tritt und in jedem Flugzeug begleitet, das Genscher auf Auslandsplätze bringt.

Es wird vor der jungen Generation in der Bundesrepublik gespielt, es wird regelrecht Politik gespielt. Es geht nicht mehr um die „Schicksalsfragen der Nation", es geht um ein Rankünespiel. Der „Spiegel" deckt Montag für Montag erkennbare Eisbergspitzen dieses Spiels auf. Die Affären haben gar nicht Platz voreinander. Jedes Wochenende hört der Bundesbürger, zumal der junge, der sich überlegt, ob er sich nicht engagieren kann, von der neuesten Affäre, dieses Mal Verkehrsminister Krause, MdB Friedhelm Ost, Erich Riedl, Siegfried Lengl, Friedrich Zimmermann, Affären der Bereicherung und der Korruption.

Diese Leute sitzen in der höchsten Repräsentanz unseres Staates. Dort sitzt auch der Jürgen Möllemann, der die Public Relations zu seinem Ausdruck der Politik gemacht hat. Den die wirkliche Sache, der Abbau von Subventionen, gar nicht interessiert. Den nur interessiert, mit welchem Politikspiel, mit welchem Medienspektakel, policy game, er so kräftig die Aufmerksamkeit anregen kann, daß er Graf-Lambsdorff-Nachfolger und Außenminister, danach Vizekanzler werden kann.

Eben jener Möllemann aus der Partei der Liberalen, die sich so viel auf den Kampf für Menschen- und Bürgerrechte zugute halten, eben jener Möllemann zieht dann nach einem Vorbereitungs- also Sparringskampf seines Parteikollegen Hans-Dietrich Genscher am 28./29. Juni 1991 in den Teheraner Ring, verhandelt über die Interessen deutscher Investoren und verkündet danach: er habe Zusagen über Neuinvestitionen und Aufträge in Höhe einer zweistelligen Milliardenzahl.

Der Verdacht ist ja gar nicht von der Hand zu weisen: Die deutsche Außenpolitik wird maßgeblich von der Warte potentieller deutscher Handels- und Auftragsinteressen aus geführt. Daß das Auswärtige Amt sich während der Kurden-Flüchtlingskrise für den Iran und Teheran so stark machte, hatte mit dem Anbandeln unserer Kommerzinteressen zu tun. Der Besuch von Genscher war der Vorbote des Hauptbesuchs von Möllemann.

Wir sind auch deshalb nicht Teil der Europa-Streitmacht – der

„allied forces“, die eine wirklich überlebenswichtige Security zone im Nordirak aufgebaut haben, weil wir uns die Hintertür für Bilchinger und Co., für die Strabag, die Firmen Bayer, Hoechst, Siemens und Co. offenhalten wollten. Diese Firmen, Hauptnutznießer deutscher Entwicklungshilfe, versauen wiederum den gesamten Anspruch, den Entwicklungshilfe je mal gehabt hat. Von deutschen Ärzten in Nigeria hörte ich, daß in den Swimmingpool der Firma Bilfinger in Nigeria (Nordregion) nur Weiße hinein dürften. Ein befreundetes deutsches Ärzteehepaar (aus München Dr. Annemarie und Werner Höfner-Hoffmeister) ging spontan zu Beginn mit einer nigerianischen, das heißt schwarzen Kollegin dorthin: große Verlegenheit – die „Negerin“ durfte nicht in den Swimmingpool, sie hätte ihn verunreinigen können.

Unscheinbare Nachrichten verstärken das bestimmte Gefühl: die da oben spielen mit uns ihr poker-game, oft sogar zu eigenem Nutzen. „Wenn das Parlament in die Ferien geht, treten viele Volksvertreter einen ‚Bildungsurlaub‘ an. Ob nach Vietnam zur Erkundung des dortigen Verkehrswesens oder auch China – zum Schrecken von deutschen Botschaften fallen sie dort ein und sorgen mit ihren speziellen Betreuungswünschen für Mehrarbeit. Kostenaufwand: rd. 8,5 Mio Mark Steuergelder.

Bei allen Fraktionen ist die Auskunftsfreude über Auslandstouren ihrer Mitglieder außerordentlich gering. Das Strickmuster der Delegationsreisen ist nämlich meist so angelegt, daß auch die kleinen Parteien mit von der Partie sind. Diese ‚Allparteien-Koalition‘ hat den Vorteil, daß sich Abgeordnete nicht gegenseitig ‚verpetzen‘. Allerdings führt dieser Parteienproporz zu einer Aufblähung. Dies hat nach Angaben des Steuerzahlerbundes auch zur Folge: Sobald die Zahl der Politreisenden fünf übersteigt, steht der Abordnung ein Sekretär zu. Auf der gerade vorgelegten Liste zum Abbau von Subventionen und Vergünstigungen sind die ‚Lustreisen‘ nicht erschienen.“

So kann man es in der Zeitung lesen (dpa-Nachricht aus Bonn am 10.7.1991). Ändern tut sich nichts. Vielleicht nur, indem man diese 8,5 Millionen Mark auf die Versorgung von Menschen in Not legt und ausrechnet, wie viele Menschen man durch die Vergabe dieser Mittel würde retten können.

Aber die Unehrlichkeit geht tiefer. Der Bundesverkehrsminister

Krause tritt nicht zurück, obwohl er bei der Vergabe der Konzessionen für die Autobahnraststätten seine Finger für sich selbst und die eigene Partei mit im Spiel gehabt hatte. Der Ministerpräsident des Landes Baden-Württemberg, Lothar Späth, lange Zeit als Geheimtip für die Nachfolge von Kohl oder von Weizsäcker gehandelt, wird gezwungen zu gehen, weil das Maß der allermiesesten und kleinkariertesten Korruption und Bereicherung geradezu zum Himmel oder bis in die Gazetten stank. Man begreift den Zusammenbruch deutscher politischer Kultur nicht: Leibhaftige Minister, die mitsamt ihrer Spesen und Zusatzbezüge, ihrer Aufsichtsrats-Aufwandsentschädigungen und Rundfunkratssitzungsgelder sich dumm und dämlich verdienen, schämen sich nicht, sich von einem Firmenvertreter einen Fernseher frei Haus liefern zu lassen – und nachträglich zu behaupten, sie hätten ja darauf bestanden, den zahlen zu müssen. Schwerst- und Höchstverdiener wie Lothar Späth lassen sich auf Kreuzfahrten im Mittelmeer einladen – es ist eine Schande. Wir schimpfen oft zu Recht auf die Mobutu in Zaire und Eyadema von Togo, auf Kaunda in Sambia und auf Siad Barre in Mogadischu, denen immer wieder die Korruption im großen Stile des Bereicherns aus der Staatsbank nachgewiesen wird. Hier, mit den Verhältnissen in Baden-Württemberg und Schleswig Holstein, wie sie eher zufällig öffentlich wurden, verhält es sich qualitativ nicht anders.

In der Ausgabe vom 21. Februar 1991 der Südostasienzeitschrift „Far Eastern Economic Review“ schreibt der exiliranische Student Mahmood Elahi zu dem Thema, für wen und was eigentlich der Golfkrieg geführt wird: Man habe am Berea Christian College in Kentucky darüber ein Hauptseminar veranstaltet, um die Anlässe und tieferen Gründe für den Golfkonflikt zu recherchieren. Und man habe die folgenden gefunden:

„Dieser Konflikt geht nicht darum, einen neuen Hitler zu stoppen. Saddam Hussein ist nicht eine Weltklasse-Bedrohung, wie es Hitler war. Er ist der regionale Diktator eines mittelgroßen Dritte-Welt-Landes. Er ist jetzt genauso weniger oder massiv ein Teufel, wie er es war, als er ganz massiv von den USA während des Irankrieges gestützt wurde – während des 8-Jahre-Krieges. Seine von den USA mitgeschmierte Kriegsmaschinerie war nicht in der Lage, den Iran zu besiegen."

„Es geht auch nicht um die Verteidigung des Prinzips, daß größere Länder nicht kleinere schlucken dürfen. Denn die USA haben diese Ethik nie zu ihrer eigenen gemacht, sondern haben 1989 Panama mit einer Invasion überzogen, die ebenfalls von den UN verurteilt wurde."

„Noch geht es in diesem Krieg darum, das Internationale Recht aufrechtzuerhalten. Man fand heraus, daß gerade die USA in der Beziehung einen sehr schlechten Rechtskatalog haben. Die USA unterstützen die UN und den Weltsicherheitsrat nur, wenn die Fälle mit den eigenen Interessen koinzidieren und zusammenfallen. Die USA haben z.B. 1986 die Entscheidungen des Haager Gerichtshofes gegen ihre Attacken auf Nicaragua einfach ignoriert. Ebenso wie die UN-Resolutionen, die schon immer die nun 23 Jahre dauernde Besetzung der Westbank und des Gaza-Streifens durch Israel verurteilen."

„Der Krieg geht nicht darum, ein unschuldiges Volk gegen die Grausamkeiten zu verteidigen, die brutale Tyrannen an ihm verüben. Die USA haben ja immer wieder ausdrücklich die grausamsten Regime mit den schlimmsten Menschenrechtsverletzungen unterstützt – ob es sich nun um Pinochet in Chile, um Marcos in den Philippinen oder Somoza in Nicaragua handelte."

„Als Saddam Hussein 1988 Chemiewaffen gegen die kurdische Zivilbevölkerung einsetzte, schlug der Kongreß eine bescheidene Protestresolution vor, doch Präsident Reagan drohte mit seinem Veto, weil diese Resolution die amerikanisch-irakischen Bündnisinteressen verletzen würde..."

So läuft die offizielle Politik, so rangelt und wurschtelt sie sich durch: schlecht. Das ist auch der Grund, weshalb sich die gleiche offizielle Politik nicht wundern soll, wenn junge Menschen in diesem Gestrüpp lieber nicht erst Luft holen wollen, sondern gleich zu handgreiflichen bis terroristischen Aktionen übergehen. Die Masse junger Lehrlinge, Schüler, Studenten ist allerdings in die Trägheitsklasse untergetaucht und hat allein das eigene Karriereinteresse im Auge. „Gute Nacht Deutschland", und Gute Nacht Europa.

Das Jahrhundert der großen Heuchelei

In der Evangelischen Akademie Tutzing wird die Genfer Flüchtlingskonvention „gefeiert", mit einem großen Fest – am Sonntag, dem 7. Juli 1991. Die Bundestagspräsidentin Rita Süssmuth hält das Festreferat: Sie spricht sich bei der Festakademie „vehement" dagegen aus, „zur Zeit Sinti und Roma nach Jugoslawien zurückzuschicken". Man müsse warten, „bis dort wieder Ruhe herrscht". Das gleiche gelte für die Abschiebung nach Rumänien. „Genau zu prüfen sei, welche Flüchtlinge in die Türkei zurückgebracht werden dürfen." (Bericht in der Süddeutschen Zeitung, 8.7.91)

In der Bundesrepublik sei auch noch kein entscheidender Schritt hin zur „multikulturellen Nähe" geschehen. Die Bundestagspräsidentin will jedenfalls für das Asylgrundrecht „kämpfen", wie es im Artikel 16 des Grundgesetzes niedergelegt ist. Die Präsidentin des deutschen Parlaments setzte sich damit von anderslautenden Plänen ihrer Fraktion ab.

So viel schöne Rede – abgehoben von den Niederungen der Praxis – wird dann noch von Gratisvorschlägen garniert: Es solle neben einem Flüchtlingskommissar auch noch einen „Menschenrechtskommissar" geben, denn „man befinde sich bei der Durchsetzung der Menschenrechte noch ganz am Anfang". Dieser neue UN-Kommissar (als ob wir nicht derer schon genug haben) solle sich in den jeweiligen Ländern ein Bild von der Situation machen.

Die drei Tage von Tutzing am Starnberger See waren um so erfreulicher, als die Sonne schien und die strahlende Pracht des „leuchtenden Münchens" mit der Leopoldstraße und dem Sendlinger Tor sich auf die Landschaft um die Evangelische Akademie legte. Merkwürdig, eine Erfahrung, die ich als Bürger immer wieder mache: Die Politiker dürfen einfach reden und heucheln, daß die Schwarte kracht. Ich spreche in den darauffolgenden Tagen über das Scheitern der Europadiplomatie in der Frage Jugoslawien mit einem der klügsten emeritierten Politiker, die die Bundesrepublik hat. Nur: Diesen Politiker a.D. („Rentner") will niemand hören oder gar sich von ihm beraten lassen. Paul Frank war lange Jahre an führender Position im deutschen Auswärtigen Amt, Chef der deutschen Diplomatie, 1970 – so steht es in den Biographien – als Staatssekretär des Auswärtigen Amtes zu Verhandlungen in Moskau, Warschau und Prag, die zum Abschluß der Ostverträge führten, war 1977 bis 1979 Chef des Bundespräsidialamtes unter Walter Scheel, seit 1980 im Ruhestand, wohnt in Breitnau im Schwarzwald, fast unerreichbar.

Ich habe mir immer gedacht, eine solche Politik-Kapazität müßte man sich als ständigen Berater warm halten. Aber seit ich das erste Mal in dem verkehrstechnisch schlecht angebundenen Breitnau war, wußte ich, weshalb man in Bonn und demnächst in Berlin diesen Paul Frank nicht hören möchte: Er deckt schonungslos jede Heuchelei auf. Auch die Heuchelei, vom Asylrecht und seiner unerbittlichen Verteidigung zu sprechen, wenn wir im neuen vereinigten Deutschland von so etwas besser gar nicht mehr sprechen. Oder von Europa zu sprechen, wenn wir in Deutschland noch mal das alte emotionale Nationale so stark aus der Mottenkiste hervorgeholt haben, daß wir gerade die Lehrmeister sein können in Sachen Europa…

Frank – der ehemalige Kissinger und Talleyrand der deutschen Republik – sagt es unumwunden: Dieses Jahrhundert ist das der großen Heuchelei. Die Politik sagt der Bevölkerung ausdrücklich nicht die Wahrheit. Die hehren Ziele tönt man nur donnernd an Sonntagen, aber man will sie eigentlich nicht.

Zum Beispiel Europa. Hätte man Europa wirklich gewollt, dann hätten wir längst einen Gesamteuropäischen Plan. Dann hätten wir wirkliche Demokratie, die wir ja zeigefingerhebend der gesamten bekannten Welt anempfehlen, in Europa durchgesetzt. Statt dessen haben wir ein Europäisches Scheinparlament, eine regelrechte Schwatzbude, sündhaft teuer, „Wanderzirkus", überflüssig, deshalb auch mit dritter und vierter Generation besetzt, weil, ja weil dort im Europa-Parlament nichts entschieden wird.

Wären wir wirklich für Europa, dann hätte es diesen Gesamteuropäischen Plan für das Jahr 2000 schon längst gegeben, dann wäre der Plan schon 1980 gestartet. Die Kompetenz dieses Europa läge bei Wirtschaft/Außenpolitik/Verteidigung – alles andere läge in der Kompetenz von 20 bis 100 Liechtensteins. Das wäre die raison d'être Europas, sagt Paul Frank.

Und die DDR hätte natürlich als eigener demokratischer Staat diesem Europa beitreten und sich ihre Freiheit wirklich selbst erobern sollen, was sie ja nicht durfte und sollte, sie sollte ja vom Gesamtnationalen okkupiert und kolonisiert werden.

Während ich in Tutzing im schönen Tafelsaal mit den wunderbaren Holztäfelungen im Deckengewölbe sitze und die Genfer Konvention feiere, die so wenig noch wert ist, höre ich, wie die Staatssekretärin a. D. und evangelische Pastorin Almut Berger tatsächlich vom Rednerpodium die „multikulturelle Gesellschaft" preist, rhetorisch, versteht sich, denn in der DDR, wo die Berger jetzt Ausländerbeauftragte der Regierung in Brandenburg geworden ist, wird es künftig kaum einen Ausländer mehr geben. Aber auch hier in Tutzing ausdrückliche Heuchelei, dicke Heuchelei. Keiner will das Thema, das schändliche, mit der Kneifzange anfassen. Wir tun so, als seien wir ein Land, aber schweigen uns über die Skandale aus, die in den fünf neuen Bundesländern existieren. Scharenweise kommen die Asylbewerber, die türkischen Kurden oder Äthiopier, aus den neuen Bundesländern zurück, z. T. mit schweren Verletzungen, weil sie sich dort gar nicht mehr sehen lassen können, ohne von Skinheads bedroht zu werden – oder den neuen Faschisten, Jugendlichen-Polit-Banden, die Schwarzen und Fidschis zumal das Leben sehr schwer machen.

Im Lager Leichnich in der Ex-DDR gab es einen regelrechten Angriff auf ein Durchgangslager. Die Asylbewerber, die sich jetzt entschließen zurückzugehen, nach Frankfurt bzw. in das hessische Durchgangslager Schwalbach, müssen sich da einem hochnotpeinlichen Verhör stellen. Wenn sie nicht, wie ein ordentlicher deutscher Bürger sollte, den Hieb ins blanke Gesicht, daß darauf Blut spritzte, der (ostdeutschen) Polizei gemeldet haben, wenn diese „Rechtsverletzung" nicht aktenkundig ist, kann es einem solchen bei uns geschlagenen und bedrohten Ausländer oder Asylbewerber blühen, daß er aus der Republik abgeschoben wird.

Ich schaue während der Vorträge in Tutzing aus dem Fenster, zumal während die Pastöre-Politiker aus der Ex-DDR alle die Empörung begrenzen und sagen wollen, es ist doch gar nicht so schlecht. Wir haben weder Europa, noch haben wir Europa bisher richtig gewollt. Kommt eine schon national aufgeheizte Situation, dann, ja dann ziehen wir das nationale Ticket aus der Tasche.

„Wir sind auch nicht sauber auf der Brust", sagte mir Paul Frank. Das einzig Vernünftige bei einem wirklichen Europa wäre die „Einbringung einer freiheitlichen DDR in die Europäische Gemeinschaft" gewesen. Das, was jetzt geschieht, ist die camouflierte Rückkehr in das alte nationalstaatliche Europa. Deshalb ist es auch so schwierig, jetzt den Slowaken oder Slowenen, den Kroaten und den Moldawiern etwas anderes an Horizont zu geben denn die eigene Staatlichkeit. Wir hätten das Europa schon bauen müssen, aber natürlich mit einer klaren eigenen Europa-Regierung und klaren Kompetenzen, mit einem demokratisch (wie sonst?) gewählten Parlament, mit 20 bis 100 Liechtensteins, also Stammeseinheiten, die sich entfalten können – im größeren Europa, das ja das Dach gibt, das haltbar ist, wo dann die Iren wie die Slowaken, die Slowenen wie die Korsen, die Basken wie die Bayern leben können...

Heuchelei, Waffenexport – zum Beispiel. Da wird so getan, als gäbe es eine irgendwie geartete Selbstbeschränkung der Waffenexporte durch die Industrien oder durch die Politik, die durch die Wirtschaftsinteressen ja immer dominiert ist. 1990 sind die Exporte und die Auftragsbücher in Frankreich allein für Waffen im Verhältnis zum Vorjahr 1989 um 67% gestiegen. Diese prozentuale Steigerung ergab sich hauptsächlich aus leckeren Bestellungen von terrestrischen Waffen durch Saudi-Arabien und Kuwait. Dabei hatte ein parlamentarischer Untersuchungsbericht in Paris den Rückgang, ja den Niedergang der Waffenexporte für 1990 vorausgesagt.

Das hat uns der Golfkrieg eingehandelt. Die Waffenexporte schnellen fröhlich in die Höhe. Und, wie die Vertreterin einer US-amerikanischen Firma in der ARD/SWF-Sendung Report kürzlich (im Juni 1991) sagte, sei der Golfkrieg geradezu ein ideales Test-

und Verkaufsschlagerereignis gewesen, weil bestimmte Waffen, wie die „Patriot", zum ersten Mal haben ausprobiert werden können. Die Firma Thomson hat Aufträge von Taiwan entgegengenommen über sechs französische Marine-Fregatten – Verkaufswert 11 Milliarden Francs. Die Gesamtaufträge im Waffenexport wurden für 1990 auf 33,4 Milliarden Francs fixiert, was eben diese Erhöhung von 67% darstellt in bezug auf 1989. In Wirklichkeit, so schreibt vornehm „Le Monde" am 3. Juli 1991, habe „Frankreich im Jahr 1990 eigentlich nur die übliche Steigerungsrate für seine Waffenexporte erreicht", die bei 31,5 Mrd. Francs liegt, wenn man die Exporte der Jahre 1985 bis 1989 kalkuliert.

Auch hier geht es darum, daß die Politik uns – dem Wählervolk – etwas Schönes erzählt, in der Realität die Politik aber etwas ganz anderes macht. Der Wirtschaftsminister Jürgen Möllemann zu Besuch bei Rafsandjani in Teheran (Ende Juni 1991) kommt mit einem Auftragspaket in Höhe einer zweistelligen Milliarden-DM-Summe zurück. Natürlich sind in dem Paket auch Waffenexporte aus der Bundesrepublik in den Iran drin. Und kein Wort über die Menschenrechtsverletzungen.

Obwohl diese Menschenrechte seit 1789 zum eisernen Vokabular und zur eisernen Ration jeder westlichen Politik gehören, gilt im entscheidenden Fall die politisch-wirtschaftliche Interessenlage. Das „Europäische Parlament" hat am 18. April 1991 eine Entschließung verabschiedet „zur Lage der Kurden", die alle Hoffnungen erfüllen würde – auf eine klare gemeinsame Europa-Position, *wenn*, ja wenn das Europäische Parlament keine Schwatzbude wäre ohne jede Macht. Es ist für den Kontinent, der überall auf der Welt für Demokratie und Herrschaft des Volkes werben will, eine Schande, denn das Parlament hat bis heute überhaupt nichts zu sagen.

Das Parlament hat erstmal festgehalten, was es alles zu bemerken gibt, nämlich:

„In der Erwägung, daß die Mitglieder der Verbündeten (USA u.a.) gegenüber der irakischen Opposition den Eindruck erweckt haben, daß Aktionen zum Sturz von Saddam Hussein Zustimmung und Unterstützung finden würden, ...

... in dem Bestreben, daß das Kurdenproblem, solange es nicht auf politischer Ebene gelöst ist, eine Bedrohung für den Frieden und die Sicherheit in der Region darstellt" –

dann folgt ein Katalog von 12 praktisch-politisch-humanitären Maßnahmen. Ich greife nur heraus:

„(3.) Unterstützt den Vorschlag zur Schaffung einer vorläufigen Schutzzone, um die Sicherheit der Kurden und der anderen im Irak vertriebenen Personen zu gewährleisten, zeigt sich jedoch beunruhigt über die Folgen der Beibehaltung einer derartigen Situation ..., begrüßt daher die Entscheidung der Regierungen der USA, Frankreichs und Großbritanniens, Truppen in den Irak zu entsenden, um die Sicherheit dieser Zonen zu garantieren;

(4.) fordert die Regierungen des Irans und der Türkei auf, die Hilfsmaßnahmen zugunsten der kurdischen Bevölkerung zu unterstützen und ihre Grenzen für die Flüchtlinge und internationale Hilfsorganisationen zu öffnen, fordert die unter der Schirmherrschaft der Vereinten Nationen handelnde internationale Gemeinschaft auf, die in diese Richtung zielenden Anstrengungen zu unterstützen;

(5.) betont die moralische Verpflichtung der Vereinten Nationen, nötigenfalls durch eine Änderung der UN-Charta über den bloßen Schutz nationaler Grenzen hinauszugehen und Instrumente zu entwickeln, die verhindern, daß totalitäre Regime einen Völkermord verüben;

(6.) stellt fest, daß das Schicksal des kurdischen Volkes das Verbrechen des Völkermordes im Sinne der Konvention von 1948 darstellt, ... fordert die Regierungen der Mitgliedstaaten auf, den Internationalen Gerichtshof anzurufen, um diesen Völkermord in Anwendung der oben erwähnten Konvention als solchen verurteilen zu lassen;

(8.) begrüßt die Resolution 688 des UN-Sicherheitsrates zur Lage der Kurden im Irak und hofft, daß der Sicherheitsrat alle notwendigen Maßnahmen treffen wird, um die Sicherheit der kurdischen Bevölkerung zu gewährleisten und den kurdischen Flüchtlingen die Rückkehr in ihre Heimat, mit der Garantie, daß sie keiner Verfolgung ausgesetzt werden, zu ermöglichen;

(10.) ist der Auffassung, daß die Durchsetzung der Resolution 688 die Präsenz einer angemessenen Friedenstruppe der Vereinten Nationen erfordern wird; ..."

Diese klaren, konkreten und praktischen Schritte, die die Vertretung der Europäer, das auch von uns Deutschen gewählte Parlament, als Legislative verbindlich an die Exekutive gegeben hat, hat bei „unserer/meiner" Bundesregierung überhaupt keine Wirkung gehabt. Überhaupt ist unsere Bonner Regierung ein großer Miesmacher in Sachen grenzüberschreitende humanitäre Aktion zur Rettung von Menschenleben. Naserümpfend feixen da Juristen und Völkerrechtler und suchen so lange den Haken oder den Wurm, bis sie ihn gefunden haben: das Haar in der Suppe. „Nein, das ist völkerrechtlich sehr windig", sagten mir die beiden Vertreter des Auswärtigen Amtes, die etwas über die Lage im Nordirak wissen wollten, nachdem ich im Juni von Chomann zurückkam, kurz bevor die deutsche Bundeswehrluftbrücke von Deutschland nach Batman eingestellt wurde.

Ähnlich hatte es mir in der schönen Nachmittagshitze des Zimmers des deutschen Botschafters in Nairobi im November 1990 in den Ohren geklungen, als ich die beiden deutschen Diplomaten nach ihrer Einschätzung der grenzüberschreitenden (= cross border) Operation der UNO-Operation LIFELINE SUDAN nr. 2 fragte. Der für die Flüchtlings- und Relief-Fragen zuständige Attaché Steidt sagte, vorsichtig und vornehm: Die völkerrechtliche Absegnung sei sehr windig.

Aber unser Nachbarland Frankreich ist dabei schon mit Riesenschritten voraus gegangen. Und das Europäische Parlament hat unserer Lokalregierung sogar verbindlich (mandatory) aufgegeben, bestimmte Schritte selbst zu unternehmen und mitzumachen. Aber unser Hans-Dietrich Genscher und das Auswärtige Amt denken gar nicht daran, diese Straßburger Resolution als etwas anderes zur Kenntnis zu nehmen denn Klopapier.

Jedenfalls beteiligt sich die Bundesrepublik nicht einmal mit einer Sanitätseinheit im Nordirak – wie es die Spanier tun. Überhaupt stellt das Verhalten der nationalen Stäbe und Regierungen in der Kurdenfrage wieder eine Ohrfeige für Europa dar. Anstatt gerade in so einer wichtigen Frage, bei der es um die Verhinderung eines nochmaligen Völkermordes geht, gemeinsam als Euro-Eingreif-Truppe, als EURO EMERGENCY TASK FORCE unter dem Kommando eines Europäers aufzutreten, spielen die Armeedetachments da alle fröhlich national-strategische Sandkastenspiele...

„Hätten Sie es gern gesehen, wenn im Nordirak auch deutsche Truppen aufmarschiert wären?“ fragte mich angelegentlich auf den Rheinterrassen der Politik-Direktor Reinhard Schlagintweit. „Ja, natürlich“, habe ich ihm gesagt, sicher würde man in einer Europa-Truppe auch gern deutsche Blauhelme haben. Man muß sich nur mal vorstellen, was es bedeuten würde, Europa würde wirklich so funktionieren, wie es das souverän gewählte Europa-Parlament will. Daß sich die Regierungen um den Willen dieses Parlamentes überhaupt nicht kümmern müssen und daß sie ihn so einfach übergehen können, spricht für Paul Franks These von dem „Jahrhundert der Heuchelei“.

Alle quatschen von Europa, aber wenn es darauf ankommt, schwimmt und segelt jeder im sacro egoismo seiner eigenen Machterhaltung und seiner kleinkarierten Interessen. Frankreich beharrt auf der Quantität und Qualität seiner Waffenexporte, weil 300 000 seiner Arbeiter in der Rüstungsindustrie beschäftigt sind. Vaclav Havel, der so frohgemut und spontan für ein Ende der unrühmlichen Waffenexporttradition seines Landes plädierte und dieses Ende schon in Aussicht stellte, ist über die Rücksicht auf die rebellierenden Slowaken wieder auf den Boden der Euro-Krähwinkelei heruntergezogen worden. Natürlich werden weiter Panzer und Munition, gepanzerte Spähwagen und chemische Waffen in der ČSFR hergestellt. Die Konversion wird um so weniger greifen, als es keinen Zwang dazu gibt. Solange die Zuwachsraten bei der Rüstungsindustrie in den Zeiten des Nach-Golfkrieges so exorbitant sind, wird es kaum eine Investition in Konversion geben. Weshalb auch? Das würde ja nun den primitivsten Gesetzen der Marktwirtschaft widersprechen. Und der Marktwirtschaft wollen wir doch nicht etwa den Laufpaß geben...

Heuchelei ist oft schon die Sprache, die einfach vorgeben soll, es geschähe etwas, wo doch nichts geschieht und auch niemandem weh getan werden soll. „Obwohl die Tendenz seit 1986 rückläufig ist, geben die Entwicklungsländer jährlich etwa 200 Milliarden Dollar für ihre Rüstung aus. Generell seien diese Ausgaben nicht zu beanstanden" – so verkleisternd und heucheleiträchtig heißt es in einer Antwort der Bundesregierung auf eine Kleine Anfrage der SPD-Fraktion im Deutschen Bundestag (ich lese darüber am 26. Juni 1991 in der Zeitung: ADN-Meldung: Dritte Welt gibt jährlich 200 Mrd. Dollar für Rüstung aus). In diesen zwei Sätzen stecken schon drei Heuchelei-Dollpunkte drin: einmal das Abwiegeln zugunsten der Verbündeten in Afrika und Lateinamerika, die viel zu heftig nach- und aufrüsten. Dazu wird pikanterweise keine Zahl genannt, die ja interessant wäre – um die Rückläufigkeit zu werten. Dann kommt zweitens eine Generalabsolution, damit der Außenminister jedem Botschafter der Trikont-Länder sagen kann: „Wir haben daran doch nichts auszusetzen, das ist doch ihre souveräne Entscheidung." Und drittens ist in vielen Fällen die Position der deutschen Regierung in dieser Frage auch deshalb so durchlöchert, weil Bonn sich ja das Institut der Bundeswehr-Ausstattungshilfe für die Armeen von Trikont-Ländern zugelegt hat und von daher auch nicht beanstanden darf... Zu kritisieren seien erst „übermäßige Rüstungsimporte und -produktion, die über legitime Sicherheitsbedürfnisse hinausgehen".

Und wer definiert diese Bedürfnisse, und wer entscheidet über deren Legitimität? Sollte nicht eine Armee und damit auch die Rüstung, die eigene und die Waffenimporte, illegitim werden in dem Moment, wenn eine Armee zur Niederkartätschung des eigenen Volkes benutzt wird? So dürfte – gäbe es eine solche Konvention – die irakische Armee überhaupt keine Waffen mehr bekommen, da sie ja über keine „legitimen Sicherheitsbedürfnisse" mehr verfügt...

Eine weitere Vorspiegelung besteht in der populären Ankündigung des Entwicklungshilfeministers Spranger, er würde die Vergabe von Entwicklungshilfe künftig an die Rüstungsausgaben des Empfängerlandes binden. Dieser Ankündigung sind nicht nur keine Staaten gefolgt, man will das ja gar nicht. Wie anders hätte man dann den Staatssekretär Siegfried Lengl nach China fahren lassen können? Wie hätte man denselben Lengl Haile Mariam Mengistu kurz vor dessen Flucht nach Zimbabwe noch kräftig Entwicklungshilfe in den Hintern stecken lassen – wohlgemerkt dem ärmsten Staat Afrikas, der zugleich seine eigene Armut immer noch steigert durch eine Ausgabe von 40 % seines Budgets für die Rüstung und Armee?

Die Bundesregierung erklärt nämlich in der Stellungnahme, es sei vor einer Entscheidung der Bundesregierung „eine internationale Koordination“ notwendig. Allerdings ist die nicht möglich. Aber deshalb ist die Bundesregierung doch nicht gehindert, genau das zu tun, was sie für richtig hält...

Kann man sich mit Europa identifizieren?

Kann sich die Politik in Europa auf ethnographische Erkenntnisse oder auf populistische Gefühle beziehen, wenn sie Europa sabotiert? Nein, denn dann würde sie ihr Heucheleispiel ja öffentlich glanzvoll ausspielen. Die Tatsache, daß sie das nicht tut, bedeutet, daß ihr nicht wohl ist dabei. Ich war überrascht, jüngst den französischen Islamforscher Gilles Kepel in einer Sendung des DLF (19. August 91) sagen zu hören:

„Das Phänomen des Fundamentalismus ist nicht nur bei den Moslems zu beobachten. Auch bei Juden, Katholiken und Protestanten lebt heute in Frankreich die Religiosität wieder auf. Was mich erschreckt, ist die Bildung von gemeinschaftlichen Polen, die die Treue zur Religion zum Primat machen, das vor der nationalen Solidarität steht. Da die Nation kein Gefühl der Identifikation mehr bieten kann, tragen diese Gemeinschaften dazu bei, daß der nationale Zusammenhalt zersplittert, und das bereitet mir große Sorgen. Diese Entwicklung verläuft parallel mit der Bildung der europäischen Gemeinschaft. Von 1993 an werden die Nationen also noch mehr von ihrer identitätsstiftenden Kraft verlieren. Mit Europa kann man sich nicht identifizieren. Es besteht also die Gefahr, daß die religiösen Gemeinschaften auf Kosten der nationalen Strukturen immer mehr Gewicht erhalten.“

Das entspricht nicht meiner Stimmung. Als ich zum 1. September 1989 zur Berichterstattung über den vierzigsten Jahrestag des Kriegsausbruchs in Gdańsk, früher Danzig, bin, erlebe ich voller Stolz und Freude, aber auch mit ein bißchen Wehmut über die verlustreiche Vergangenheit, daß ich ja schon längst Europäer bin. Ich bin als Europäer stolz auf meine Heimat- und Geburtsstadt Gdańsk, die noch Danzig hieß, als ich am 14. Mai 1939 in Langfuhr in der Großen Allee geboren wurde, in einem großen Haus, das im rechten Winkel zu zwei anderen stand, die ebenfalls große Mietshäuser waren. Die hanseatische Schönheit der alten Stadt am Weichselstrand hat wenig von ihrem jahrhundertealten Charme eingebüßt. Daß sie jetzt „Gdańsk" heißt und die Lange Allee „Grundwaldskaja Aleja", stört mich herzlich wenig. Aber ich spüre in meinem Blut, in meinem Innersten, daß das *die* Stadt unter allen Städten der Welt ist, die mir als Kind das meiste in die Wiege gelegt hat. Wie eine Krönung meines neuen Nationalgefühls ist der Abend, da ich zu einer Live-Schaltung ins Sendezentrum von Polskie Radio gebeten werde. Plötzlich wird mir klar, an dem Sonntagabend (3. September 1989), als ich allein an einem Tisch mit Mikrofon hinter einer Glasscheibe sitze und mit dem DLF in Köln am anderen Ende der Leitung in einer Langen-Nacht-Runde diskutiere –, daß dieses Haus sage und schreibe drei Hausnummern von meinem – unserem – Neudecks Geburtshaus in der Langen Allee entfernt ist, die heute die Grundwaldskaja Aleja ist.

Oliva erkenne ich wieder, das waren die letzten Tage des Krieges, ich gehe die Jahnstraße hoch zu dem Berg, auf dem der romantischste aller romantischen Poeten Deutschlands, Joseph Freiherr von Eichendorff, sein „O Täler weit, o Höhen" in gelungenen Versen geschmiedet hat. Ja, das ist die Stadt am Bernsteinstrand, für mich die erste Stadt der Welt und die vornehmste, die in mir die allerheftigsten Europäergefühle hervorgebracht hat.

Gerade weil es das aber schon längst gibt, das Bewußtsein, ein Europäer zu sein, gerade deshalb ist die Krähwinkelei, mit der die Bonner Parteien (demnächst werden es die Berliner sein) dieses Kapital und dieses neue Bewußtsein einerseits verhunzen, andererseits Europa in Ignoranz betroffen und beträufelt dasteht, um so makabrer, unverschämter. Die politische Entwicklung Europas wäre ohne die auf Machterhalt bedachtenKohls, Genschers, Mitterands und Dumas schon weiter gediehen. Das wissen die Europäer schon lange, die mit dem Fahrrad Europa bereisen und Grenzbäume symbolisch niederreißen – daß die Völker Europas schon viel weiter sind, die Politik aber hinterherlahmt.

„Es gilt als Helmut Kohls Verdienst, den Einigungsprozeß Europas mit neuen Impulsen versehen zu haben. Noch marschiert er an der Spitze des Fortschritts. Die Bundesrepublik, sagt der Kanzler, müsse Wellenbrecher für die politische Union in Europa sein, notfalls einen Alleingang zusammen mit Frankreich wagen, eine deutsch-französische Union bilden. Vier Monate später liegt ihm die Einheit der Nation am Herzen, wenn auch unter europäischen Vorzeichen“ (Wolfgang Herles: Nationalrausch – Szenen aus dem gesamtdeutschen Machtkampf, Kindler, München, 1990, S. 28). Genau diese Wendung der Dinge hat nur mit taktischem Machtkalkül zu tun, nichts mit staatsmännischer Verantwortung. Wie es Paul Frank aus seinem hinterschwäbischen Studierstüblein andeutet: „Man will ja Europa gar nicht“, man schwätzt über Europa, bildet große Wortblasen und bäckt Windbeutel, aber nichts geht mehr, weil man das Kapital Europas verhunzt.

Wolfgang Herles hat das große Fressen um die Worte, die hohl und schal geworden sind in der Politik, weil sie sich alle dem Machtziel von einzelnen und Parteien unterwerfen müssen, in sehr prägnanten und – was in der Politik überhaupt nicht mehr geschieht – auch *ehrlichen* Worten beschrieben. Deshalb übrigens hat er beim Para-Staatssender ZDF in Mainz auch keine Zukunft, keine Karriere. Schon jetzt wird der seit langer Zeit beste, weil skeptisch-kritische Journalist in der Bonner Journalisten-Schlafwagengesellschaft abberufen. Herles beschreibt seine Begegnungen mit Kohl und Waigel in jenem weltgeschichtlich entscheidenden Herbst 1989:

„Wir besuchen Helmut Kohl an seinem Urlaubsort am Wolfgangsee zum traditionellen Sommerinterview. Der Fremdenverkehrsdirektor von St. Gilgen hat uns dafür ein Schiff besorgt. Offenbar hält er das Interview auf dem See für geeignet, die Chance zu verbessern, noch einige Jahre länger über einen Kanzler als Sommergast zu verfügen. *Der* ist sein wichtigster Werbeträger. Seine erste bange Frage gilt auch gleich der politischen Zukunft Kohls. Fernsehzuschauer sind Wähler. Aus gelangweilten Zuschauern können enttäuschte Wähler werden. Zuschauer, die abschalten, gehen vielleicht nicht zu Wahlen. Ein Kanzler mit vorbeigleitendem Alpenpanorama langweilt möglicherweise weniger... An Bord macht sich das Ehepaar Kohl nützlich. Gattin Hannelore übernimmt zeitweilig das Steuer, der Kanzler betätigt sich, weil die über die Toppen gezogenen Wimpel auf den Gesichtern Schatten werfen..."

Wolfgang Herles, ein scharfsinniger und säure-scharfer Kritiker des Bonner Betriebs, ist einige Tage später mit Theo Waigel unterwegs, dem CSU-Machtbeschaffer und Machterhalter. Ja, der Reporter des ZDF muß sich bereit erklären, mit dem Politiker sogar dessen schönstes Ferienvergnügen zu teilen. Im Südtiroler Pfossental kraxelt er mit dem Waigel herum, auf der Suche nach den Motiven für seine jüngste Äußerung, die Grenzen von 1937 bestünden völkerrechtlich weiter. Herles ist in einer um so besseren Position, als er die Motive ja kennt – das Gewinnen der Republikaner und aller Ultra-Rechten, von denen es ja in Bayern eine ganze Menge gibt. Während die Sennerin der Alm für die Kamera eine gewaltige Pfanne voller Kaiserschmarrn bereitet, erklärt Waigel seinen Durchblick:

„Wir werden alles dransetzen, um national gesinnte Wähler für uns zu gewinnen. Wenn wir sagen ..., wir sind für ein Europa der Vaterländer, dann kann auch jeder überzeugte, konservative, national gesinnte Bürger ‚ja' sagen. Ein Europa der Vaterländer ist etwas anderes als eine Europäische Union mit gemeinsamer Außen-, Sicherheits-, Wirtschaftspolitik, mit gemeinsamer Währung und der zunehmenden Übertragung der Souveränität von den nationalen Parlamenten und Regierungen auf europäische Organe."

Herles zitiert noch einmal den Theo Waigel mit verräterischen Sätzen: „Europa und Nation dürfen keine Gegensätze sein. Wenn wir das zu Gegensätzen machen oder werden ließen, dann würden wir eine unheilvolle Entwicklung in der Bundesrepublik bekommen."

Das ist diese Verlogenheit deutscher Politik. Man weiß es besser als jedes andere der europäischen Völker, daß Europa und Nation ganz hervorragende knallige und produktive Gegensätze sind, die wir Europäer aber nur durch beherzte Entschlüsse für dieses neue

Europa aus- und auflösen. Aber, wir wollen ja gar nicht Europa. Die Politik läßt die Bürger hängen. Die nächsten Europa-Parlaments-Wahlen werden ein Desaster werden, wenn es bis dahin nicht gelungen ist, das Parlament aller Europäer zu einem wirklich machtvollen Instrument des politischen Gesamtwillens, der ‚volonté générale des états nationaux' Europas zu machen.

„Das Leben in der Wahrheit", von der Václav Havel sprach und von der er immer weiter vieles bewahren will und auch kann, diese Politik wird in der Bundesrepublik nicht geübt. Die Kluft zwischen Anspruch und Wirklichkeit, zwischen Ansprache und Realität, zwischen Worten und ihrer Deckung ist gewaltig.

An einem schönen Sommerabend schreit mein Sohn auf, der sich am liebsten auf dem Sofa politische Schmöker „reinzieht", wie das in der Sprache der jungen Leute heißt. Den neuen Jahresbericht von „Amnesty International 1991" habe ich ihm gegeben, der in seiner Nüchternheit wirklich die Patricia Highsmith und Simenon in seiner Aussagekraft und kriminalistischen prickelnden Spannung übertrifft. „Hört mal zu", sagt er und liest uns was vor.

„Tausende als Oppositionelle verdächtige Personen, unter ihnen Hunderte von gewaltlosen politischen Gefangenen blieben auf der Grundlage der seit 1963 in Kraft befindlichen Notstandsgesetzgebung inhaftiert. Die meisten von ihnen wurden ohne Anklage oder Gerichtsverfahren festgehalten, einige von ihnen bereits seit mehr als 20 Jahren. Andere blieben nach Ablauf der gegen sie verhängten Strafen in behördlichem Gewahrsam. Einige der Gefangenen hatten längere Zeiträume in Incommunicado-Haft (ohne Kontakt zur Außenwelt) zubringen müssen. Auch 1990 gingen Berichte über Folterungen an politischen Gefangenen ein, die in mindestens vier Fällen zum Tode führten. Mindestens vier Menschen wurden hingerichtet. Berichten zufolge waren syrische Truppen im Libanon für zahlreiche extralegale Hinrichtungen an Soldaten und Zivilisten verantwortlich." „Ratet mal", fragt Marcel N., „in welchem Land das so ist. Ihr kommt nicht darauf ...?" Triumphierend blickt er um sich. „Türkei", sage ich, weil ich argwöhne, daß die Oppositionellen alle Kurden sind. „Nein, Syrien, und da geht der Genscher hin und verteilt 200 Mio. DM und andere Gastgeschenke zur Unterstützung des Scheißregimes." Die Empörung steht unserem Sohn – 16 Jahre – ins Gesicht geschrieben – wie soll er das auch verstehen.

Er ist jedenfalls noch nicht von den Finessen politischer Taktik abgebrüht und bemerkt wenigstens noch den schreienden Widerspruch, der unsereinem aus dem politischen Journalismus ja schon fast abhanden gekommen ist.

Wir wollen nie wieder kolonisieren, jedenfalls die Neger wollen wir nicht kolonisieren. Aber die DDR – die kolonisieren wir jetzt mit einer Brachialgewalt, daß uns nur so Hören und Sehen vergehen wird. Die kolonisieren wir jetzt mit den schlimmsten Auswirkungen des Manchester- und Immobilienkapitalismus. Wir lassen die westdeutsche Wirtschaft boomen und legen die ostdeutsche, soweit sie in Spurenelementen existiert, an die Kette. Anstatt daß wir mit Gorbatschow die DDR als neuen assoziierten Staat der Europäischen Gemeinschaft angeschlossen hätten – haben wir das Gegenteil getan, wir haben den Nationalismus durch unser fatales Beispiel heftig angeheizt.

Am 12. Juli 1991 sprach ich mit Pastor Heinrich Albertz in seinem Appartement im Altenheim der Bremer Rießestraße über diesen Tatbestand der Kolonisation.

Neudeck: Ja, Pastor Albertz, wir haben hier, glaube ich, vor einem knappen Jahr gesessen, und da war die Stimmung noch sehr optimistisch, euphorisch, mit ganz, ganz großen pathetischen Aufschwüngen, es wird wieder das einig Deutschland sein, und wir werden das mit der D-Mark auch alles schaffen, und heute sitzen wir hier im Juli, Mitte Juli 1991. Hat sich der Wind gedreht?

Albertz: Ich sage hier auch auf die Gefahr hin, mich parteipolitisch in einem so seriösen Sender zu betätigen wie dem Deutschlandfunk, ich hatte immer das Gefühl, der Lafontaine hat nicht ganz unrecht mit dem, was er da gesagt hat, deswegen ist er ja auch nicht gewählt worden – Unglückspropheten werden ja nicht gewählt, sondern Schönredner, vor allen Dingen von Menschen, die in einer solchen Erwartung leben wie unsere „Brüder und Schwestern", haben wir gesagt, also wie unsere Mitbürger in den neuen Bundesländern. Ich sage ja jetzt ganz offen schon, oft zum Entsetzen von Zuhörern: „Unsere Freunde in der Zone!" Ich habe früher immer jedem auf den Kopf gehauen, der das Wort „Zone" gebrauchte.

Jetzt gebrauche ich es, um deutlich zu machen, daß wir mit diesem unbeschreiblichen Einmarsch der D-Mark – wir haben ja keine Truppen mehr gebraucht, das ist ja schon ein Fortschritt, aber mit diesem überfallartigen Übergang von der staatlich gelenkten Wirtschaft und dem entwerteten Geld in die D-Mark hinein, daß wir da einen solchen Kahlschlag zustande bringen würden, wie das ja jetzt offensichtlich der Fall ist – schlimm genug! Das versuche ich also da zu beschreiben an einer ganzen Reihe von Beispielen, wobei übrigens das Merkwürdige ist, daß ich in dieser Zeit ganz selten mal drüben war. Ich habe also meine Informationen – das spricht nun wieder für die Medien ein bißchen, glaube ich sogar – ich habe meine Informationen eigentlich im wesentlichen aus den Zeitungen und aus dem Rundfunk und Fernsehen, wobei in diesen Monaten ja noch der DFF – oder wie heißt das? – also der Ostberliner Funk noch funktionierte, noch nicht von Herrn Mühlfenzel, ja, besetzt war …

Neudeck: … kolonisiert war …

Albertz: … kolonisiert war. Und dieses Gegeneinanderhalten war der Hintergrund für das Schreiben. Ja, und dann ist in dem Buch (Heinrich Albertz: Der Wind hat sich gedreht. Kindler München 1991) vielleicht aufregend, weil es eben so war und dann also auch ganz ungeschützt festgehalten wurde, dieser Vorgang, daß über alle unsere Geschichten mit dem anderen Teil Deutschlands und all den Schwierigkeiten und bösen Dingen, die dann passierten, und dem Auseinanderklaffen zwischen Worten und Wirklichkeit, also einer bösen deutschen Heuchelei, wo wir die Geschäfte machen – wir hier machen die Geschäfte, nicht die – ist dann eben das andere passiert, was wir alle wissen und hoffentlich noch nicht vergessen haben, nämlich eben das Aufflackern der ersten Gefahr, daß da im Nahen Osten was passiert, bis hin zum Beginn des Krieges. Und da sind sie eben auch wieder festgehalten, diese Heuchelformeln: Befreiung, und was weiß ich alles …

Neudeck: … Menschenrechte …

Albertz: Menschenrechte … Ich habe mich von einem pensionierten amerikanischen General belehren lassen, daß noch nicht einmal das Wort „Krieg“ stimmt – das war ja gar kein Krieg, sondern das war die Vorführung der Waffen, die im Ost/West-Konflikt nicht eingesetzt werden konnten und nun mal vorgeführt werden durften…

Neudeck: … weil es Zeit war …

Albertz: … weil es Zeit war, und weil man hoffte, daß die Leute dann diese Waffen auch kaufen, was ja jetzt in schrecklicher Weise passiert – wie es die Gräfin Dönhoff so tapfer jetzt gerade mal in der „Zeit“ geschildert hat. Also dies alles ist der Versuch, das mal aufzuschreiben.

Das Versagen der Parteien

„Aufklärung ist der Ausgang des Menschen aus seiner selbstverschuldeten Unmündigkeit. Unmündigkeit ist das Unvermögen, sich seines Verstandes ohne Leitung eines anderen zu bedienen. Selbstverschuldet ist diese Unmündigkeit, wenn die Ursache derselben nicht im Mangel des Verstandes, sondern der Entschließung des Mutes liegt, sich seiner ohne Leitung eines anderen zu bedienen. Selbstdenken heißt, den obersten Probierstein der Wahrheit in sich selbst (d.h. in seiner eigenen Vernunft) zu sehen; und die Maxime jederzeit selbst zu denken, ist die Aufklärung."
(Immanuel Kant: Was ist Aufklärung?)

Am 6. November 1991 werden die Asylbewerber, die von einer Gruppe von engagierten West-Bürgern mit einem Pfarrer an der Spitze aus der lebensbedrohlichen Situation des eingeschlossenen Heimes in Greifswald befreit wurden, nach Norderstedt gebracht. Aber jetzt beginnt der Skandal erst einzusetzen – der Skandal unserer verkommenen Parteiendemokratie. Die Parteien, denen die Menschenwürde der Asylbewerber egal ist, die nur darauf sehen, daß ihre eigenen Arbeitsplätze erhalten bleiben, hauen aufeinander ein. Der tolldreiste Innenminister des neuen Bundeslandes Mecklenburg-Vorpommern, Georg Diederich (CDU), hat die Lösung gefunden, seine eigene parteiverkommene Lösung. Er sagt uns Bürgern ins Gesicht, die wir alle wahnsinnig empört sind und erschüttert über das, was wieder unter Deutschen möglich ist: Diese Gewalttätigkeiten in der Ex-DDR seien von der „linken Szene" (wer immer weiß, was das noch ist), von „linksradikalen Kräften langfristig und von langer Hand" vorbereitet worden. „Westdeutsche Autonome und Linksradikale hätten die Asylbewerber manipuliert, um aus der Sache politisches Kapital zu schlagen, sagte Diederich in Schwerin. Gleichzeitig nahm er die Polizei in Greifswald in Schutz, denen beim Schutz der Ausländer kein Fehlverhalten vorzuwerfen sei." (dpa, 7.11.91)

Die Verkommenheit zeigt sich hier in ihrer schlimmsten Ausdrucksform. Die Parteien sind zum ersten Mal in der Geschichte der Nach-Nazi-Republik wirklich gefragt, die Verwaltung, der Staat und die Polizei. Die Staatsanwaltschaft – und solange es ihn noch gibt – auch der Verfassungsschutz. Sie versagen alle. Sie strekken sich allesamt nach der Decke des schnellstmöglichen Erfolges bei der nächsten Wahl aus. Es geht nicht mehr darum, wie Menschen geschützt werden; es geht nicht mehr darum, wie man verhindert, daß es jemals wieder unter Deutschen eine Situation gibt, in der Ausländer allein deshalb, weil sie Ausländer sind, tätlich angegriffen, physisch und psychisch verfolgt werden und Angst haben müssen.

Es kommt zu der tragikomischen Szene, daß der Innenminister des Landes Schleswig-Holstein, Jansen, tatsächlich erklärt (am 5. November 1991 in Kiel), die 60 Asylbewerber müßten wieder in das Asylantenheim in Greifswald zurücktransportiert werden, weil der Staat „nicht der Gewalt weichen" dürfe. Nun weicht der Staat aber andauernd der Gewalt, läßt 200 Hooligans einfach dieses Ausländerheim so schlimm und furchtbar angreifen, daß einige dieser Ausländer lebensbedrohlich verletzt und gefährdet sind. Diese 60 Asylbewerber werden von einer Bus- und Pkw-Kette aus Greifswald herausgeholt; finden zeitweise Aufnahme in der Schalom-Gemeinde in Norderstedt, obwohl sich da auch schon wieder ein bürgerlicher Pfarrgemeinderat warnend breitmacht, der vorsichtig und mit Eigennutz erklärt: Lange könne man den Asylbewerbern nicht Asyl geben: „Wir haben in unserem Gemeindesaal ein Matratzenlager aufgeschlagen, aber wir können wirklich nur einige wenige Tage eine Herberge sein", heißt es in einer Erklärung der Christen von Norderstedt – und schon wieder atmet eine solche Erklärung den authentischen Geist des Evangeliums Jesu Christi.

Mir wird klar, daß es in der Bundesrepublik noch mal knallen wird. Die Politiker in unserem Parlament, also unsere Volksvertreter, sind einfach zu schwach. Sie lassen sich von den Machtverwaltern und Machtinhabern ständig etwas vormachen, anstatt auf Kontrolle, Rechtfertigung, humanitären Lösungen zu bestehen, zu bestehen auch auf der Einhaltung der Menschenrechte.

Aber nein, da versagen die Vertreter aller Bundestagsfraktionen: Der Wirtschaftsminister Jürgen Möllemann fährt in genau diesen Tagen nach Peking, der Besuch allein ist eine schöne, gezielte und beabsichtigte Prämie für das Regime in Peking, dem noch das Blut des Tiananmen-Platzes an den Fingern klebt. Der MdB Prof. Hornhues erklärt: der Minister sei verdonnert worden, die Menschenrechtsfrage dort auf den Tisch zu legen. So verdummt man die junge Generation, die jetzt in diesen Jahren noch schläft, träge, müde, abgeschlafft ist. Aber eines Tages wird sie sich all diese Inkonsequenz, diese feige Heuchelei, mit der man dauernd so tut, als ob man täte, nicht gefallen lassen.

Ich komme am 6. November von Hamburg zurück, die Affentänzerei um die 60 Menschen von Greifswald, Neumünster, Norderstedt geht fröhlich weiter. Sichtbar wird: die totale Unsicherheit der Parteienpolitik. Ich werde um 11 Uhr am Vormittag vom Südwestfunk gebeten, den Mittagskommentar zu machen. Man ist überrascht, daß ich so klar kommentiere – und Worte benutze, die die wohlanständige Parteienausgewogenheit nicht mehr zuläßt:

„Der Skandal beginnt – wie so oft bei uns, wenn die Polizei ihm ein Ende bereitet. Nein, in diesem Fall der Asylbewerber von Greifswald, wenn die Staatsanwaltschaft ihm ein Ende bereitet. Nach der Devise, nicht der Mörder, der Ermordete ist schuld, ermittelt die Staatsanwaltschaft Stralsund gegen die Asylbewerber, die wörtlich ‚unerlaubt' ihre Unterkunft verlassen haben und nach Schleswig zurückgekehrt sind. Der Innenminister von Mecklenburg-Vorpommern entblödet sich nicht, die Lebenshelfer der Asylbewerber anzupinkeln und zu sagen, sie hätten den ‚Abtransport von langer Hand' vorbereitet. Ja, da kommt eine neue hübsche Dolchstoßlegende auf uns zu: Die linke Szene hat die Gewalttätigkeiten in der Ex-DDR inszeniert, um, ja um daraus politisches Kapital zu schlagen. Ich soll diesen ungeheuerlichen Vorgang hier kommentieren. Aber ich will der Staatsanwaltschaft in Stralsund und Rostock gleichzeitig sagen, sie möchte bitte gegen mich auch ermitteln. Ich würde so etwas sofort, jetzt, heute auch ‚privat organisieren'. Ich will sagen, ich würde im ähnlichen Fall sofort auch eine Pkw- und Bus-Kette organisieren, um meine ausländischen Mitbürger gegen derart furchtbare, uns Deutsche beleidigenden und physisch gefährlichen Angriffe herauszuholen. Sofort. Heute. Ich erstatte also vorsorglich Selbstanzeige jetzt über den Südwestfunk.

Was ist los in unserem Land, in unserem neuen Land? Oder ist das neue Land das alte Land geworden? Schon wieder kann es in einer historisch trächtigen Stadt wie Greifswald zu einem potentiell mörderischen Angriff auf Ausländer kommen. Diese Angriffe sind so stark, daß diese Menschen vor Angst noch vor der Kamera zittern. Der Pfarrer der Schalom-Kirchengemeinde in Norderstedt rettet unsere Ehre, die Ehre der Deutschen, die wie ich und wie vielleicht die Mehrzahl der Hörer der Meinung sind, es darf unter Deutschen solche Angriffe auf ausländische Mitmenschen nach dem Debakel deutscher Geschichte nie wieder geben. Wenn die Kirche, die so im öffentlichen Verschiß ist wegen ihrer Lahmarschigkeit, endlich einmal etwas tut für Menschen in Not, ob es gelegen oder ungelegen kommt, dann sollte man sie und den Pfarrer der Gemeinde loben. Übrigens, weil die Staatsanwaltschaft so nekkisch sich mokiert darüber, daß die an Leib und Leben und in ihrer Seele bedrohten Ausländer von Privaten aus der Gewaltzone herausgeholt werden – da kann ich nur lachen. Wenn Staat, Regierung, Polizei nicht mehr in der Lage sind, das Leben von Menschen zu schützen, dann müssen wir Bürger es tun. Das nenne ich ‚privat organisiert'. Wie gern wüßte ich, meine Vorfahren, die Generation meiner Eltern, hätten ganz viele Juden aus den Pogromen der Reichskristallnacht und den Nachtaktionen, bei denen sie zur Rampe gefahren wurden, ‚privat organisiert' herausgeholt und gerettet. Aber noch mal: Ich denke, wir dürfen es nicht mehr dazu kommen lassen.

Wenn die Minister in Bonn und die Ministerpräsidenten bei Trost wären, würden sie sofort den Weitertransport von Asylbewerbern in die neuen Länder unterbrechen, sofort, heute. Wer eigentlich nimmt es auf sein Gewissen, wenn in den nächsten Tagen da jemand schwer verletzt wird oder stirbt? Kohl oder Teufel oder wer denn? Gelobt sei die Privatinitiative des Pfarrers von Norderstedt. Übrigens, es steht doch im Evangelium, daß der Samariter der Verachtete war, nicht der Politiker und der Pharisäer, der da unter die Räuber fiel und blutend am Wegrand lag. Ja, ich weiß sogar noch, wo das war, auf dem Weg von Hoyerswerda nach Greifswald, nein Entschuldigung, von Jerusalem nach Jericho."

Am Abend des 6.11.1991 sehen wir in unserer Familie im Fernsehen den Film „Georg Elser – Einer aus Deutschland", sehen mit klammem Entsetzen auf dem Abspann, daß dieser tapfere Deutsche nach dem mißglückten Hitler-Attentat im Bürgerbräukeller in München am 8. November 1939 ins KZ Dachau zur „Sonderbehandlung" eingeliefert wurde, daß er noch kurz vor dem Einmarsch der alliierten Truppen umgebracht wurde. Bis heute wurde für einen der Tapfersten unter den Deutschen, bei denen Tapferkeit wahrlich nicht groß ausgebildet ist, kein Denkmal errichtet. Marcel Neudeck, 16 Jahre, zur Zeit Schülersprecher seiner Schule, weiß nach dem Film, was er bei der Suche nach einem guten Namen für das Gymnasium in Troisdorf-Sieglar vorschlagen wird: „Georg-Elser-Schule".

Danach gibt es einen Brennpunkt, bei der die Parteienunfähigkeit, aber auch die Unfähigkeit einer SPD, wenigstens etwas so Wichtiges wie den Part der Opposition zu *spielen*, demonstrativ sichtbar wird. Fritz Pleitgen, sicher der fähigste unter den fähigen TV-Journalisten, hat die Minister Gerhard Stoltenberg, den Kanzleramtsminister Lutz Stavenhagen, den BND-Chef Porzner und den SPD-Fraktionsgeschäftsführer Peter Struck eingeladen. Der einzige, der da wirklich wenig und wenig Gewinnendes zu sagen hat, ist der Abgeordnete des Bundestages. Der sagt dem Publikum etwas so Tolles wie: Wenn die Regierung nicht bald das neue Kontroll-Gesetz für den BND und die Geheimdienste verabschiedet, werden sie – von der SPD – aus der Parlamentarischen Kontrollkommission herausgehen. Toll.

Wie lange noch wird die Jugend das alles aushalten? Wie lange werden wir diesem schleichenden Aushöhlungsprozeß der parlamentarischen Demokratie zusehen, in der der Filz und die Bereicherung fröhlich Urständ feiern? Man erlaubt es der Regierung, diesen Skandal mit der Panzerlieferung an Israel über den BND ohne jeden Ministerrücktritt durchzustehen. Pleitgen deutet zaghaft etwas an, der Freimut amerikanischer Journalisten sei in Deutschland nicht ausgebildet. Der unmittelbar Verantwortliche (Porzner) wie der erste politisch Verantwortliche (Verteidigungsminister Gerhard Stoltenberg) und der Kanzleramtsminister Lutz Stavenhagen dürfen wieder das Spiel spielen, das den Bürger allmählich ermüdet: Schuld ist die Regierung davor, die der SPD. Als ob das in einer staatsbürgerlich wichtigen Affäre, bei der die Grundfesten des Rechtsstaats zittern, wichtig wäre!?

Ich lese in Wolfgang Herles' Buch „Nationalrausch", das ja schon 1990 erschien:

„Den Nationalrausch – gibt es ihn nicht mehr? Die Mehrheit der Bundesbürger ist längst ernüchtert. Aber die Minderheit der politischen Elite ist noch immer nicht bei Sinnen. Und soweit sie sich nicht am Nationalstaat berauscht, berauscht sie sich an sich selbst in einem Machtkampf ohne Ende." (S. 255)

Als wir alle durch Berichte über die Hamburger Bürgerschaft erneut aufgeschreckt werden, als erneut etwas Wirklichkeit wird, was wir Bürger nicht einmal für möglich gehalten hätten: als die Parteien in der Hamburger Bürgerschaft sich über jede Parteimarkierung hinweg gemeinsam höhere Bezüge (Diäten) genehmigt haben, bekomme ich von Bernhard Wördehoff einen privaten Brief, in dem dieses Wort von der „Parteiverkommenheit" steht.

Das Versagen der Diplomatie

„Es ist wortwörtlich eine Annäherung an einen Krieg,
aber gleichzeitig eine Annäherung an einen neuen Staat,
der zwar möglicherweise nicht lange existieren wird,
aber immer der erste Staat ist, der als unmittelbare Folge
des Zusammenbruchs des sozialistischen Systems
entstanden ist."
(Peter Sartorius in einer Reportage „Vier Tage in der
Wagenburg", SZ, 1. Juli 1991)

Früher mußte man das Thema einem erstaunten Publikum regelrecht vorführen: das Diplomatieversagen. In den Tagen seit dem Ausbruch der offenen Jugoslawien-Krise ist es allgegenwärtig. Hans-Dietrich Genscher droht der jugoslawischen Zentralregierung, die es Anfang September 1991 schon gar nicht mehr gibt, mit dem Liebesentzug und mit der diplomatischen Anerkennung der jugoslawischen Teilrepubliken Slowenien und Kroatien. Nur ist auch dieses Instrument ausgeleiert, weil der Minister es seit Tagen vor der deutschen Öffentlichkeit vorführt und es deshalb auch schon längst schal geworden ist.

Neben der Reise-Diplomatie werden zunehmend die Telephon- und die Interview-Diplomatie zu den privilegierten Instrumenten und Modalitäten einer Diplomatie im Zeitalter der demographischen Unwägbarkeiten. Wobei diese Modalitäten neuer Diplomatie vom Journalismus nicht einmal in der Weise entmythologisiert werden, daß sie wieder auf ein erträgliches und nüchternes Maß zurückgestuft werden.

Helmut Kohl, so hieß es schon in den aufregenden Tagen des Februar 1991, als der zweite Golfkrieg zu Ende zu gehen schien, „betreibt in diesen Tagen eine besonders intensive Telephon-Diplomatie. Ob mit Michail Gorbatschow, John Major, George Bush oder François Mitterrand – nahezu täglich ist er fernmündlich mit den Großen der Welt in Kontakt. Über diese Gespräche wird meist offiziell mitgeteilt, daß sie stattgefunden haben und daß man über den Golfkonflikt gesprochen hat, mehr nicht“, so hat das Bundeskanzleramt den dpa-Korrespondenten Frank Rafalski wissen lassen. Daß mit so einer offiziellen Mitteilung der neugierige Journalismus erst allemal beginnt, und daß diese Meldung vom 21.2.1991 eigentlich nur die Vorstufe einer wirklichen Information enthält, wird heutzutage nicht mehr sichtbar.

„In der Union – vor allem in ihrem CSU-Teil, mehren sich die Stimmen derer, die in der Zustimmung zu einer Verfassungsänderung mit dem Ziel, deutschen Truppen den Einsatz im Rahmen von UNO-Missionen zu ermöglichen, einen politischen Fehler sehen. Sie argumentieren, daß durch die Grundgesetzbestimmung und über die Beteiligung der Bundesrepublik an kollektiven Sicherheitssystemen und durch den UNO-Beitritt im Jahre 1973 bereits die Möglichkeiten eröffnet wurden, Soldaten im UNO-Rahmen außerhalb des Nato-Gebietes einzusetzen. Dies gilt nach dieser Auffassung sowohl für die Friedensmissionen als auch für militärische Einsätze nach Beschlüssen der VN wie derzeit am Golf", so tickert es am 21.2.1991 weiter in die Redaktionsstuben. Im Gefolge der nächsten Monate betreibt die deutsche Bundesregierung ein besonders raffiniertes Stück Wirtschafts- und Investitionsdiplomatie – oftmals sogar unter Außerachtlassung der eigenen deutschen und humanitären Interessen, von denen man sonst einfach behauptet, sie hätten die Priorität bei den eigenen Überlegungen.

Die wichtigste Diplomatiereise unternahm nämlich im Sommer 1991 nicht der Bundesaußenminister Genscher, sondern sein Parteifreund, Wirtschaftsminister Jürgen Möllemann. Die Reise ging nach Teheran/Iran. Sie war durch den Außenminister und durch geschickte humanitär-militärische Intervention mit anschließender diplomatischer Nachbereitung im Iran vorbereitet worden. Die Bundesregierung hatte sich im Sinne der Förderung der eigenen Investitionsinteressen im Iran während der Golfkriegs-Krise und kurz danach bei der Frage der Kurdenhilfe ganz fix auf die Seite des Iran geschlagen.

Genscher hatte flugs die Bataillone der Bundeswehr, jedenfalls die stärkeren, nach heftigen Verhandlungen mit sehr unwilligen iranischen Behörden, nach Bahdaran (früher Kermanshah) dirigiert und war dann auch selbst dort aufgetaucht. Die Schwierigkeiten dieses Einsatzes gingen bis zur bürokratischen Verhinderung der Verteilung von Decken, Zelten, Lebensmitteln. Der Minister selbst erlaubte sich im Verkehr mit den Regional-Notablen bei seinem eigenen Besuch vor Ort sogar einigen undiplomatischen Zorn und Ausdruck seiner gesteigerten Ungeduld.

Der Besuch von Möllemann später mit hochbesetzter Manager-Delegation in Teheran endete vor den Kameras von ARD und ZDF mit der erfreulichen Nachricht, auch wahltaktisch günstigen Schlagzeile: Wir haben Aufträge in Höhe einer zweistelligen Milliardenzahl in die eigenen Scheuern gefahren. Der Zuschauer und Leser durfte sich sicher sein, daß dabei auch all die Firmen beteiligt sind, die noch wegen der leisen oder offenen Durchbrechung des Irak-Embargos kurzfristig im Verschiß waren. Strabag AG, auch die Fritz Werner Industrie Ausrüstungen GmbH mit Sitz in Geisenheim bei Wiesbaden, Heckler und Koch, MBB, Dynamit Nobel usw. usw.

So ähnlich, muß man sich klarmachen, glänzte die Bundesrepublik bei dem nachfolgenden rein humanitären Einsatz verschiedener westlicher Armeen zum Schutz der Kurden durch leere Abwesenheit. Zwar begründet man das in Bonn mit hehren Grundsätzen der eigenen Völkerrechtsverliebtheit, aber de facto schielt man mit dem investitionsdiplomatischen Auge schon auf das ausgepowerte Land Irak, das natürlich nach dem Ende der Embargo-Restriktionen und vielleicht schon ein wenig vorher wieder ein massives und fruchtbares Investitionspflaster für deutsche Firmen abgeben wird. Und um dann in gegebener Situation den ersten Dankbarkeitszuschlag zu erhalten, ist der deutschen Diplomatie jedes Mittel recht. Es hätte überhaupt keiner großen öffentlichen Überredung bedurft, um einen Bundeswehreinsatz im Rahmen der auf low profile laufenden Schutztruppe zu ermöglichen. Die deutsche Bevölkerung hätte das so gern gesehen wie die vor Ort arbeitenden deutschen Not-Ärzte von Cap Anamur. Aber es galt strikteste Order. Weder durfte das Deutsche Rote Kreuz, mehr oder weniger eine im Auftrag der Bundesregierung arbeitende Nicht-Regierungsorganisation vor Ort, über die von allen überschrittene Grenze in den Irak, noch durfte es sonst jemand von deutscher Seite.

Daß es dann einige vom Arbeiter-Samariter-Bund und von den Maltesern taten, ist eine andere Frage. Dabei war man ja bei der Zustimmung zu der gewaltsamen Rückführung der Kurden in den Irak, also in ihr Verfolgerland, von deutscher Seite gar nicht so pingelig, denn diese Hasardeur-Aktion lief alles andere als nach den Gesetzen des Völkerrechts. Die Kurden wurden nicht einmal selbst gefragt, ob sie zurückgehen wollen.

Natürlich gibt es gute, humanitär engagierte und bewußte Diplomaten. Ich habe sie auf der Welt überall und immer wieder erlebt. Auch im Auswärtigen Amt in Bonn gibt es den hervorragenden Politik-Direktor *Reinhard Schlagintweit*, der sich immer wieder mit großer Sensibilität auf die Seite der Schwachen stellt, besorgt ist um das Schicksal der Kurden wie der Südsudanesen, wie der Afghanen und der Burmesen. Aber er ist als Politischer Beamter weisungsgebunden, darf oft nicht so, wie er im Innersten und aus Überzeugung gern wollte.

Im Falle der Jugoslawien-Krise habe ich am 3. September die Nase voll und mache einen deftigen Anti-Diplomatie-Kommentar für Radio Bremens Programm „Journal am Morgen", wo der Kommentator immer so frech sein darf, wie er es nach den Regeln seines Berufes sich selbst zumißt. Am 4. September läuft dieser Kommentar:

„Das ist doch die totale Demontage des Lieblingsmediums Fernsehen. Haben Sie das gesehen die letzten Tage? Hilflos lechzen die Journalisten nach Nachrichten, aber sie bekommen sie nicht. Sabine Christiansen erzählt, allerdings außerhalb ihrer Sendung, sie hätte noch kein Bild von einem Toten gesehen. Dabei kann man vermuten, nein, mit Gewißheit sagen, daß es mittlerweile Tausende, vielleicht sogar noch eine Null mehr, Zehntausende von Opfern gibt. Kontrollierter Krieg, ruft da gestern der britische Verteidigungsminister. Ha, daß ich nicht grinse, ich meine, galgenhumorig. Das haben uns die Amerikaner schon im Vietnam- und Kambodscha-Krieg erzählt, das erzählen uns die Militärs zur Erhaltung ihrer Contenance und ihres Berufes seit Jahren, die Geschichte der Bomberpiloten, die ihre Bombentonnage mitten auf friedliche Dörfer abwarfen. William Shawcross:

‚Anfang 1973 wurde ein Radarsender oben auf der amerikanischen Botschaft in Pnom Penh installiert. Im April wurde er wieder entfernt. Gleichzeitig wurden immer neue Sender in kambodschanischen Ortschaften errichtet, um Schritt zu halten mit der Ausweitung der Angriffe. Am 7. August 1973 vergaß ein Navigator, der den Leitstrahlsender von Neak Luong benutzte, seinen Schalter umzulegen. In zehn Kilometern über dem Ort öffnete sich der Bauch des Flugzeuges, und die lange, 30 Tonnen schwere Kette von Bomben torkelte ohne Warnung auf die Menschen unter dem Flugzeug nieder... Oberst David Opfer, Luftwaffenattaché der US-Botschaft, sagte, daß die Panne ›keine Katastrophe‹ sei.‘

Vielleicht ist das die Stunde des Radios, um wieder zum ersten Medium aufzusteigen. Nicht nur, daß es schneller ist, es vermeidet auch die Langeweile, die bei mir entstand, als ich ein und dieselben

Bilder in der letzten Woche fünf-, sechs-, ja, sieben- und achtmal sah. Selten habe ich etwas Langweiligeres bei höchster Anspannung gesehen als den ‚Weltspiegel' am Sonntag, ich kannte das alles schon.

Etwas, das ich mir seit einigen Tagen schmerzlich klarmachen mußte und das ich seither nicht mehr verdrängen kann, quält mich. Ein guter Freund hatte demonstrativ die letzte Woche in Jerusalem verbracht. Er erzählte mir am Sonntag, wieder zurück aus Israel, daß ein Holocaust-Überlebender und Jude deutscher Herkunft ihm gesagt habe, das sei jetzt zuviel. Einmal sei er dem deutschen Gas in den Gaskammern von Auschwitz entkommen, jetzt müsse er diese Gasmaske tragen und das Gummi riechen und das Gas vorausahnen – und, verflucht, schon wieder sei dieses Gas von den Deutschen. Wir Deutschen könnten die endgültigen Vernichter Israels werden, wir haben wirklich das Zeug dazu geliefert. Zum Teufel mit all den lahmarschigen Regierungen, heißen sie Helmut Schmidt oder Helmut Kohl, die sich dauernd sonntagsredend und predigend auf die Schulter klopfen und die wissentlich U-Boote nach Südafrika und Giftgasfabriken in den Irak haben liefern lassen. Dieser Skandal ist für mich durch nichts zu mildern. Als die Giftgasfabrik Rabta in Libyen aufflog, hat der deutsche Bundeskanzler dem britischen Korrespondenten David Marsh doch tatsächlich gesagt – ich habe Marsh noch mal gefragt: Hat er das wirklich gesagt? Ja, er hat – ach, die Amerikaner wären nur neidisch. Daß das geschehen konnte: An die 100 Firmen haben wohl noch bis in das Embargo hinein in den Irak geliefert. Daß das geschehen konnte, da es dauernd in den 70ern und 80ern ein Scheingefecht gab, wenn mal wieder ein Panzer oder ein Tornado oder wer weiß was nach Saudi-Arabien geliefert werden sollte. Da tat dann unsere Regierung so, als ob sie täte und als ob sie Israel wohlwollte.

Nein, wir Deutschen gefährden die Existenz des Staates Israel so tödlich wie noch nie. Wir gefährden die Existenz der Juden auf der Welt, die ihre Heimstatt brauchen, zum zweiten Mal seit Auschwitz. Ich möchte, daß wir eine neue Regierung bekommen, daß es Neuwahlen gibt und daß alles auf den Tisch kommt und wir dann mit einer neuen Regierung auftreten, die den jungen Schülern und Lehrlingen, die da die Nächte voller Trauer und Verzweiflung Mahnwache halten, nicht ständig an ihren Motiven herumpflückt und nörgelt. Diese Stoltenbergs und Waigels, ich kann sie nicht mehr hören. Obwohl sie mit einem unbewußt recht haben: Wir müssen bei den Demonstrationen mit unserem *deutschen* Dreck fertigwerden. Wir müssen jetzt so lange vor Böhringer, Dynamit Nobel und vor Kolb demonstrieren, bis diese Firmenverantwortlichen freiwillig sich in U-Haft begeben, wenn schon die Staatsanwaltschaft es nicht von sich aus tut.

Wir haben alle Dreck am Stecken, auch die Kirchen – wer hat denn geschrien, als die „Gesellschaft für Bedrohte Völker" die Nachrichten von den Waffen- und Giftgasexporten bekanntmachte? Etwa die Bischöfe? Oder – daß ich nicht lache – etwa unsere Gewerkschaften, die ja selig im Tarif-Faulbett schlummern? Jetzt sind alle ein wenig „indigniert", wie es in den gutbürgerlichen Romanen heißt. Machen mal hier ein Glockenläuten und da eine Enzyklika, aber sie treten den Waffenschiebern und Industriellen nicht wirklich so auf die Füße, daß die ihr Gewerbe nicht mehr ausüben können. Und – denken wir an die Kurden –, das wunderbare tapfere Volk, das zwischen Iran, Irak und der Türkei einfach seine Existenz verkrümeln sieht! Da hatte Saddam Hussein seine Giftgranaten schon ausprobiert. 6000 starben, krepierten, lagen da in der gräßlichen Stummheit eines toten Orts, Halabja. Den Namen sollte man sich merken, morgen können Amman oder Riad, Jerusalem oder Haifa – Halabja sein.

Die Diplomatie steht immer im Hintergrund, im abgedichteten, von der Öffentlichkeit abgeschirmten Zwielicht. Hans-Dietrich Genscher hat das Kunststück verstanden, seinem Amt („für das Alleräußerste") sowohl das Image des kommunikationsfreudigsten zu verpassen wie auch die Türen für alle wirklichen Recherchen fein säuberlich zu verriegeln. Dazu trägt eine dem Minister loyal bis zur Erschöpfung ergebene Presseabteilung bei. Eine Abteilung, die auch nicht das letzte Rad am Wagen des Ministeriums ist. Die Zugehörigkeit zur Pressestelle des AA ist eine aussichtsreiche Karrieresprosse. Der vorletzte Leiter der Pressestelle, Chrobog, ist schon die Treppe hochgefallen.

Afrika insgesamt interessiert den Minister nicht. Ich habe bislang nicht herausbekommen, weshalb. Meine Verdachtsvermutung geht dahin: Genscher schätzt alle Probleme und Arbeitsfelder, bei denen er für seine Arbeit, sein Image, sein Ansehen und das der FDP in Deutschland etwas rausholen kann. Außenpolitik also im Dienst der Innenpolitik. Da aber Afrika innenpolitisch und demoskopisch wie ein einziges Loch wirkt, hat den Minister der Horror vacui ergriffen. Afrika ist nicht interessant. Es macht sich in seinen Reaktionen bemerkbar. Als ich ihm jüngst von der Zerfetzung der Beine und des Körpers zweier Krankenschwestern des Komitees Cap Anamur in Nordsomalia in einem Brief berichtete, hat Genscher nicht einmal selbst reagiert – was für ihn sonst die verpflichtende Regel war. Einzig, wenn bei Regelung einer Affäre innenpolitisch Lorbeeren zu holen oder Punkte gegen die CSU zu gewinnen waren, hatte Genschers AA afrikanisches Profil. Das galt seinerzeit für die Namibiapolitik wie für die Politik in Südafrika. Doch seit die Erzgegnerschaft zwischen dem real existierenden und dem damals Möchtegern-Außenminister Franz Josef Strauß durch den Tod Straußens beendet ist, hat sich über Afrika im AA die Nacht des Vergessens, der Unbedeutendheit, der „négligeance" ausgebreitet. Dann fallen Fehler auch nicht so ins Gewicht. Im Falle Äthiopiens hat sich die Bonner Politik wahrlich nicht mit Ruhm bekleckert. Sie hat, wie der Kollege Bartholomäus Grill freimütig in der „Zeit" aus Anlaß des Sturzes und der Flucht des Haile Mariam schrieb, dem roten Diktator allzu lange Zeit die „blutige Stange" gehalten. Eigentlich bis zum allerletzten Moment. Alle Versuche, von seiten humanitärer Organisationen, auch von mir, das AA mal zu einer alternativen Politik und Aktivität zu bewegen, fielen ins Wasser. Selbst dem seinerzeitigen Amtsträger in Khartoum/Sudan fielen die Berichte aus Addis Abeba und ihre parteiliche Mengistu-Schiefheit auf den Wecker. Als dann im Jahre 1989 der Hafen Massawa am Roten Meer von der EPLF (der Eritreer-Befreiungsfront) freigekämpft wurde und die äthiopische Regierung darauf weiter fröhlich bombardierte, berichtete die Deutsche Botschaft in Addis Abeba weiter munter die offizielle Version. Ich war damals gerade in Khartoum und sah mir bei den sehr gut organisierten Vertretern der Eritreischen Hilfsorganisation ERA einen Dokumentarfilm über die ständigen Bombenangriffe auf die Hafenanlagen von Massawa an, die um so verhängnisvoller waren, als genau dieser Hafen von der EPLF natürlich auch für Hilfslieferungen für die Hungernden in Äthiopien vorgesehen war. Der deutsche Botschafter in Khartoum, Dr. Dieter

Simon, ging auf unser Anraten auch zum Büro der EPLF/ERA, sah sich dieses erschütternde Dokument an und berichtete darüber und über seine Gespräche mit wichtigen Mitgliedern der betroffenen Bewegung (EPLF) dem Auswärtigen Amt in Bonn, sehr zum Ärger der sich allein zuständig fühlenden Deutschen Vertretung in Addis Abeba.

Diese Politik wurde wirklich bis zum Einsteigen des Diktators Haile Mariam Mengistu in sein Flugzeug nach Zimbabwe durchgehalten. Am 20. Mai bestieg Mengistu eine „Ethiopean Airlines", vorgeblich, um Truppen in Sidamo zu besichtigen. Aber statt dessen hatte sich der clevere Herrscher der Amharen mit genügend Schecks und Dollarguthaben der Nationalbank eingedeckt, um mitsamt seiner Familie, die er schon vorsorglich Monate vorher nach Harare gesandt hatte, in die von seinem Freund Mugabe vorbereitete Prachtvilla zu ziehen.

Noch am 16. Mai kam es im Auswärtigen Amt zu einer blamablen Komödie, die mir die Vertreter der jetzt in Addis herrschenden EPRDF berichtet haben. Der Vertreter der Bewegung in Köln, Michael Tzadik, hatte eigens angefragt, ob die zuständige Äthiopien-Referatsleiterin, Gräfin Stachwitz, an einem Gespräch mit zwei ZK-Vertretern der EPRDF interessiert sei. Wenn ja, würde er die beiden bitten, ihren Rückflug von Washington nach Addis Abeba über Bonn zu dirigieren. Gesagt, getan. Die beiden hochrangigen Vertreter der EPRDF, Berhanu Gebre und Efrai, Gebre-Hana, kamen mit dem ortsvertrauten Michael Tzadik pünktlich um 14 Uhr in der Adenauerallee 99 an. Sie gaben ihre Ausweise an der Hauptpforte bei diesen oft unfreundlichen und ungehobelten BGS-Beamten ab und zogen weiter auf die Etage, wo, wie sie meinten, die Äthiopien-Referatsleiterin auf sie wartete. Statt dessen bekamen sie lapidar die Mitteilung, die Gräfin könne den Termin nicht wahrnehmen, statt dessen würde sich Herr Bolewski mit ihnen verständigen. Das wäre so ähnlich, wie wenn ich heute zum Minister Schäuble gehe und mir dort gesagt wird, die Sekretärin würde meine Fragen stenografieren...

Kurz, die beiden Leute aus Addis Abeba machten ihrem Unbehagen dann auch Luft, weil sie sich plötzlich wie in einem Verhör vorkamen.

Diplomatische Interessenarbeit ist oft gepaart mit der Vermeidung von Ärger mit der Regierung des Gastlandes. Nun hat Cap Anamur die Regierung Mengistu furchtbar geärgert. Das begann mit der Verweigerung der Unterschrift unter das „General Agreement“ 1985/86, das schließlich alle (an die 60 Organisationen) unterschrieben, obwohl vorher alle in der CRDA (Christian Relief and Development Agencies) zusammengefaßten Organisationen sich geschworen hatten, diesen Knebelvertrag nicht zu unterschreiben. Hinzu kam die heftig einsetzende Cross-border-Arbeit in Wollo mit einem Team, das über den Sudan einreiste.

Das setzte sich fort mit meiner Reise nach Eritrea kurz nach der Einnahme der Militärgarnison AFABET durch die EPLF im Mai 1988. Ich kam selbst mit meinem Kollegen Hermann Feldhoff vom WDR in einen furchtbaren Bombenangriff der äthiopischen Luftwaffe am Nachmittag des 17. Mai hinein – mit mehreren Toten und vielen Schwerverletzten.

Es ging weiter mit unserer Cap-Anamur-Operation Moses. Durch Vermittlung der EPLF konnten wir mit unserem Schiff Danica VI/Cap Anamur IV 127 äthiopische Kriegsgefangene an Bord nehmen. Nach Befragen durch unsere Bordbesatzung entschieden sich alle 127 – sie wollten über Djibouti nach Hause. Die Operation gestaltete sich wahnsinnig schwierig, weil die Bundesregierung keine Sicherheitsgarantie für diese 127 übernehmen wollte, trotz mehrmaliger Anfrage im Deutschen Bundestag durch den CDU-Sprecher Prof. W. Pinger und durch die Grünen-Abgeordnete Uschi Eid.

Und setzte sich fort mit dem Schiff Cap Anamur V, mit dem wir Anfang 1990 den Hafen Massawa mit Nahrungsmitteln und Medikamenten versorgen wollten. Die Mengistu-Regierung zeigte sich nicht nur stur, sie wurde auch von der europäischen Politik nicht daran gehindert, gegen ein Schiff mit rein humanitärer Mission Bombendrohungen auszusprechen und sogar auszuführen. Wir haben dann in letzter Minute das Schiff abdrehen lassen nach Port Sudan.

Aber all diese Aktionen haben nicht etwa dazu geführt, daß die Bundesregierung unseren Sachverstand in bezug auf die beiden großen Befreiungsbewegungen benutzt hätte – im Gegenteil, wir waren für das Amt eher verdächtig geworden wegen der Berührung damit. Zumal die zuständige Referatsleiterin geradezu voller Berührungsangst gegenüber dem Label und Begriff Liberation Front war und deren Vertreter, wie ich vermute, für Halunken und Gauner hielt.

Dazu kam, daß auch das Entwicklungshilfe-Ministerium noch kurz vor dem Ende Mengistus auf die tolldreiste Idee kam, dem sinkenden Diktator noch das doppelte Geschenk der Wiederaufnahme der Entwicklungshilfe-Beziehungen sowie einen fetten Schuldenerlaß zu gewähren. Staatssekretär Siegfried Lengl zog am 7. Dezember 1990 eigens nach Addis Abeba, um den roten Diktator zu seinen Fortschritten im Hinblick auf Menschenrechte und Demokratie zu beglückwünschen. Ich habe im August noch – mit viel Scham – dieses ganze Kapitel des Versagens westlicher, aber besonders deutscher Diplomatie in Äthiopien mit dem elf Jahre inhaftierten politischen Häftling Salomon Gebremantak besprochen, der mitten in Addis wie viele Hunderte unter den schrecklichsten Folterbedingungen einsaß und erst durch das Herannahen der EPRDF befreit wurde.

Die Gefahr dieser Diplomatie ist gravierender als in früheren Zeiten. Diplomaten neigen in ihren Gastländern zu einem anpasserischen Verhalten gegenüber der dortigen Regierung. (Ich will schnell dazu sagen, daß ich natürlich auch die wenigen Ausnahmen kenne, deren Namen ich nicht nenne, weil das im AA nur böses Blut erzeugt und Anfragen der endunterzeichneten Abteilung auslöst.)

Ankara, Türkei – mit dieser Botschaft sind wir in der großen Kurdenkrise zusammengestoßen. Es gab da plötzlich einen Antwortbrief, dessen Fragebrief mir kaum noch in Erinnerung war, so lahm sind die Mühlen dieser diplomatischen Vorsicht manchmal. Ich hatte mich im Gespräch mit dem Abteilungsleiter im AA nach Möglichkeiten vorsorglicher Hilfestellung für die zu erwartenden Kurden aus dem Irak erkundigt, die in Konsequenz des Golfkrieges in die Türkei fliehen würden.

Nach Monaten, nämlich kurz, nachdem die große Kurdenflucht schon begonnen hatte und sich die Welt aufmachte, den Kurden zu helfen, bekam ich als Antwort auf den Brief, den ich seinerzeit dem Botschafter Eickhoff in Ankara geschrieben hatte, dieses Schreiben, das es verdient, in die Annalen der Zeitgeschichte aufgenommen zu werden:

„Ankara, den 3. April 1991. Sehr geehrter Herr Neudeck, haben Sie vielen Dank für Ihr Schreiben vom März dieses Jahres, in dem Sie sich nach den Möglichkeiten für Hilfe im Südosten der Türkei erkundigen. An Stelle des abwesenden Botschafters möchte ich Ihren Brief beantworten. Während nach dem Ende des Golfkriegs bisher pro Tag nur 50 bis 150 Flüchtlinge aus dem Irak ankamen, ist diese Zahl am vergangenen Wochenende (Ostern) sprunghaft auf insgesamt 4400 bis 5000 angestiegen. Wie auch Sie vermuten, wird sie weiter steigen – allerdings werden die unwirtsamen geographischen Bedingungen dem Flüchtlingsstrom in die Türkei Grenzen setzen. Die türkischen Behörden haben für die neu ankommenden Flüchtlinge Lager im Landesinneren – etwa Kayseri – erstellt und werden weitere errichten, insgesamt etwa 5. An der Grenze (2–3 Tage) kümmert sich der Rote Halbmond um die Ankommenden. Er ist, was den bisherigen Umfang des Flüchtlingsstroms angeht, gut ausgestattet. Die norwegische Regierung z.B. hat ihm drei Feldlazarette im Werte von 1,5 Mio DM geschenkt. Auch der UNHCR hilft mit Material und Bargeld. Die Bundesregierung hat für die Lager, die im Südosten bereits existieren, neue Zelte im Werte von 2,1 Mio DM anfertigen lassen. Sie sind ausgeliefert. In diesen Lagern arbeiten Ärzte türkischer Universitätskliniken (dorthin abgeordnet); die medizinische Versorgung ist ausreichend. In der neuen Situation wird die türkische Regierung (und werden die UN) um Spenden vor allem für die Auffanglager im Landesinneren bitten. Um personelle Hilfe im medizinischen Bereich sind wir bisher nicht gebeten worden. Das türkische Außenministerium hat eine entsprechende informelle Anfrage abschlägig beschieden. Personelle Hilfe dürfte, falls sie nötig werden sollte, besser über internationale Organisationen (UN oder IKRK) vermittelt werden als auf bilateralem Wege; dies entspricht der Tendenz, große Hilfsaktionen über die Sonderorganisationen der UN zu koordinieren. Ich hoffe, Ihnen einen Überblick über die gegenwärtige Lage verschafft zu haben. Für weitere Rückfragen stehe ich Ihnen selbstverständlich gerne zur Verfügung. Mit freundlichen Grüßen … Ihr Wolfgang Zierer“

Drei Wochen später fällt dem Geschäftsträger in Ankara wohl

auf, daß fast alles, was er an Analyse und Prognose in seinem Brief hatte, falsch war! Deshalb macht er mir diesen Nachspann:

„Sehr geehrter Herr Dr. Neudeck, ich weiß nicht, ob Sie mein Schreiben schon erreicht hat. Inzwischen hat sich die Lage noch dramatischer zugespitzt, als bei der Abfassung meines Schreibens erwartet wurde. Da die iranische Grenze geschlossen ist und da die Verfolgungsmaßnahmen nach dem plötzlichen Zusammenbruch des kurdischen Widerstandes brutale Ausmaße annahmen, mußten die Flüchtlinge in die unwegsamen Berge zur türkischen Grenze ausweichen. Ich habe unter diesem Gesichtspunkt deshalb erneut und offiziell im türkischen Außenministerium angefragt (zuletzt am 5.4.91). Die Antwort war das, was ich Ihnen schon übermittelt hatte:

– keine bilateralen Maßnahmen, die nicht entweder mit den UN-Organisationen oder dem türkischen Roten Halbmond abgesprochen sind; das gilt auch für nicht regierungsamtliche Organisationen.

– Die türkische Regierung hat zur Zeit keinen Bedarf an ärztlichem Personal, sondern an Material und Medikamenten.

– Es ist in derzeitiger, politisch und sicherheitsmäßig schwieriger Lage ausgeschlossen, daß Personen nicht-türkischer Nationalität vom türkischen Boden aus in den Irak vordringen. Trotz der geänderten Lage hat sich also an meinem ursprünglichen Rat nichts geändert. Für Rückfragen steht die Botschaft immer zur Verfügung. Mit freundlichen Grüßen – Wolfgang Zierer“

Das Versagen der UNO

Wissen Sie, was UNIKOM ist? Oder UNIFIL – das wird vielleicht einigen, die noch vor vielen Jahren im Nahen Osten Urlaub machen konnten, vertraut sein. Oder UNBRO? Nein, nicht UNDRO, mit „d“, sondern UNBRO: Wer weiß schon, was UNWFP ist? Oder – wie wäre es mit UNEP? Oder, garantiert wissen Sie nicht, wenn Sie nicht in Äthiopien waren, was UN-EPPG ist. Oder UNSCOL?

Können Sie auch gar nicht wissen, aber es macht für den Polit-Analytiker der Verhältnisse im Netzwerk der UNO alles deutlich. Eine Großorganisation, die sich mit der Ehrpusseligkeit und der Parkinsonschen Vervielfältigung der Apparate, der Budgets, der Flaggen, der Standarten-Autos, der diplomatischen Ausstattung usw. befaßt – mehr denn mit der Arbeit selbst.

Also: UNIKOM ist die „United Nations Irak Kuweit Observation Mission". UN-EPPG ist die „United Nations Emergency". UNEP ist die „United Nations Environment Programme". UNEP entstand 1972 bei der Weltumweltkonferenz von Stockholm als Koordinierungsorgan für alle Umweltorgane und Aktivitäten der zahlreichen UN-Sonder- und Fachorganisationen.

Manchmal entstehen Spezialorganisationen, weil das schlechte Gewissen der UNO damit kaschiert werden soll. So zum Beispiel, wenn es weiter Palästinenserflüchtlinge gibt, die das auch bleiben wollen, denn das ist der erklärte Wille der Araber: Deshalb wurde nicht der UNHCR zuständig, sondern die UNRWA.

UNBRO ist ein ähnlicher Fall. Als an der Thailand-Kambodscha-Grenze erkennbar wurde, daß die Kambodschaner nicht nur Flüchtlinge, sondern auch Faustpfand waren in den Händen der Widerstandsorganisationen, da war es nicht mehr die Aufgabe der soliden Organisation UNHCR, sondern einer ad hoc aus politischen Kompromissen und Opportunitäten entstandenen UNBRO, diese politische Drecksarbeit zu tun: „United Nations Border Relief Organization".

UNFPA heißt: „United Nations Fund for Populations Activities", wurde 1967 auf Beschluß der UN-Generalversammlung und des ECOSOC gegründet, 1969 dem UNDP unterstellt und 1979 zum Nebenorgan der Generalversammlung gemacht. ECOSOC – so kommt man in der UNO auf den Abkürzungshund – ist der „Economic and Social Council of the United Nations" – und eines der sechs Hauptorgane der UNO. Neben dem Hauptorgan Generalversammlung ist ECOSOC das zentrale Organ für wirtschaftliche soziale und Entwicklungsfragen. Es besteht aus 54 Mitgliedern. Jedes Jahr wählt die Generalversammlung 18 Mitglieder für eine dreijährige Amtszeit. Und weiter im Lexikon mit den berükkenden Parkinson-Sätzen, die dem Leser bedeutungsschwanger ins Gemüt fallen:

„Zur Bewältigung seiner vielfältigen Aufgaben hat sich der ECOSOC eine Vielzahl von Kommissionen geschaffen, darunter die Regionalkommission ‚Europäische Wirtschaftskommission (ECE)', funktionale Kommissionen, wie z. B. die zu Statistikfragen oder zu den Menschenrechten. Hinzu kommen Ad-hoc-Kommissionen zu Bevölkerungsfragen, sozialer Entwicklung. Die beiden deutschen Staaten gehören dem ECOSOC an, die BRD ohne Unterbrechung seit 1974, die DDR mit einer Unterbrechung." (Pipers Wörterbuch zur Politik, Internationale Beziehungen, München, 1984, S. 114).

Kaum ist der Vertreter des Komitees Cap Anamur, Immanuel Jacobs, aus Liberia und Sierra Leone im September 1991 zurück, berichtet er auch schon von einer neuen UN-Organisation – oder nur einem neuen Abkürzungsungetüm: UNSCOL. Er weiß aber nicht einmal zu sagen, was denn diese Abkürzung bedeutet. Nur, daß er auf dem Office-Park-Komplex in der völlig kaputten Hauptstadt des kaputten Landes Liberia allein um die 100 (in Buchstaben: hundert) funkelnagelneue Toyota- oder Mercedes-Geländewagen zählte.

Die Krise der UNO macht sich in verschiedenen Erscheinungsweisen deutlich:

- In den Finanzengpässen – die UN erlebte eine Zeit, in der sie aus dem vollen schöpfen konnte, diese Zeit ist längst vorbei;
- in der Krise ihrer Koordination,
- in der inflationären Ausweitung ihrer Spezialaufgaben plus Spezialorganisationen;
- in der zunehmenden Eitelkeit und diplomatischen Ehrpusseligkeit der einzelnen UN-Institute in der Abgrenzung gegen andere.

Oft besteht die operationale Arbeit der UNO-Organisation nur noch im Konservieren des eigenen Status und der diversen Besitzansprüche – in materieller Hinsicht für das eigene Personal wie in der diplomatischen Status-Bedeutsamkeit. Konkretes Beispiel: UNICEF in Äthiopien – hier Addis Abeba, Projekt Ogaden: Versorgung der aus Somalia einströmenden Flüchtlinge und/oder Rückkehrer. Zunächst würde der naive Beobachter ja annehmen, daß Flüchtlinge als Aufgabe dem UNHCR zugesprochen sind. Im Ogaden wursteln sie alle herum – der UNHCR mit der GTZ und deren Ad-hoc-Transportorganisation TOR (Transport Organization Refugees) – dazu noch das World Food Programme – und eben UNICEF, die ja nur etwas für Präventivmedizin und die Feeding-Programme von Kleinkindern und Müttern tun, die Männer müssen wiederum von den anderen versorgt werden.

UNICEF hat ein wunderbares, eigenes Programm kreiert: UNEPPG. Die Arbeit von UNICEF besteht in der Versorgung des eigenen Büroapparats und der Residenzen in Addis Abeba, die sehr schön und komfortabel sind. Ansonsten sucht die große UN-Organisation Geld und Mittel zu bekommen. Wendet sich also als große diplomatische Status-Institution an die Kleinen wie die irische Organisation Concern oder Cap Anamur/Not-Ärzte und bettelt sie um Geld und Mittel an. Ich übertreibe hier nicht: Ahnungslos bin ich Ende Juli 1991 auf ein schnelles Emergency-Programm von UNICEF im Ogaden eingegangen, weil wir dachten, daß ein Großteil der Materialien und der Medikamente, des medizinischen Equipments wie der Transportleistungen von UNICEF bezahlt und gestellt würde. Nein, UNICEF will das Programm nur leiten, den Titel dafür geben, die „assessments“ und die „Evaluierung“ machen.

Jedenfalls wurde über die finanziellen Forderungen und ihre Aushandlung ein ganzer Monat vertan. Dann war die großmächtige UN-Organisation nicht in der Lage, die Permits für die Arbeit zu besorgen, so daß trotz weiter sterbender Kinder an der Grenze des Ogaden zu Somalia die beiden Cap-Anamur-Ärzte, Dr. Jörg Rieger und Dr. Sylvia North, nach 14 Tagen Anwesenheit vor Ort immer noch nicht an der Arbeit sind. Am 8.9.1991 telefaxt uns unser Komitee-Vertreter aus Addis, der eigens wegen der neuen Sportart „Office-Jumping“ aus dem Arbeitsort Mustahil (liegt direkt an der somalisch-äthiopischen Grenze, dort sind an die 5000 Flüchtlinge aus Somalia gestrandet, es werden wohl in den nächsten Wochen mehr kommen) in die Hauptstadt des Landes kommen mußte: „Ich bin zurück in Addis Abeba aus Mustahil/Kelafo. Es läuft da unten nichts ohne die Papiere, z. B. Workpermit usw. Sylvia und Jörg sind in Kelafo geblieben und warten endlich auf den Beginn der Arbeit. Wir waren in Mustahil und haben uns die Lage angeschaut, aber was sollen wir mit leeren Händen tun? Also zurück nach Gode und Kelafo. Von Concern, der irischen Krankenschwesternorganisation, haben wir dann die ersten Materialien für das Feeding-Center erhalten. Wer weiß, wann UNICEF mal in die Gänge kommt. Der UNHCR hat in Mustahil die erste Foodverteilung unternommen. Ein UN-Mitarbeiter meinte zu uns, es wäre nicht nötig, hier ein Feeding-Center zu errichten. Wir haben aber genügend unterernährte Kinder gesehen, so daß wir anfangen wollen."

„Dann", so schreibt Michael Smeenk weiter, „gab es in Mustahil einen Zwischenfall. Die EPRDF-Soldaten, also Soldaten der neuen Regierung in Addis, wurden abgezogen wegen einer Demonstration in Kelafo. Kurz darauf wurde ein Lkw der UNO überfallen und ist jetzt wohl auf dem Weg nach Somalia. So warten wir in Kelafo weiterhin auf Workpermit, Sicherheit und Ausrüstung".

Brüsseler Antidiplomatie

Selten ist die Unbeweglichkeit des diplomatischen Apparats deutlicher erkennbar geworden als bei Ausbruch der Jugoslawien-Krise. Die Euro-Diplomatie hatte sich bis in die Spitzen der Brüsseler, der Pariser, der Londoner und der Bonner Spitzen der heimeligen Vorstellung anheimgegeben, sie könnte den Prozeß der Unabhängigkeit und eines demokratischen Referendums einfach übersehen und arrogant (wirklich mit einer „Arroganz der Macht" und der Ignoranz, die nur noch in Washington ihresgleichen sucht) den Slowenen und den Kroaten sagen dürfen: „Ihr sollt euch nicht bewegen. Zugunsten unserer kleinkarierten Vorstellung von ‚Stabilität' sollt ihr Euch ruhig verhalten und die wohlbegründeten Erklärungen der eigenen staatlichen Unabhängigkeit nicht abgeben."

Gelernt hat diese Diplomatie nichts. Sie hat in den letzten fünf bis zehn Jahren in Prognose und Handlungsanweisung total versagt. Der deutsche Außenminister Hans-Dietrich Genscher kann darüber nur hinwegmarschieren, weil er und sein Presse-Corps so bedingungslos in der Loyalität der eigenen Imagepflege gegenüber sind, daß das deutsche Publikum nicht mitbekommt, was faul ist in der Diplomatie.

Jede Schlappe entpuppt sich da gleich als großer Erfolg. Als Erfolg allein schon deshalb, weil die TV-Korrespondenten jede bewegte Handlung, also auch den Flug des Außenministers Genscher nach Belgrad, der ja zunächst mal das Scheitern der Bonner Politik demonstriert, als Fortschritt vermeldet: „Es tut sich was."

Da wurden erst einmal in Brüssel die völlig falschen Entscheidungen getroffen, ohne daß sich der träge, behäbige Club auch nur im geringsten irritieren ließ. Man überging die Entscheidungen der Slowenen und der Kroaten mit ignoranter Nichtachtung. Man erklärte einfach: man stehe auf seiten der Zentralregierung, man wolle – coute-que coute – die südslawische Einheit, weil man von außen und von Westeuropa beschlossen hatte, daß das für die Menschen das bessere sei: basta. Man hatte ganz sicher geglaubt, das übliche Winken mit den Krediten, der Glaube an die unbesiegbare Kraft unserer Wirtschafts- und Finanzkapazität würde das Übrige tun, kurz: die „policy of deterrence", auf die sich unsere Diplomatie oft reduziert, die „Politik der Abschreckung" würde genügen, die Parlamente in Ljubljana und in Zagreb davon abzuhalten, das zu tun, was sie wohlerwogen angekündigt hatten.

Dann eskalierte der Prozeß, und die westeuropäische Politik blamierte sich bis aufs Hemd. Die jugoslawische Armee etablierte sich als De-facto-Junta, das serbische Offizierskorps übernahm im Handstreich den Staat und ließ seine MIGs, seine Hubschrauber und Panzer die kleineren Völker niederwalzen. Nun war Europa in Not. Was tun?

Das allererste: vor den Wählern den Eindruck des totalen Scheiterns vermeiden und so tun, als ob man in irgendeiner Weise vorbereitet sei. Die Entscheidung, die Kredite für einen Staat, den es schon gar nicht mehr gibt, zu stunden oder zu stornieren, wurde von den Krämerseelen in Brüssel immer noch hin- und hergeschoben. Erst am Sonntag, dem 30.6.1991, merkte der deutsche Außenminister Genscher, daß er deutlicher sagen muß: Das Geld gibt es nicht für eine Armeeführung und Regierung, die das Land mit Krieg überzieht.

Eine Delegation war so unbedarft wie die andere. Schon nach der Rückkehr der ersten Dreier-Delegation aus Belgrad machte Brüssel in holder diplomatischer Jungfräulichkeit aus seiner Ignoranz wieder keine Mördergrube. Man hatte drei Zusicherungen von einer Zentralregierung, die es kaum noch gab, weil ja die Armee das Feld beherrschte, was den drei Außenministern (Niederlande, Luxemburg, Italien) aber verschwiegen wurde, die da in die wie bisher vom Protokoll ordentlich vorbereiteten Respektssitzungen geleitet wurden. Sie kamen zurück und erklärten der Welt: Alles paletti. Der Kroate Mesić wird gewählt, die Armee geht in die Kasernen zurück, die Unabhängigkeitserklärung der beiden neuen Staaten wird zurückgenommen.

Blutleerer und instinktloser könnte nicht mal die fiktive Karikatur der Diplomatie aussehen, wie sie sich realiter bei der Jugoslawien-Krise aufspielte. Brüssel machte am Samstag in Optimismus (29. 6. 91), so daß die in Ljubljana und Zagreb anwesenden Radiokorrespondenten Schwierigkeiten hatten, in den entsprechenden Mittagssendungen (z. B. im DLF, Moderator Falk Schwarz beharrt im Gespräch mit dem DLF-Sonderkorrespondenten Volker Wagener darauf, was Brüssel über die Situation im Balkanland verlautbart hatte) gegen die Brüsseler Metaphysik die Realität wieder zur Geltung zu bringen.

Die Realität sah ganz eindeutig so aus: Nachdem in einer Raserei von Instinktlosigkeit und Machtbesoffenheit die serbisch-jugoslawische Armee gemeint hatte, sie könnte wie 1914 die Welt in einen Weltkrieg hineinziehen, hatte sie zwar nicht das, aber doch erreicht, daß der Staat Jugoslawien aufgehört hatte zu existieren. Niemals wieder werden sich die Slowenen, die von Luftangriffen und Panzeraufmärschen von ihresgleichen bedroht waren, oder die Kroaten, die von serbischen Killerbanden bedroht wurden, wieder in das Prokrustesbett des jugoslawischen Staates zwingen lassen.

Die Dreier-Delegation aus Brüssel, die am Montag, dem 1. Juli 1991, erneut angeflogen kam, hatte aber wieder die Illusion von ihren realitätsblinden Diplomatie-Zauberlehrlingen aufgeschrieben bekommen, sie wäre nach Belgrad gekommen, um die Einheit des südslawischen Staates aufrechtzuerhalten und zu retten. Und um seine Popularität beim deutschen Wählervolk zu retten, hatte sich überflüssigerweise auch noch Hans-Dietrich Genscher aufgemacht, parallel zu den Bemühungen der Europäer seinen PR-Alleingang mit vielen deutschen Journalisten zu machen, die meist seiner eigenen Partei angehören.

Am gleichen Tag berichtet die Süddeutsche Zeitung über die Stimmung in Ljubljana: „‚Uns steht ein Krieg bevor, ein richtiger Krieg; die Panzerbewegungen sind kein taktisches Spielchen, leider Gottes. Wir wissen, daß die Armee diesen Krieg plant; wir haben den Beweis, diesen Plan, den wir gestern einem gefangengenommenen Offizier aus der Tasche gezogen haben. Der Plan sieht härtestes Vorgehen mit allen militärischen Mitteln vor, auch mit Flugzeugen. Und Belgrad verfügt über Tausende Kampfmaschinen, über Raketen, über Napalm. Wir erwarten das Allerschlimmste.‘ Doch Joze Pucnik, Chef der slowenischen Sozialdemokraten, kommt nicht mehr dazu, eine neue Frage zu beantworten. Seine Sekretärin stürzt ins Zimmer und beugt sich flüsternd zu ihrem Chef hinab. Der sagt dann, ein Höchstmaß an Selbstbestimmung aufbringend: ‚Gerade kommt die Meldung, daß sie unseren Flughafen bombardiert haben. Bitte haben sie Verständnis, daß ich unser Gespräch nicht mehr beenden kann.‘“ (SZ, 1. Juli 91, Seite 3)

Szenenwechsel: Ich will am gleichen Montag, dem 1. Juli 1991, herausbekommen, weshalb der von der Deutschen Botschaft in London und dem Auswärtigen Amt großzügig (mit Visa, Hotel, Unterkunft, accommodation) vorbereitete Besuch einer SPLA-Delegation unter Leitung des Rebellenchefs Dr. John Garang nicht stattfindet. Der Leiter des entsprechenden Referats, Herr von Hoessle, ist für eine Woche, wie mir gesagt wird, in Urlaub. Der für den Sudan zuständige Referent Krause erklärt mir die Gründe für die Absage des Besuchs. Als ich auch nur ein bißchen nachbohren und den von der Bundesrepublik einzig nur für den Sudan zuständigen und bestallten Herrn Krause frage, ob denn das IKRK schon wieder in Khartum und im Südsudan anwesend sei, da sagte er mir hilflos, das sei nicht sein Gebiet, er sei Politischer Referent – da müßte ich mich an die Kollegen im BMZ und im Referat 301 des

Auswärtigen Amtes wenden, Titel des Referats: Katastrophenhilfe...

Manch einer wird diese Kritik für überzogen halten. Vielleicht ist sie etwas zu pointiert, nicht gerecht genug bei den vielen Aktivitäten zugunsten von eigenen Staatsbürgern und der Durchsetzung von Menschenrechten. Dennoch: Die deutsche und – in gewisser Hinsicht – auch die westeuropäische Diplomatie haben aus der Schlappe der letzten Jahre, die schon allein darin bestand, daß sie nicht gewärtig waren (vor dem November 1989), mit Regierungen und Respektabilitäten zu verhandeln, die kurz vor dem eigenen Untergang standen.

Diese Schlappe wird verschlimmert durch eine Beobachtung von Václav Havel, die eben diese Diplomaten lieber ungesprochen machen möchten. In seiner Frankfurter Paulskirchen-Rede, rezitiert von Maximilian Schell im Oktober 1989, sagte er, ohne Namensnennung:

„Ihr Land“, so wandte sich Václav Havel in einer gut vorbereiteten und selbst geschriebenen Rede an das deutsche Respekts-Publikum in der vornehmen Paulskirche, wohl wissend, daß sich der deutsche Bundespräsident Richard von Weizsäcker unter den Zuhörern befand, „Ihr Land hat einen großen Beitrag zur modernen europäischen Geschichte geleistet: die erste Welle der Entspannung durch seine bekannte Ostpolitik.“

So weit der erste Vordersatz oder der Allgemeine Teil, in kalter Ironie erst mal festgehalten. Das „aber“ folgt auf dem Fuße:

„Doch auch dieses Wort konnte so manches Mal ganz schön doppelbödig sein. Es bedeutete selbstverständlich den ersten Hoffnungsschimmer für ein Europa ohne Kalten Krieg und Eisernen Vorhang, zugleich aber“ – Havel fügt hinzu: „Leider!“ – „zugleich aber bedeutete es nicht nur einmal auch den Verzicht auf Freiheit und damit auf eine grundlegende Voraussetzung jedes wirklichen Friedens. Ich erinnere mich immer noch, wie zu Beginn der 70er Jahre einige meiner westdeutschen Freunde und Kollegen mir auswichen aus Furcht, daß sie durch einen wie auch immer gearteten Kontakt zu mir, den die hiesige Regierung nicht gerade liebte, eben diese Regierung überflüssigerweise provozieren und damit die zerbrechlichen Fundamente der aufkeimenden Entspannung bedrohen könnten. Ich spreche darüber“, fügte Havel in der Paulskirche in Frankfurt hinzu, „natürlich nicht wegen meiner Person als solcher und schon überhaupt nicht, weil ich mir etwa leid täte. Haben doch schon damals eher sie mir leid getan, denn nicht ich war es, sondern sie, die freiwillig auf ihre Freiheit verzichteten." (Zitiert aus Václav Havel, Am Anfang war das Wort, rororo aktuell, Reinbek, 1990, S. 219)

Sir Ralf Dahrendorf, mit dem ich mehrere Male in Oxfords St. Anthony's College sprach und der sich sehr intensiv und liebevoll mit den neuen Machteliten in Prag, Warschau, Budapest befaßt hat, meint, die neue Liebenswürdigkeit der Antidiplomatie in Prag würde „nicht halten". Und erzählte mir, wie in einem schönen Widerspruch, eine selbsterlebte Geschichte, die nur wenige Tage zurücklag. Im Juni 1991 hatte Mitterrand mit olympischem Getöse, Etikette und Prunkprotokoll zu einer Sitzung geladen, wo auch Václav Havel und Jiři Dienstbier von seiner, Mitterrands, Idee der „Europäischen Konföderation" überzeugt werden sollten. Havel hat nach anfänglich naiver Gutgläubigkeit die unnötig antiamerikanische Spitze in dem Vorschlag des Elysee-Präsidenten durchschaut und dann eine ganz unerwartet atlantische Rede gehalten.

Aber während der langen Reden geschah es: Jiři Dienstbier, eingeklemmt zwischen Roland Dumas und einem anderen Würdenträger aus der Pariser Hautevolee (Mitterrand hatte sein halbes Kabinett mitgeschleppt), stand plötzlich in seiner ganzen Größe und als der schöne Mann auf, der auch sonst das Kongreßparkett bezaubern kann, und ging raus. Ging einfach raus. Man sah ihn während der großen Rede des Präsidenten François Mitterrand, wie er zigarettenrauchend im Foyer herumspazierte. Dann winkte er mit dem Zeigefinger seinen alten Bekannten, den Zeitgeschichtler Timothy Garton Ash, zu sich, der eingeklemmt im alten Hofgestühl in der zweiten Reihe neben Ralf Dahrendorf saß. Er mußte mit dem gleichen Getöse aufstehen, alle neben sich zusammenschrumpfen lassen und herausgehen. Jiři Dienstbier erzählte ihm, Garton Ash: „Timothy, manchmal würde ich lieber Heizer sein als Außenminister."

In dem Moment kam Shirley Temple vorbei, US-Ambassador in Prag. Flötete: „Jiři", so reden Amerikaner und Briten ja immer an, nicht „Mr. Dienstbier", „Jiři, ich brauche in Wien bei den SALT-Verhandlungen noch 28 Panzer, kannst Du mir 28 Panzer geben?" Ja, sagt Jiři Dienstbier, etwas ironisch, da er in so einer Après-nous-le-déluge-Stimmung ist, er fragt seinen publizistischen Freund Timothy Garton Ash: „Tim, sag mal, soll ich den USA noch 28 Panzer geben?" 28 Panzer, die also auf tschechoslowakischer Seite einzumotten sind...

Das Versagen alter, eingemotteter, in den alten Protokoll- und Etikettebahnen vermodernder Diplomatie hat ihr aufmunterndes Gegenbild in der Hoffnung auf die Antidiplomatie, die aus Prag und Warschau kommt. Exempel der neuen Antidiplomatie sind Jiři Grusa und Janusz Rejter, die beiden neuen Botschafter der Č.S.F.R. und der Republik Polen. Jiři Gruša hat vor Jahr und Tag noch vor der Botschaft der Tschechoslowakei in Bonn-Ippendorfs Ferdinandstraße demonstriert, als Václav Havel wieder einmal ins Gefängnis geworfen worden war. Gruša erinnert sich noch, daß die deutsche Polizei zur Aufnahme der persönlichen Daten kam, er seinen deutschen Paß vorzeigen mußte. Es war kalt, man genehmigte sich ortsüblich einen Sliwowitz, mit dem auch die deutschen Polizisten aufgeweicht wurden.

Nun, 18 Monate später, ist Jiři Gruša selbst bevollmächtigter Botschafter seines Landes in Bonn. Als Schriftsteller und Poet dazu. Ich habe ihn mehrmals besucht, es ist ein wunderbares und belebendes Moment in der Diplomatie... Janusz Rejter war einer der großen dissidenten Starpublizisten im Polen der aufstrahlenden Solidarność. Er wurde zum Botschafter des neuen Polen in Bonn gekürt. Janusz Rejter fiel gleich auf durch undiplomatische Unvorsichtigkeit, mit der er darauf beharrte, daß seine Landsleute nunmehr eigentlich kein Asyl mehr in der Bundesrepublik bräuchten und verdienten.

Man soll deshalb die alte Routinediplomatie nicht nur verachten. Sie hat durch das beharrliche Bohren dicker Bretter eine ganze Menge in Bewegung, ja manchmal – vielleicht ganz gegen die eigene Natur – ins Rutschen gebracht. „Ohne den Helsinki-Prozeß kann man sich kaum die Entstehung der polnischen KOR, der Solidarność und des ambitionierteren Programms der Erneuerung des Bürgerbewußtseins in Polen vorstellen, das ja bis heute nicht unterdrückt ist. Auch die Entwicklung der ungarischen Wirtschaftsreform, die ungarisch-österreichische Annäherung oder die Entwicklung der innerdeutschen Beziehungen ist in dieser Form nur im Klima von Helsinki möglich" – diese Sätze schrieb Jiři Dienstbier 1985 in ein Manuskript, das er wie einen Augapfel hüten mußte, denn er war unter Tag- und Nachtbeobachtung des Geheimdienstes der Prager Junta. Er schrieb das Buch (das dann 1991 bei Rowohlt in Reinbek unter dem Titel „Träumen von Europa" herauskam) 1986 in einer Heizungsanlage, „in einer Zeit, die denkbar schlecht war fürs Bücherschreiben. Ich war in jenem Jahr Sprecher der Charta 77 und stand dementsprechend unter verstärkter Kontrolle der Geheimpolizei. Eine Kopie jeder geschriebenen Seite mußte ich sofort verstecken. Es gab nichts Schlimmeres als die Vorstellung, einen fertigen Text zu verlieren."

Ich war ein wenig der Wasserträger dieses Buches, denn Jiři Dienstbier übergab es mir mit einer dicken Mappe im zweiten Stock des Prager Palais Czernin, als ich ihn im August 1990 aufsuchte, um ihn für den Deutschlandfunk zu befragen, 25 Minuten lang, für ein Interview der Woche. Es war der Stil der Antidiplomatie, der da weste und wehte. Jiři Dienstbier war nicht so furchtbar formell und vorsichtig, er gab zu jeder Frage eine klare Antwort, er hatte sich nicht ausbedungen, die Fragen vorher zu bekommen, er war einfach präsent. Vorher hantierte er in dem wunderschönen Saal, der ihm nun als Amtszimmer diente, mit einem Techniker herum, weil er sich von den entsetzlichen Protokollen und Verbalnoten, den Berichten und den Akkreditierungen bei klassischer Musik und Jazz erholen wollte. Damals übergab mir Jiři Dienstbier das Manuskript, mit einem Originalvorwort von Václav Havel. Auf Anfrage des Rowohlt Verlags machte ich eine Kopie des Manuskriptes und schickte es zum Übersetzer, damit es pünktlich zum Frühjahr herauskam. Es ist ein wunderbares Buch, weil es uns – geschrieben 1986, als noch niemand in unserer realpolitisch bis zum Zerbersten eingemauerten Europafestung den Wandel der Regime in Osteuropa für möglich hielt – den Spiegel vorhält. Nicht den „Spiegel", sondern den Spiegel. Irgendwie bin ich zufrieden, daß ich den Text eines Buches überbringen konnte, den ich tschechisch nicht einmal lesen konnte.

Ach Europa, du wirst wachsen durch die neuen Kräfte, nicht

durch die Erfüllungsgehilfen kleinkarierter Kompetenzkrämer, mit denen man nicht einmal über Perspektiven, Hoffnungen, ja Träume sprechen könnte. Hat Genscher etwa „Träume"? Könnte Stavenhagen von „Europa träumen"? Dürfte man sich Kohl als einen von Europa träumenden Menschen vorstellen? Als jemanden, der dieses Europa belebt und ihm eine optimistische Seele einhaucht?

Nein, unsere Tage sind von „Europessimismus" und der „Eurosklerose" gekennzeichnet, eine miese Stimmung, von Miesmachern betrieben, die dazu noch diese Arbeit professionell in unserem Auftrag betreiben. Europa hat eine ungeheure Kraft, und zwar nicht nur in der Software seiner Computer, sondern in der Initiative und Phantasie, der Menschenfreundlichkeit seiner in der Wolle gefärbten Christlichkeit und der Sorge für Menschen, die nicht die Kraft haben, sich selbst am Leben zu erhalten.

Das Versagen der Reise- und Gipfeldiplomatie

Am 5. April 1991 verabschiedete der Sicherheitsrat der UN in New York die Resolution Nr. 688: Darin stellte der Sicherheitsrat eine Verbindung zwischen „der Unterdrückung der irakischen Zivilbevölkerung ... insbesondere in den kurdischen Siedlungsgebieten und einer Gefährdung des Weltfriedens" her. Man hat die Spezifizierung dieser sensationellen und geschichtsträchtigen Resolution vernachlässigt und versäumt. Aber es bleibt der Bonner Regierung vorbehalten, pfennigfuchserisch darauf hinzuweisen, daß die völkerrechtliche Konventionalhaltbarkeit dieser Resolution windig sei. Und sich deshalb an den menschenschützenden Aktionen der Alliierten und der UNO nicht zu beteiligen.

Als US-Außenminister Baker nach Belgrad kommt, hat er keine Ahnung von diesem Land. Das ist übrigens eine normale Gegebenheit in der Diplomatie, daß die Großkopfeten an einen heißen Konfliktort kommen, von nichts eine Ahnung haben, aber sich groß aufspielen: Sie sind ja gekommen, um die Dinge ins Lot zu bringen.

In manchen Situationen kommt diese neue Diplomatiemethode an ein Ende. Und dann wäre der Rekurs auf die alte klassische

Diplomatie geboten, bei der noch das konventionelle System der Botschafter etwas genützt hat. Ich besinne mich noch auf die bebende Wut des französischen Konsuls Jean Blattes in Kuala Lumpur, der einen Pariser Staatssekretär empfangen mußte, der damals im Juni 1979 auf dem ersten Höhepunkt der Boat-people-Trägödie mit den Regierungen der ASEAN-Staaten verhandeln wollte und eigentlich nur Sprechblasen absondern konnte, weil er von den internen Verwicklungen und dem komplizierten Räderwerk Südostasiens keine Ahnung hatte. Es handelte sich um den Secrétaire d'état Olivier Stirn, der angerauscht kam. Bei einer Verhandlungspause bebte Jean Blattes vor Zorn und wiederholte ohne Unterlaß und um sich zu beruhigen immer wieder den Satz: „Il ne sait rien ... il ne sait rien", deutsch: „Er versteht nichts, er versteht rein gar nichts".

Ein Seufzer, den in den Jahren der aufkommenden Jet-Diplomatie der Außenminister und Staatssekretäre sicher viele Botschafter und Diplomaten vor Ort ausgestoßen haben, vielleicht nicht ganz so vernehmlich wie der Konsul Blattes auf der Balustrade zum Außenamt in Kuala Lumpur/Malaysia.

Als US-Außenminister James Baker in Belgrad ankommt, hat er nur im Kopf: Jugoslawien muß erhalten bleiben, koste es, was es wolle. Schließlich gebe man diesem Land Unterstützung, folglich habe es sich den US-Wünschen unterzuordnen. Ich weiß nicht, ob es jemanden in der US-Botschaft in Belgrad gab, der nur immer wieder zwischen den Zähnen hervorgestoßen hat: „He does not understand anything." Aber es gab nach dem Spiegel-Report vom 1. Juli 91 den slowenischen Präsidenten Kucan, der konsterniert nach einer auf pünktlich 20 Minuten gezirkelten Audienz bei Baker gesagt haben soll: „Der Ami hat keine Ahnung von Jugoslawien."

Die Geheimdienste wie die Diplomatie der westlichen Mächte versagen und ersticken an ihrer eigenen Arroganz, die Außenminister, die mal eben mit TV-Gefolge nach Belgrad, Zagreb und Ljubljana reisen, ersticken an ihrer Lust, solche Konflikte mal eben durch wenig vorbereitete Anwesenheit zu regeln. Diese Art der Diplomatie hat sich in Jugoslawien anläßlich der Krise der Monate Juni/Juli totgelaufen. Es wäre allerhöchste Zeit, daß man in den Außenämtern zu der guten alten Tante Botschaft, Botschaftsberichte, Botschafter zu Demarchen entsenden usw. zurückkehrt, anstatt wie das Kaninchen auf die Schlangen Hans-Dietrich Genscher, Giorgio de Michaelis, Poos zu starren.

Allein der geballte Sachverstand kompetenter Korrespondenten und Kommentatoren einer so gediegenen Zeitung wie der Süddeutschen Zeitung hätte in diesen dramatischen Tagen ausgereicht, um sich ein besseres Bild von den Ereignissen zu machen und sich Fehleinschätzungen zu ersparen, denen zum Beispiel Genscher massiv unterlegen war, als er meinte, er könne am Dienstag, dem 2. Juli 91, von Belgrad mit dem Zug nach Ljubljana fahren, um dort in Seelenruhe mit der slowenischen Regierung zu verhandeln. Mittlerweile war der Krieg zwischen einer ungebändigten Partei-Armee Großserbiens und der tapferen Kleinst-Territorialarmee des unabhängigen Sloweniens voll entbrannt. Wie die EG und Genscher auch darauf kommen konnten, daß sie erstens bedingungslos die Zentralregierung finanziell und politisch unterstützen, zweitens die jugoslawische Zentralarmee in Slowenien und Kroatien mit operativem Einsatz zulassen und drittens von den überfallenen Teilstaaten verlangen, sie sollen sich ruhig verhalten und ihre Unabhängigkeitserklärung noch einmal drei Monate zurücknehmen – wie die geballte Brüsseler Diplomatie mit den 12 Chefs einer einzigen Kommission darauf kommen kann, bleibt schleierhaft.

Wütend über die Versäumnisse an Kontakt und Konsultation sind die Österreicher, allen voran das Wiener Außenamt. „Mit Verbitterung registrierte man in Wien, daß die jetzt so aufgeregten Diplomaten der Europäischen Gemeinschaft, der großen westlichen Mächte insgesamt (zu denen man ausdrücklich auch Deutschland zählt), eineinhalb Jahre lang die vom ersten Krisenzeichen an präzisen Analysen und Warnungen Wiens überhört haben, ignoriert oder – schlimmer noch – einfach nicht geglaubt haben. Jüngst erst konnte man die Vertreter der Kleinen Freihandelszone (EFTA) witzeln hören, die Österreicher litten wohl an einer Art Sarajevo-Komplex. Niemand wollte hören, Jugoslawien sei ein Pulverfaß, das jede Minute hochgehen könne. Ein hochrangiger Emissär Wiens mußte sich noch vor wenigen Tagen im Bonner Auswärtigen Amt abkanzeln lassen, als er auf die krisenhafte Zuspitzung hinweisen wollte. Das höfliche Wiener Außenministerium äußerte sich zu derlei Vorfällen nicht. Aber der Verdruß des Außenministers Mock und seiner Mitarbeiter, die in diesem Fall mit mehr Weitblick ausgestattet waren als ihre westlichen Kollegen, läßt sich auch an anderem ablesen. So schickte man den Generalsekretär des Außenministeriums, Thomas Kiestl, am Montag nach Washington, um die US-Regierung über die Lage in Jugoslawien aufzuklären. Deutlicher läßt sich Verachtung für Ahnungslosigkeit anderer diplomatisch kaum ausdrücken", so berichtet Michael Frank am 2. Juli 91 aus Wien an die Süddeutsche Zeitung.

Dennoch wird in der Bundesrepublik das alte Genscher-Spiel gespielt und nicht etwa die strukturelle Frage angegangen, wie man mit welchen Methoden solchen sich kurz und heftig aufgipfelnden Konfliktfällen beikommen kann. Das alte Spiel besteht aus zwei Partien: Einmal versteht es der PR-Hof, den Genscher geschickt um sich herum aufgebaut hat, wieder sämtliche Kritik von und an ihm ablaufen zu lassen und ihn in der Rolle des emsigen troubleshooters wie gewohnt mit ernstem poker-face ins Fernsehen zu hängen. Zum anderen versteht es die Seilschaft der CSU, den alten ungeliebten Liberalen auf dem Thron des Auswärtigen Amtes mit untauglichen Mitteln anzupinkeln. So spricht am Abend des dramatischen 2. Juli 1991 der Chefredakteur des von der CSU beherrschten Senders Bayerischer Rundfunk, Karl Alois Mertes, den Kommentar in den „Tagesthemen". Mertes meint, mit der alten Drohleuchte kommunistisch-serbische Brutalarmee noch Licht ins Dunkel der diplomatischen Sackgasse zu bringen. So einfach sind dann die Dinge auch nicht.

Das strukturelle Problem besteht in der Götterdämmerung der Reise-Gipfel-Jet-Diplomatie, die sich zu einem derartigen Betrieb von Weberschiffchen entwickelt hatte (begonnen mit Bravour von Henry Kissinger, fortgesetzt mit fast der gleichen physischen Bravour von Hans-Dietrich Genscher), daß man die Regeldiplomatie an sich auf die Hälfte reduzieren könnte. Aber die Götterdämmerung rät eigentlich zum puren Gegenteil.

Im Grunde haben Kenner der Außenpolitik die Gefahren der „Gipfeldiplomatie" immer schon erkannt. Und dies nicht nur, weil sie dann nicht beteiligt waren, also aus rein persönlicher Rankünе. Ein so erfahrener Experte wie George F. Kennan, 50 Jahre im

Dienst der US-Außenpolitik, übrigens von 1961 bis 1963 auf besonderen Wunsch John F. Kennedys US-Botschafter in Jugoslawien, hat 1978 in einem Buch („Wolken der Gefahr – Aktuelle Probleme der US-Außenpolitik", München, 1978) fast pedantisch die Gefahren der „Gipfeldiplomatie" festgehalten, die jetzt alle zum Ausbruch kommen – als offene Wunde, die zu heilen sein muß in den nächsten Jahren:

„Diese Entwicklung (der Reise- und Gipfeldiplomatie) ist mittlerweile so weit fortgeschritten, daß das Nichterscheinen eines führenden Politikers – des Präsidenten oder des Außenministers – bei bestimmten, recht häufigen und regelmäßigen, multilateralen Treffen dieser Art schon fast einer negativen politischen Geste gleichkommt."

Kennan nennt fünf Gründe gegen die Hypertrophie dieser Diplomatieform und -methode:

– Solche Anlässe sind „aufreibend, zeitraubend und ablenkend für die betroffenen Politiker." Das gilt trotz der Schnelligkeit der Flugreise.
– Der betreffende Staatsmann ist während der Teilnahme bei solchen Gipfeltreffen nicht auf seinem Posten, kann daher „die normale tägliche Aufmerksamkeit nicht den hunderterlei anderen Gebieten der US-Außenpolitik widmen".
– Wenn sich ein Präsident oder Außenminister mit einem Einzelproblem befaßt, leidet darunter lange Zeit nach seiner Rückkehr die Aufmerksamkeit für das Problem. Man neigt dann dazu, zu sagen: „Oh, das ist etwas, worum sich der Präsident (oder der Außenminister) persönlich kümmert."
– Die Gipfeldiplomatie beeinflußt ungünstig die Position des regulären diplomatischen Vertreters vor Ort. „Oft finden Verhandlungen in Washington auf Gipfelebene statt, während der Botschafter auf seinem Posten gelassen wird. Das bedeutet, daß er über das Geschehen oft gar nicht richtig informiert ist."
– Last not least, und fast wie auf Genscher oder Roland Dumas zugeschrieben: „Oft ist der vielbeschäftigte Außenminister nicht die geeignete Person zur Führung detaillierter Verhandlungen mit einer ausländischen Regierung. Er hat

nicht die Sachkenntnis des regulären Vertreters. Er ist normalerweise mit zuviel Arbeit überlastet. Er bringt es selten fertig, das umfangreiche Instruktionsmaterial zu lesen", um sich vorzubereiten.

Das bloße Gewicht seiner Person führt zu der Erwartung, „er werde sogleich Entscheidungen treffen und Verpflichtungen übernehmen".

Natürlich gibt es für jemanden wie Genscher, Profi vom Scheitel bis zur Sohle, wahrscheinlich die Verpflichtung, wegen der bürokratischen Beflissenheit seiner Untergebenen und Unterteufel die Karre aus dem Dreck zu ziehen. Aber bei Hans-Dietrich Genscher hat sich aus dieser Verpflichtung eine gefährliche Automatik ergeben, die sich verstärkend und bedenklich paart mit Partei- und Wahlgesichtspunkten. Immer muß er im TV-Bild sein. Das stumpft die Wirksamkeit seiner Außenpolitik und Diplomatie ab. Deshalb konnte es zu dieser gefährlichen Jugoslawien-Panne kommen, die schon vorbereitet war durch die unnütze Reisediplomatie in den Nahen Osten.

Es geht auch anders!

Es kommt immer wieder zu Ausdrucksformen neuer Diplomatie, die nicht die „Politik aus der Wahrheit" scheut, die Václav Havel für unsere Zeit verbindlich gemacht hat.

Dänemarks Regierung bricht hintereinander die Entwicklungsbeziehungen zu den Staaten China, Kenia und dem Sudan ab. Sie erklärt im Falle Chinas und Kenias die Menschenrechtsverletzungen, bei Kenia noch dazu die andauernde Korruption für so gravierend, daß sie an dem Selbstbetrug des eigenen (dänischen) wie des Empfängervolkes nicht weiter teilhaben will. Im Falle des Sudan erklärt die dänische Regierung sogar die Beziehungen für abgebrochen (Reuter-Meldung aus Kopenhagen, 1.10.1991). Ein Vorbild für andere Regierungen, endlich der Praxis der eigenen blumigen Theorie zu folgen.

Im Falle des Sudan hat der Vorsitzende des Auswärtigen Ausschusses des Deutschen Bundestages, Dr. Hans Stercken, bei seinem Besuch in Khartum im Jahre 1989 bewiesen, was Diplomatie und Politik vermögen, wenn sie aus der Wahrheit kommen. Stercken hatte eine größere Ostafrikareise unternommen. Das Regime des (international damals isolierten) fundamentalistischen Omar el Bechir war über die Anerkennung sogar erfreut, die es meinte, durch den Besuch des hochrangigen Außenpolitikers zu erhalten. So lud er, Omar el Bechir, zum Schluß des Besuches Stercken zu einem Kurzbesuch mit laufender Fernsehkamera ein. 20 Minuten waren vorgeplant. Im Beisein vieler Minister der Junta.

Nach dem Kurzplausch, in dem Stercken schon zu den Menschenrechtsverletzungen gefragt wurde und sich klar geäußert hatte, kam es dann zu einer denkwürdigen Szene: Der CDU-Bundestagsabgeordnete, ein Hüne von Statur, außerdem ein Politiker, der sich in der Nazizeit durch das Verstecken von Juden verdient gemacht und dadurch innerhalb deutscher Politik und Diplomatie ausgezeichnet hatte, stand in seiner ganzen Körperfülle auf, nahm mit seinen Prankenhänden die feingliedrigen des kleinen Militärdiktators und sagte mit seiner tiefen Baritonstimme bei laufender Sudan-TV-Kamera:

„God bless Yor country, Mr. President" –

– große bedeutende Pause, Stercken schüttelt fest die Hand, richtet sich noch eine Spur größer auf und sagt dann, daß es im Palast des Sudan-Präsidenten einen Knall hätte geben können:

„Do not kill your people."

Schüttelt die Hände noch einmal und verläßt hocherhoben, langsam den Audienzsaal. Factum non fictum. Ich war nicht dabei. Aber der damalige Botschafter der Bundesrepublik im Sudan, Dr. Dieter Simon, hat mir mit großem Behagen bei so viel diplomatischer Feigheit ringsherum diese Geschichte erzählt. Ich meine, sie ist wichtig, und es lohnt sich, sie weiterzuerzählen. Hoc meminisse iuvabit. Es hilft mir manchmal, mich daran zu erinnern.

Es gab immer wieder großartige diplomatische Aktionen. So zum Beispiel als der damalige Deutsche Geschäftsträger in Kampala, Dr. Beuth, mit einem gepanzerten Botschaftswagen in das Hospital Nakaseke im Luwero-Busch fuhr, um die dort noch verbliebenen Not-Ärzte von Cap Anamur nach dem Attentat auf einen Wagen des Komitees herauszuholen. Oder als der damalige Geschäftsträger der Deutschen Botschaft in Pretoria, Kurt W. Ziefer, mich mit seinem Wagen zu der First Lady Winnie Mandela brachte, die damals noch nicht von den Skandalen um ihren Fußballclub und die Folterung eines jungen Schwarzen umwoben war.

Oder als der damalige Deutsche Botschafter in Vietnam, Dr. Claus Vollers, alles tat, um einer Minidelegation 1981 in Hanoi, Vietnam, das schwierige Leben wenigstens ein wenig angenehmer zu machen. Auch indem er aus seinem Hotelzimmer („Tong Nhat“, das seine Residenz war) ein paar Flaschen Bier in der Einkaufstasche in das Restaurant im Parterre herunterschleppte, um das Essen etwas anzureichern.

Die Beispiele kann ich fortsetzen. Es bleiben aber Ausnahmen. Ich habe mich öfter geärgert darüber, wie deutsche Diplomaten sich auf der Dienstzeit der deutschen Tarifordnung ausruhen, oft und gern unter Ausnutzung beider Feiertagsrituale: einmal der christlich-deutschen, dann der islamischen.

Ein Kommentar

(Rupert Neudeck am 2.10.1991 im Deutschlandfunk:)

Andere geben Erklärungen ab oder entwerfen Kriterienkataloge – du, Dänemark, handelst.

So möchte man die zwei sensationellen Nachrichten kommentieren, die in unserer deutschen Öffentlichkeit bislang nicht richtig zur Geltung gekommen sind. Vor zehn Tagen erfuhr es der Leser der FAZ und der SZ in einer winzigen Meldung: Dänemark habe die Entwicklungshilfe für Kenia gestrichen, weil nachweislich zu viel von den Mitteln der Dänen in die dort sattsam bekannte Korruption gewandert sei. Außerdem gäbe es eine Kette von brutalen Menschenrechtsverletzungen in Kenia. Immerhin wurde der Außenminister umgebracht, ein Bischof kam unter Umständen ums Leben, die jeder Kenianer von der Straße eindeutig beurteilt hat: als Mord.

Nun aber, am 1. Oktober, kommt es noch entscheidender, noch klarer und so, daß die Gläser im Protokoll des deutschen Auswärtigen Amtes und des BMZ anfangen, vor Erschütterung zu klirren: Dänemark hat nicht nur seine Entwicklungshilfe für den Sudan gestrichen, es hat sogar seine diplomatische Vertretung in der Hauptstadt Khartum geschlossen.

Ich nenne das eine klare Übereinstimmung von Theorie und Praxis, von demokratischer Philosophie und ihrer Durchführung. Welche Vehikel hat man sich bei uns in Bonn oder Brüssel noch gebaut, um den Konsequenzen des eigenen Tuns auszuweichen?

Man verweist auf die Unterscheidung zwischen humanitärer und Entwicklungshilfe. Seit langem aber gibt es diese Unterscheidung nicht mehr. So hat das BMZ vor kurzem einige Nothilfemaßnahmen bewilligt. Es sollte auch die Ressort-Spitzfindigkeit endgültig beendet werden, wonach ein Referat im AA für humanitäre Not, ein anderes Ministerium – eben das BMZ – für die langfristige Entwicklungshilfe zuständig ist.

Dänemark geht ja noch weiter. Wenn etwas unerträglich ist, dann sollte man das politisch markieren und ächten. Alle Beobachter des Sudan sind sich einig: Das fundamentalistische Obristen-Regime schlägt nicht nur die Hände und Beine seiner Bürger ab, hängt nicht nur mißliebige Bürger auf, es hat auch alle Hilfe von außen für sein Volk verweigert – aus Angst, es kämen zu viele Fremde ins Land.

Die EG hat sich dem unwürdigen Spiel hingegeben, die Junta in Khartum davon zu überzeugen, daß das sudanesische Volk Hilfe braucht. Dänemark hat aus allem – auch aus der Tatsache, daß der Sudan das einzige Land ist, das Saddam Hussein Basen für dessen Flugzeuge und Raketen zur Verfügung gestellt hat – die radikale Konsequenz gezeigt. Es bricht ab. Davon könnte deutsche Diplomatie nur träumen. Dem steht bei uns im Wege das zweite Hindernis. Man sagt großspurig: man habe Beziehungen zu Staaten und Völkern, aber nicht zu Regimen. Ja, aber das Wort ist auch keine Brücke, auf der man Beziehungen zu den Kambodschanern aufbaut. Dort hat man nicht nur einen entscheidenden Moment verstreichen lassen – und die Wiederaufnahme von Beziehungen in einem Gebäude, das schon in Phnom Penh steht –, sondern hat sogar die Vertretung der eigenen Interessen Ungarn übergeben.

Dänemark denkt nicht daran, die Vergabe von Steuergeldern daran zu binden, ob das für die dänischen Investoren günstig wäre. Sondern Dänemark will eine neue Epoche der Zusammenarbeit einläuten. Deshalb hat es eben auch mit China keine Entwicklungshilfebeziehungen. Denn das Land hat einen schlechten Human-rights-Standard. Als jüngst die Polen mit den Solidarność-Vertretern Michnik und Geremek in Peking den Machthabern die Amnesty-international-Listen vorlegten – fielen die Gastgeber fast in Ohnmacht über so viel Freimut. Schließlich waren sie von dem deutschen BMZ-Staatssekretär Siegfried Lengl gewohnt, daß man sie um leckerer liefergebundener Projekte willen lobt. Zusammen mit Mercedes-Benz fördert das BMZ in Bonn den Bau von Schwerst-LKWs – obwohl der Deutsche Bundestag 1990 festgelegt hat, es dürften nur Projekte und Gelder genehmigt werden, die „den Menschen, der Umwelt oder der Reform in China dienen". Partner des deutschen Projektes ist aber die NORINCO – das ist der industrielle Arm der sattsam bekannten Volksbefreiungsarmee, die den Massenmord auf dem Tiananmen-Platz inszeniert hat.

Nein, Dänemark zeigt der europäischen Politik, auch Bonn, was eine „Politik der Wahrheit" ist. Václav Havel hat dieses Wort geprägt – und damit genau das gemeint, was er sagte. Dänemark hat alles wirklich durchgeführt, was es deklariert. Man kann nicht diplomatisch andauernd *wissen*, daß die Gelder in einigen Ländern wie in Zaire oder Kenia korrupt verschoben werden – ohne daraus eine Politik zu machen. Man kann sich auch nicht dauernd ins Gesicht schlagen lassen – und zugleich helfen. Im Sudan war es wie im Bilderbuch: Die sudanesische Luftwaffe hatte die Ortschaft Bor im Sudan bombardiert, wo deutsche Entwicklungshelfer arbeiteten. Zugleich wurde bekannt, daß die Bundesregierung der sudanesischen Armee Ausstattungs- und Ausbildungshilfe gibt.

Ich fürchte, unsere Auswärtige Politik wie unsere Entwicklungshilfe, die auf weiten Strecken sehr disparat auseinanderlaufen, kommen in einem Brennpunkt überein. Wo es deutsche Investitionsinteressen gibt, da blamieren sich die eigenen Menschenrechtsprinzipien. Dänemark hat gezeigt, wie eine ehrliche Entwicklungshilfe aussehen könnte.

Das Versagen der linken Illusionen

„In Phnom Penh wurde ich auf dem Flughafen von der Frau des westdeutschen Botschafters in Kambodscha erwartet. Sie hatte mich auf meiner Hinreise gebeten, über das Schicksal von Dr. Krainick und seiner Frau von der Medizinischen Fakultät der Universität Hue nachzuforschen. Das Ehepaar war während der Tet-Offensive spurlos verschwunden; Gerüchte waren nach Bonn gelangt, sie seien von den Vietkong gefangengenommen worden und würden zurückgehalten, um verwundete Vietkong zu behandeln. ‚Wir haben soeben die Nachricht erhalten. Sie sind tot. Ihre Leichen sind identifiziert.‘ Wenn es der Vietkong war, dann vermag ich keine Entschuldigung vorzubringen. Keine Macht der Welt hat mir die Autorität verliehen, die Ermordung von Zivilisten zu entschuldigen. Ein junger Kämpfer der Neuen Linken machte es sich sehr leicht, indem er mir barsch erklärte, Leute wie die Krainicks hätten in Vietnam nichts zu suchen: Sie hätten sich entweder dem Vietkong anschließen oder nach Deutschland zurückkehren müssen. Mein Gegenargument, es sei absurd, von einem dem Mittelstand angehörenden deutschen katholischen Ehepaar mittleren Alters mehr zu erwarten als die Ausübung tätiger Nächstenliebe, kam bei ihm überhaupt nicht an. Was geschehen war, sei ihre eigene Schuld, da sie versucht hatten, unparteiische Wohltäter zu sein. ‚Plus ou moins sympathique‘ reichte nicht aus. Solche Leute paßten nicht mehr in unsere Zeit.“

(Mary McCarthy, Hanoi 1968, München 1968, S. 122ff.)

„Es muß endlich einmal zur Kenntnis genommen werden, auch in der Bundesrepublik, daß es eine nichtmarxistische, antikommunistische Emigration gab. Als seien Nicht-Sozialisten wie Alfred Döblin, Kommunisten, die mit der Partei gebrochen hatten, wie Gustav Regler (wenig später auch Manès Sperber) oder liberale Konservative wie Leopold Schwarzschild weniger Antifaschisten, weniger Emigranten gewesen als Kisch, Seghers oder Brecht. Ist der Royalist Joseph Roth weniger Jude, weniger Schriftsteller, weniger antifaschistischer Emigrant als Walter Hasenclever, sind Klaus Mann oder Hermann Kesten oder Walter Mehring unbedeutender als Stephan Hermlin?"

Das sagte der alt und weise gewordene Schriftsteller Hans Sahl in einem Interview mit Fritz J. Raddatz in der „Zeit" (1. März 1991). Es ist schon typisch für die deutsche politisch-intellektuelle Szene, daß uns der Name Hans Sahl so wenig sagt. Das Drama der nichtmarxistischen Intelligenz erfüllte sich für die deutschen Künstler und Schriftsteller schon vor dem Weltkriege und der Apokalypse der Nazis – etwas, was sich als kurzer, heftiger Konflikt bei den Franzosen erst nach dem Zweiten Weltkrieg in der exemplarischen Kontroverse Jean-Paul Sartres mit Albert Camus über die ersten Nachrichten von den sowjetischen Strafarbeitslagern austobte. Das Ergebnis stand immer schon vorher fest: Der Feind steht rechts, ganz gleich, woher er kommt und ob er aufgrund vernünftiger und kluger Argumente mildernde Umstände für sich beanspruchen kann: „Macht nichts, der Rechtsreaktionäre wird verbrannt..."

Sahl berichtet von abgrundtiefer Traurigkeit darüber, daß es in Deutschland nicht möglich war, unter Intellektuellen eine machtvolle kritische Position gegenüber dem beginnenden (besser: bekanntwerdenden) Stalinschen Terrorregime zu etablieren. Leopold Schwarzschild hatte in seiner Zeitschrift „Tagebuch", des Verbandes „Freie Presse und Literatur", damals in Paris den Versuch unternommen, „die Moskauer Prozesse als das zu entlarven, was sie wirklich waren: Schauprozesse, mit denen Stalin seine politischen Gegner erledigen wollte. Da mußte etwas geschehen. Der Schutzverband hatte die Unvorsichtigkeit begangen, mich in seinen Vorstand zu wählen, und nun sollte ich eine Erklärung unterschreiben, die bereits von Anna Seghers, Kisch, Sperber und anderen unterschrieben worden war, des Inhalts, daß Schwarzschild usw.

usw. Ich machte nicht mit, ich stieg aus. Ich nahm meinen Hut und ging, was zur Folge hatte, daß die Erklärung niemals veröffentlicht werden konnte, da sie laut Statut einstimmig angenommen werden mußte."

Hans Sahl spricht noch weitere unerhörte Wahrheiten aus in diesem „Zeit"-Interview, das wie eine glatte Rehabilitierung wirkt. Er sagt auch etwas Kritisches zu Bert Brecht, dem „großen Rattenfänger mit der totalitären Flöte". Ja, man muß sagen, das ist auch in der lähmend auf intellektuelles Niveau bedachten „Zeit" erst nach der Zeitenwende möglich. So etwas hätte der Fritz J. Raddatz vor fünf Jahren kaum durch das Redaktionsvotum gebracht. Der Konformismus der linken Standpunkt-Prothesen und der linken Illusionen war eine schlimme Erscheinung des politischen Lebens auch und gerade in der deutschen Gesellschaft, ähnlich schlimm wie der blindwütige, katholisch oder christlich abendländisch fundierte Antikommunismus als neue Politreligion. Ich habe beides hassen gelernt.

Etwas gegen Bert Brecht oder Peter Weiss zu sagen, galt als eine Art Sakrileg, weil man damit ja dem Klassenfeind, dem Menschheitsfeind und dem Amerikafreund in die Hände arbeitete. Das war bis in unsere Tage ein halb unausgesprochenes, halb angedeutetes Argument. An dieser Verlogenheit unserer Politikszene sind einige Wahrheitsfanatiker kaputtgegangen. – Wie jener Schriftsteller Hans Sahl. Wie jener Journalist Wolfgang Moser (Report, SWF). Wie jener Günter Zehm (Bloch-Schüler und dann von wilden Haßgefühlen immer wieder aufgeputschter Linkenfresser). Wie jener Hans Magnus Enzensberger. Aber der letztere ist wieder ein anderer Fall.

Hans Sahl: „Brecht war damals (als es zu dem großen Konflikt um die Schauprozesse Stalins kam) nicht in Paris, sondern in Dänemark. Aber auch wenn er in Paris gewesen wäre, er hätte sich nicht eingemischt. Brecht hatte die Poesie entpoetisiert, gegen den Strich gebürstet, er hat ihr die Fettaugen abgebürstet und die Suppe über Nacht in den Kühlschrank gestellt. Er hat uns alle damals fasziniert in den 20er Jahren. Seine Verse waren knochig, mager wie er selber, seine Augen stechend. Er war ein großer Aufklärer, so schien es uns damals. Aber die Zeit hat ihn widerlegt. Er gehörte zu jenen proletarischen Intellektuellen, die sich proletarisch gebärdeten, um nicht erkannt zu werden, eines von jenen Bürgersöhnchen, die nicht müde wurden, sich über ein Kleinbürgertum lustig zu machen, das sich sein mühsam erworbenes, erarbeitetes Sparkonto von den Kommissaren des sozialen Fortschritts nicht nehmen lassen wollte."

Die Kontroverse über die Unmöglichkeit einer nicht-linken Intelligenz und Kultur eskalierte dann 1949 in Paris. 1948 bekam David Rousset die ersten authentischen Dokumente und Nachrichten aus den sowjetischen Straflagern, dem, was später mit Alexander Solschenizyn GULAG genannt wurde. Man fragte sich damals in den intellektuellen und journalistischen Zirkeln wahrhaftig, ob man diese Nachrichten veröffentlichen könnte, so kurz nach dem Grauen der faschistischen KZs, der Apotheose des Grauens, hinter die nicht mehr zurückgegangen werden durfte. Der Faschismus und seine deutsche Abart, der Nationalsozialismus, waren die Emanation all des Bösen, was der reaktionäre und ausbeuterische Kapitalismus samt Nationalismus, Bürgertum, Kleinbourgeoisie und Amerika hervorgebracht hatte. Ein für alle Male hatte diese Menschheits- und Juden-, die Slawen- und Russen-, diese Homosexuellen- und Roma-Vernichtung, ja Vergasung der Welt und der Menschheit gezeigt, wo das Lager des Bösen, wo das Lager des Guten und der Zukunft ist. Eindeutig stand das damals fest: Es waren prästabilisierte Positionen, hinter die niemand zurückgehen wollte und in deren Wohligkeit man sich auch nicht durch Quertreiber und Querköpfe behindern und stören lassen wollte. Ein so großer beispielgebender Intellektueller wie Jean-Paul Sartre hat auf Verlangen des linken Weltkonformismus (in der Weltfriedensbewegung und der Komintern sich verdichtend) einfach eines seiner zeitkritischen Theaterstücke für zwei Jahrzehnte aus dem Verkehr gezogen. „Les maines sales", die schmutzigen Hände, das ergreifende und wahre Drama von der Versuchbarkeit und Verführbarkeit der Macht auch in kommunistischen Parteien und der Unreinheit aller politischen Händel, und seien sie linke und seien sie kommunistische und seien sie von Moskau gefördert – dieses wunderbare und für die 60er, 70er und 80er Jahre so wichtige Zeitdrama durfte nicht gespielt werden. Die Partei, der Sartre in einer merkwürdig verlogenen Dialektik nun auch wieder nicht angehörte, sondern ihr lieber als commis voyageur ergeben war, hatte es so gewollt. Er, Sartre, von der gleichen Partei als Schöngeistiger und Abweichler beschimpft, nahm dennoch von dieser Partei geradezu Denkverbote und Aufführungsverbote an und akzeptierte sie. Der Krach explodierte, als Albert Camus für die Publikation votierte mit dem immer gültigen, aber damals abschätzig belächelten Argument: daß es sich rächt, wenn man die Wahrheit unterdrückt.

Jahre später bekam ich selbst die Wucht der Wahrheitsmanipulationen mit, über die ich immer noch nicht lachen kann, weil sie bis zur Gefährdung von Menschenleben im heiligen Gehorsam und mit einer kirchenähnlichen Disziplin weitergetrieben wurden. Als wir im Frühjahr 1979 mit einem Schiff namens Cap Anamur ins Südchina-Meer losfahren wollten, um dort möglichst viele Bootsflüchtlinge zu retten, die unter Gefahr für Leib und Leben sich damals zu Zehntausenden aufmachten, um ihr Land über das Meer zu verlassen, da war eine solche humanitäre Rettungsaktion unter den Linken (ich benutze diese Rubrik weiter so) sehr umstritten.

Besonders hervorgetan in der Ablehnung einer solchen Aktion zur Rettung der falschen Hilfsbedürftigen unter Verweis auf die richtigen Hilfsbedürftigen im Lande Vietnam hatte sich Peter Weiss. Als jüngst in Berlin die große Peter-Weiss-Ausstellung eröffnet wurde, habe ich versucht herauszubekommen, ob dabei das selbstkritische Kapitel Vietnam eine Rolle spielt. Nein, war die Antwort. Die Ausstellung dient hagiographischen Zwecken.

Peter Weiss schrieb in der Frankfurter Rundschau, die ihm damals eine ganze Seite öffnete: „Vietnam: ein totalitärer Staat mit überfüllten Konzentrationslagern, mit einer versteinerten Bürokratie, mit Ansprüchen, die Vormacht über Südostasien zu gewinnen, dieses Bild will die westliche Welt. Das andere Bild eines Vietnam, in dem es keinen Quadratmeter Boden gibt, der nicht durchsät ist von Stahlsplittern, keinen Menschen, der nicht die Wunden des Krieges trägt, der nicht nächste Verwandte verloren hat, wird abgewiesen." Ein riesengroßer Artikel, eine Apologetik in schönster ekklesiologischer Tradition, wird von Peter Weiss aufgeboten, um nur ja nicht den Eindruck aufkommen zu lassen, an dieser fortschrittlichen richtigen Regierung wäre ein Fehl, und es könnte und dürfte überhaupt Flüchtlinge geben aus einem Land, das in die richtige, von uns linken Weltintellektuellen abgesegnete Richtung geht.

Die Flüchtlinge sind allesamt von der Propaganda einmal Chinas, dann der USA irregeleitete Verführte. Dabei nimmt ein Intellektueller wie Peter Weiss sogar halb rassistische Vorurteile in Anspruch: die Hoa, die chinesischen Händler, anrüchige Klein- und Großkapitalisten, was tun sie, sie gehen nicht dorthin, wo der Pfeffer wächst, sondern sie gehen nach Süden, „in Schiffen suchten sie sich nach Thailand, Malaysia, Indonesien, den Philippinen zu retten, wo mehr als 20 Mio. ethnischer Chinesen lebten und hofften, von der Weiterreise nach den USA oder Europa ein Auskommen zu finden".

So befindet jemand von seinem Merker-Thron, seinem Richtsessel, in Schweden, daß nicht sein kann, was nicht sein darf. „Flüchtlinge", sagt er, „setzen Verfolger voraus. Aber vertreibt Vietnam ethnische Chinesen, seine ideologischen Gegner?" Diese selbstgestellte Frage ist für Peter Weiss so absurd, daß für ihn die Antwort klar ist. Die Flüchtlinge machen sich selbst und werden von den westlichen Medien gemacht – zu Gegnern des Systems und der Regierung, beide Gründe und Motive sind nur abschreckend und müssen uns dazu führen, diese Menschen im Meer ertrinken zu lassen.

Weiss: „Die propagandistischen Kampagnen gegen Vietnam, die Hetze gegen dessen sozialistische Regierung, betrieben von den Massenmedien der bürgerlichen Welt, sind Bestandteile der Angriffe, wie sie mit militärischen Mitteln von Kampuchea aus und, im Februar 1979, als massive chinesische Attacke durchgeführt wurden. Mit monotoner Verdrehung der Tatsachen, die Folgen vor die Anlässe setzend, wird die Schuld an den Zuständen in Vietnam und den umliegenden Ländern der vietnamesischen Führung zugeschrieben. Es wird behauptet: Die Regierung in Hanoi ist unfähig, das Land zu verwalten und zu ernähren, anstatt zu sagen: Die Destruktivität der Vereinigten Staaten ist so total gewesen, daß nur unter unsäglichen Schwierigkeiten ein neues Dasein erobert werden kann."

Das sind menschenmörderische Kapriolen. Mit solchen Quisquilien und theologischen Imperativen, solchen inquisitorischen

Andeutungen, nach denen ein Regime schon mal hobeln darf, wenn es in der richtigen Richtung hobelt, und daß dann auch mal gern Späne fallen und in Kauf zu nehmen sind. Dieser Artikel wurde geschrieben, um eine humanitäre Rettungsaktion zu verhindern, bei der in drei Jahren 9507 Menschen, Vietnamesen, ja vielleicht Hoa-Händler und Kleinbürger und Katholiken aus Vietnam gerettet wurden. Peter Weiss meinte, das Regime in Hanoi hätte das Recht, um die verdorbene Moral aufzumöbeln, diese Menschen auch mal für eine Zeit in ein reeducation-camp zu stecken.

Ein ähnlich tolldreistes Argument wandte der empörte Helmut Gollwitzer auf, ich war damals noch sehr mild, weil ich ihn als Theologen und Autor des Erinnerungsbuches „Und führen, wohin Du nicht willst“ (Bericht aus der sowjetischen Kriegsgefangenschaft) so sehr schätzte. Er wollte sich erst mit der Menschenrettungsaktion anfreunden, wenn wir ihm die Bedingung erfüllt hätten, auch etwas und zuerst im Lande Vietnam zu tun. Das Perverse war, die Regierung in Hanoi ließ aus Paranoia-Angst vor Agenten von außen und innen überhaupt niemanden im Lande arbeiten, und selbst ein bemühter langer Brief an den vietnamesischen Botschafter war dem Vertreter des offiziellen Vietnams nicht mal eine Antwort wert. Aber was tut man nicht alles, wenn der eigene Glaube und das Für-wahr-Halten dessen, was für wahr gehalten werden muß, in Gefahr sind?

Das Versagen der Erinnerung

„Denn da wir wissen, daß der Mensch sich seit Jahrtausenden immer nur wiederholt hat, werden wir Zugang finden zu jenem Adel des Denkens, der jenseits aller Wiederholungen darin besteht, die unbeschreibliche Größe der Anfänge zum alleinigen Ausgangspunkt unserer Überlegungen zu machen. Denn Menschsein heißt für uns, einer Klasse, einer Gesellschaft, einem Land, einer Kultur anzugehören; das Abenteuer der Neuen Welt heißt für uns Europäer zunächst, daß diese Welt nicht die unsrige war und daß wir Verbrechen begingen, sie zu zerstören; und dann, daß es keine andere geben wird. Durch diese Gegenüberstellung auf uns selbst zurückgeworfen, sollten wir wenigstens lernen, sie in Begriffen auszudrücken, die der ursprünglichen Wahrheit entsprechen, nämlich in Begriffen eines Ortes und im Hinblick auf eine Zeit, in der unsere Welt eine Möglichkeit, eine Aufgabe ausschlug, die zu wählen ihr offenstand."

(Claude Lévi-Strauss: Traurige Tropen – Indianer in Brasilien, Köln 1970 – Paris 1955; S. 364)

Daß man vergangener Generationen gedenkt, daß wir trauern, daß wir uns erinnern, das macht das uns Gemeinsame als Menschen aus. Daß ich es gern in Europa aufbewahrt sähe, hat mit der Gefahr zu tun, die uns aus den Vereinigten Staaten und aus Sowjetrußland droht. Nur mit der Erinnerung an die eigene Geschichte wird unsere Gegenwart richtig gelebt werden können, im Sinne von wahr und gut. Wir haben unsere Kraft zur Erinnerung schmählich verstümmelt. Wir nehmen uns nicht einmal mehr Zeit, die Toten zu begraben im wirklichen, praktischen Sinn wie im übertragenen. Liebgewordene Menschen sterben uns weg – und nach kurzer Zeit, ja fast pünktlich, haben wir sie vergessen.

Europas Kraft lag, in den Großzeiten Europas zumindest, im erinnernden Voranschreiten. Europas Kraft lag in der „subversiven memoria", dem Erinnern an den Abstand und Abgrund, der uns trennt von der Erfüllung der Botschaft Jesu Christi. Dieses Ungenügen nicht mehr zu spüren, bleibt uns und unserer Zeit vorbehalten.

Erinnerung ist auch im Geschichtlichen, in der Politik und in den Medien auf den Hund gekommen. Wir schalten nur *die* Erinnerung ein, die uns paßt. Eine andere kommt uns nicht gelegen, Opportunitätsgründe bestimmen, was wir als Erinnerung weitertragen, was wir ausschließen, wegschließen, wegradieren. Die Nationen erinnern sich pünktlich an ihre Großtaten, aber nicht an ihre Schande. Die europäischen Nationen haben Gräßliches an Menschenverachtung und Sklaverei auf der ganzen Welt installiert, die Erinnerung an das Bleibende, an freundliche Leistungen trägt dagegen nur schwach. Der britische Civil Service hat Beachtliches für afrikanische und asiatische Länder gebracht, aber was ist das gegen das Gegeneinanderausspielen ganzer Völker und Kulturen?

Wie immer gilt es, die ungeteilte Memoria hochzuhalten, weil anders wir ja nicht leben, nicht in der Wahrheit atmen können. Wir haben die Schande der unaussprechlichen und unausdenkbaren Judenvernichtung sicher in uns aufgenommen. Aber zugleich wollten wir die Massaker und Demütigungen an Deutschen in Osteuropa gegen Kriegsende nicht richtig in unsere Erinnerung aufnehmen.

„An das, was ganz am Ende der böhmischen Geschichte, die deutsche und tschechische Geschichte zugleich war, noch alles geschehen ist und was mindestens so arg war wie all das Vorherige, mögen die inzwischen Altgewordenen nicht erinnert werden. Die verschonten Zeugen, die später berichteten, haben sogar mehr verschwiegen als ausgesagt", so bedeutungsschwer setzt Barbara von Wulffen ihre reflektierten Sätze hintereinander, in ihren Erinnerungen an „Böhmen – Aufbruch in eine verlorene Zeit" (S. Fischer, Frankfurt 1990, S. 11).

„Wehe, wehe, wehe, dreimal wehe den Deutschen, wir werden sie liquidieren", tönte die Stimme von Eduard Beneš am 12. April 1945 aus allen tschechischen Radios. Und er sagte damals auch: „Die Deutschen werden nur ein Taschentuch mitnehmen, um ihre Tränen zu trocknen." Aber da hat er weit übertrieben. Die Zehntausende, die gleich am Anfang, zwischen Mai und August 1945, die erste, die sogenannte „Wilde Austreibung" noch vor den Potsdamer Beschlüssen, erduldet haben und darin umgekommen sind, haben keine Tränen mehr mit Taschentüchern getrocknet. Und die Hunderttausende des nun folgenden Schreckensjahres auch nicht.

Immer wieder hatte zu seinen Lebzeiten Heinrich Böll darauf hingewiesen, wie falsch, unsinnig und töricht es war (und ist), über Verbrechen nur deshalb zu schweigen, weil sie in der „falschen" Richtung stattfanden. Die Vertreibung der Deutschen aus Mittel- und Osteuropa war so ein Verbrechen, das nicht durch Verschweigen und „Schwamm drüber" gut werden kann. Nur die ganze Erinnerung an das verwickelte Schuld- und Sühne-Geschehen der Zeitgeschichte wird uns freimachen – Deutsche und Polen, Deutsche und Tschechen, Deutsche und Russen, Deutsche und Juden, Deutsche und Italiener, Deutsche und Österreicher, Deutsche und Namibier, Deutsche und Tansanier, Deutsche und Franzosen.

Barbara von Wulffen: „‚Nemecke svine', ‚deutsche Schweine', brüllen den Deutschen aus Böhmen die Peiniger in die Ohren. Und es genügen ja nur wenige Tage, schon sehen sie kaum noch wie Menschen aus, haben keinerlei Gestalt noch Schöne mehr. Seht, was für Menschen! Die Toten von Aussig, von Brünn, Prag oder Pilsen, diese 225 000 zu Tode Gequälten der Jahre 1945 und 1946, sie büßen, büßen und büßen. Für eigene Schuld und für andere Schuld und auch für Lidice, wo nicht sie am 9. Juni 1942 die 180 Knaben (ab 14 Jahren) und Männer erschossen haben, die ihrerseits nicht verantwortlich waren für die Ermordung des fürchterlichen

Heydrich am 26. Mai 1942. Deutsche waren zu Mördern geworden, also sind diese deutschen Opfer von 1945 mitschuldig. Wer von ihnen war denn auch ohne Schuld? Für die neuen Mörder schien es einfach. Und die Sieger gingen über all das hinweg. Acht von 100 Deutschböhmen sind damals umgekommen. Niemandem waren sie des Gedenkens wert. Niemand hat diese Vergangenheit bewältigt. Doch das ist ja auch gar nicht möglich. Man kann sie höchstens wahrnehmen, auszuhalten und im Blick auf die Abgründe im eigenen Herzen in die Hut zu nehmen versuchen." (a.a.O. S. 27)

Kann man es besser, klarer, eindringlicher, wahrer sagen? Die Politiker nur, so möchte ich bitten, die sollen sich um Gottes willen dabei nicht beteiligen. Sie nutzen nur wieder eine für uns Bürger und Menschen, für uns Deutsche wie Polen wesentliche Erinnerung nach ihrem Wahlkampfmaß. Schlimmer als die Politik in Deutschland mit der Erinnerung und der Freude Schindluder getrieben hat, kann es wohl nicht kommen. Nein, die Politiker allgemein – Ausnahmen verletzen diese Regel – haben sich auf dieser Ebene diskreditiert. Man darf es ihnen nicht mal erzählen, schon nimmt es der Nächstbeste in seine nächste Großrede hinein oder läßt es seinen Referenten hineinnehmen.

Meine eigene Mutter und die Generation der Mütter, der Millionen Mütter, die damals an Vergewaltigung in jederlei Gestalt alles erlitten haben, was menschenmöglich ist (und alles Unmenschliche ist ja leider menschenmöglich), diese Generation werden wir sterben lassen, ohne eine gemeinsame Erinnerung aufbewahrt zu haben an diese Schreckenszeit, die hinter einer anderen Schreckenszeit lag.

Die Bewohner der Ortschaft, in der Barbara Wulffen aufwuchs, Mies in Böhmen, mußten in dieser Zeit weiße Armbinden tragen, durften keine öffentlichen Verkehrsmittel mehr benutzen, konnten nur noch mit besonderen Lebensmittelkarten zu eingeschränkten Zeiten einkaufen.

Schließlich „treibt man viele von ihnen am Mieser Bahnhof ‚do roboty', in die Leibeigenschaft zu einem tschechischen Sklavenmarkt zusammen, von wo aus auswärtige Bauern sie auswählen und auf ihren Höfen von fünf Uhr früh bis abends um zehn arbeiten lassen können. Dr. Weschta, der Mieser Chronist, wird beim

Ausräumen der Senkgrube in die noch halbgefüllte Grube gestoßen, den Lehrer Karl Hala zwingen Vorübergehende, die Rotzfladen der Soldaten mit den Fingern aufzuklauben. Sie alle, die weder in Nürnberg Gesetze erlassen, noch am Wannsee Beschlüsse gefaßt, die weder an der Rampe von Auschwitz noch an der Schlucht von Babi Jar oder in Lidice gestanden haben, sie tun jetzt Buße, sühnen ihre eigene Alltagsschwäche und Bosheit und etwas von jenen fremden Ungeheuerlichkeiten und – werden vergessen sein." (a.a.O. S. 47)

Ist das unwiderruflich das Schicksal derer, die so viel gelitten haben? Muß das so kommen, müssen wir das vergessen?

Erinnern wir uns an so viel überflüssiges Leid, an so viel Elend und Zugrundegerichtetwerden, an das aktive Zugrunderichten, das so viele Menschen betrieben haben, dann müssen wir immer noch den Kopf zwischen beide Hände nehmen und uns ahnungsvoll fragen: Wie konnte das alles so kommen? Dieses Europa hat es immerhin geschafft, dem grausamsten Krieg zu entsteigen und gleich wieder in einen neuen einzusteigen. Wir Deutsche haben es geschafft, uns nach 50 Mio. Menschengebeinen nochmal wieder „ans Gewehr" und an High-tech-Kriegsgerät zu begeben. Wir haben es sogar fertiggebracht, so nachlässig zu werden, daß wir einer deutschen Chemiefirma in Libyen die Möglichkeit geben, in Rabta Chemiewaffen zu produzieren. Wir haben den Waffen- und U-Boot-Export nach Südafrika ausgedehnt und auch das Chile Pinochets nicht ausgenommen. Ja, heißt es dann in den höchsten Zirkeln des Auswärtigen Amtes, man solle sich mal den Waffenexport der Franzosen ansehen...

Nein, wir haben die Toten nicht mal in Ruhe begraben, da kam schon die nächste „Wiederaufrüstung". Wir haben es verdächtig immer mit dem „Wieder", so als ob wir Deutsche nichts lernen wollen. Aber gesündigt hat Europa. Ich schreibe dieses Kapitel im Sudan. In Khartum spreche ich den Bischof von El Obeid, der flächengrößten Diözese der Welt. Markam Max. Msgr. Makram Max ist eine außergewöhnliche Gestalt der Kirche, ein Mann, kein Frömmling, ein starker Mann, der den Mächtigen und den Gaunern ins Angesicht widersprechen kann, der sich nichts gefallen läßt, auch nicht von fundamentalistischen Heißspornen oder Security-Offizieren. Makram Max ist dem islamisch-fundamentalistischen Militärregime im Sudan (seit dem Coup d’Etat am 30. Juni 1989 ist wieder ein Militärregime an der Macht) ein Dorn im Auge, weil er von Herkunft Araber ist, Syrer-Araber. Wir sprechen über die Gefahr von Giftgaseinsatz im Sudan. Die Waffen aus Libyen sind da. Sie sind schon gesehen worden – in Wau, Provinz Bar-el-Gazal. Da die Nuba-Berge jetzt von Zeugen geräumt werden, Zeugen in Gestalt christlicher Missionare und Krankenschwestern/Nonnen, scheint der Zeitpunkt gekommen, wo die Junta diesem Krieg und Aufruhr ein für allemal ein Ende setzen wird. Mit den Waffen, die durch das deutsche Fabrikaufgebot in Rabta, Libyen, gefertigt werden.

Die Unfähigkeit, „Buße zu tun“

Heraklit war es, der uns sagte, daß die menschlichen Dinge „Buße fordern“ von uns, ein jegliches legt uns sein eigenes Maß von Buße auf. Das ist nicht die religiöse Buße, die katholische nach der Beichte, sondern das ist eine Erfahrung, die die Menschheit seit Urgedenken aufbewahrt und die die Griechen für uns formuliert haben. Diese Weisheit ist für mich unter den Bedingungen der Moderne verschüttet. Das rationalistische Weltbild will alles unmittelbar aufgelöst oder – griechisch gesagt – „analysiert haben“, weganalysiert haben.

Wir zahlen aber andauernd Buße für das, was in der Vergangenheit geschehen ist, auch wenn wir heute und morgen noch so sehr mit dem Kopf schütteln. Natürlich gibt es nach über 40 Jahren auseinanderliegender Entwicklung und Erziehung (auch Erziehung zur Klassenfeindschaft gegeneinander) Fiktionen im Verhältnis zwischen den beiden Teilen Deutschlands.

Natürlich darf man nicht erwarten, daß sich Weiße und Schwarze in Südafrika nach de Klerks Ankündigung jetzt gleich, nachdem die Parkbänke und die Busplätze, die Badestrände und die Pinkelplätze nicht mehr „For whites only“ zugänglich sind, daß sie sich von gleich zu gleich verstehen. Da fordern die Apartheid-Gesetze auch in den nächsten zehn Jahren von uns (von uns in der westlichen Welt wie von den Weißen in Südafrika), daß wir „Buße“ tun. Natürlich können wir nicht erwarten, daß Menschen bereitwillig, gern, ohne Wenn und Aber auf Risiken und Abenteuer eingehen, wenn unsere Vergangenheit in einer abgesicherten und fugendicht sozialversicherten Gesellschaft uns jedes Risikos und jedes Abenteuers entwöhnt hat.

Und wie sollten wir erwarten, daß die Kurden und die Palästinenser jetzt und ganz auf alle Versuchungen zum terroristischen Budenzauber verzichten, wo wir ihnen durch unser Verhalten und unsere Diplomatie in der Vergangenheit klargemacht haben: Sie zählen für uns eigentlich nicht, sie sind für uns Luft – nur wenig mehr.

Müssen die Deutschen nicht auch „Buße" tun – daß sie sich so lange und ohne Widerstand in die Zwangsjacken der kapitalistisch-antikommunistischen und der kommunistisch-antikapitalistischen Gummizellen sperren ließen? Der Ostberliner Schriftsteller Peter Schneider hat mit heiterem Ernst die „Kühlschranktheorie" aus dieser Vergangenheit und Gegenwart gefiltert:

„Seit Jahren warten die Experten mit zwei diametral entgegengesetzten Hypothesen auf, die nur Varianten des ‚nature' bzw. ‚nurture'-Konzepts sind. Die eine, die sich als Kühlschranktheorie bezeichnen läßt, behauptet kurz und bündig, der Kommunismus funktioniere wie ein Tiefkühlfach, in dem die historischen Eigenarten und Passionen der Völker gleichsam tiefgefroren sind. Wenn der Eisschrank einmal auf Abtauen gestellt ist, machen die Völker genau dort weiter, wo sie vor 45 Jahren aufgehört haben. All die schönen sozialistischen Tugenden und Errungenschaften, die ihnen bei minus 30 Grad eingetrichtert wurden, werden von ihnen abfallen wie alter Schnee." (Manuskript des Features in DLF, 6. August 1990: „Die Kühlschranktheorie und andere Vermutungen. Gibt es zwei deutsche Kulturen?")

Das möchten wir so gerne, 40 Jahre einfach abschreiben und behaupten, alles liefe wie im Tiefkühlfach – also ohne Buße und Trauer, ohne Gefühle und Zorn, ohne Eifer und Haß. Aber so läuft es im menschlichen Leben und in menschlicher Geschichte eben nicht. Wir zahlen für die eigene Vergangenheit. Wir zahlen für die eigene Vergangenheit, und es gibt immer auch Schuld (und Sühne) in dieser und für diese Vergangenheit. Man kann auch nicht die schlimmste, die millionenfache Spitzelvergangenheit der Stasi, die ja nicht eine Vergangenheit eines kleinen Verfassungsschutzamtes, sondern die aktive und passive Vergangenheit der gesamten Gesellschaft (als informelle oder inoffizielle Mitarbeiter unter vollem oder Decknamen) war, mit einem Tiefkühlfach einfach überspringen.

Man kann überhaupt nichts überspringen, sondern wir müssen für alles „Buße“ tun. Das ist eine Erfahrung, die so selbstverständlich ist, daß es mir schon komisch und feierlich vorkommt, sie hier niederzuschreiben. Aber Politik und Medien in unserer aktualitätsterroristischen Gesellschaft sorgen dafür, daß sie wieder ent-borgen werden muß wie eine verschüttete Wahrheit.

Die Politiker wollen gleich fertig-werden und fertig-machen aus eigenem Antrieb. Die Kollegen Journalisten aktivieren nicht mehr die eigene Erinnerung an die Vergangenheit, sondern lassen sich total von den tickernden Meldungen des Tages überfallen und werden damit betrogen. Das Schlimmste: Sie betrügen damit aber nicht nur sich selbst, sondern zugleich uns, das Publikum. Wie die Politiker damit fertig werden, ist eindrucksvoll zu beobachten gewesen am Prozeß der deutschen Einigung. „Buße“ wollte niemand tun, schon gar nicht, als die Chance bestand, die eigenen Blockparteien mit den gleichen epiteta ornata, also CDU, LDP, NDP für die Verbesserung der eigenen Wahlchancen zu keilen. Da vergaß die Politik pünktlich Buße zu tun für die Vergangenheit und ließ die Vergangenheit der jeweils eigenen Schwesterpartei einfach im Tiefkühlfach.

Wolfgang Thierse, den ich selbst aus der Vergangenheit aus untergründig-subversiven Seminaren am Wochenende in der Schönhauser Allee und dann in der Knaackstraße kenne, hat sich die Chance zum Politikmachen durch eigene Unbeugsamkeit und nonkonformistische Kompromißlosigkeit erworben. Viele andere sind an den Schlüsselpositionen der Ex-DDR völlig fehl am Platze. Das Vertrackte ist dabei, daß man mit der D-Mark allein keine Buße tun kann. Heinrich Albertz hat mir – als ich ihn am 17. Februar 1990 besuchte – gesagt: „Wir marschieren erstens in die DDR mit unserer D-Mark ein, das Wichtigste, was wir haben, und dann marschieren wir mit unseren Parteien ein. Natürlich war es völlig irreal, am Runden Tisch zu sagen, jetzt sollen die nicht mehr kommen. Außerdem: Wer soll sie denn daran hindern? Aber daß die nun sich dort bildenden Parteien nichts weiter werden als ein Kupferabzug der westdeutschen Parteienlandschaft, daß das auch wieder von unserer Seite mit Geld und äußeren Mitteln mehr oder minder erzwungen wird, und daß man die Geschmacklosigkeit hat, die bürgerlich-konservative Ecke so zusammenzubringen, daß man sie zum Rapport ausgerechnet in das Gästehaus der Bundesregierung in Westberlin bestellt, der deutsche Bundeskanzler dann mit ihnen Tacheles redet, das ist ganz, ganz schlimm."

Was der große weise Mann der Sozialdemokratie da sagte, hat sich Wort für Wort (vielleicht heftiger, als es ihm lieb war) bewahrheitet. Es ist dazu gekommen, daß wir die Buße nicht geben wollten, sondern uns mit Volldampf auf den neuen Markt werfen und so tun wollten, als ob wir schon immer miteinander getan hätten. Das rächt sich schon jetzt, und Rache ist etwas anderes, Schlimmeres als Buße. Nein, Rache zahlt sich für eine Gemeinschaft schlimm aus, weil sie nicht darauf angelegt ist, langsam abzubauen, sondern im Gegenteil: das Übel noch fortzuzeugen.

Es sind statt der Buße Abschreibungen geschehen. Die Wahlen liefen gegen die Buße aus, die Partei, die die heißeren und fetteren Fleischtöpfe versprach, gewann. Die andere, die hätte gewinnen sollen (wegen der Buße, weil sie die einzige war, die nicht das unauslöschliche Siegel des Stempels der System-Partei trug) – die SPD, war blöd genug, ebenfalls nur in Taktik und Gier nach der Macht zu streben, so daß sie zu Recht die Wahl verlor. Der SPD traute man auch nicht zu, daß sie die große Aufräumarbeit würde bewältigen können. Die Position von Oskar Lafontaine war zudem außerordentlich unklar. Die verunsicherten Bewohner konnten sich darauf überhaupt keinen Reim machen.

Wir wundern uns, daß nach der Ankündigung eines erwartbaren und politisch auch gewollten Endes der Apartheid in Südafrika nicht eitel Sonne und Frieden und Harmonie zwischen den verschiedenen Rassengruppen herrschen, die bisher nicht einmal gemeinsam pinkeln, gemeinsam busfahren, gemeinsam wohnen, gemeinsam in Hospitälern behandelt werden durften. Weshalb wundern wir uns über die immer wieder aufflackernden Gewaltausbrüche? Unter den perspektivlos dahinlebenden Jüngeren, der Generation von 10 bis 30 Jahren, hat sich als einzige Haltung und Reaktion, die menschengemäß ist, eine Gewaltkultur entwickelt. Diese Gewaltkultur hat sich in die Köpfe, die Herzen und die Seelen vor allem der jungen Generation so stark eingeritzt und eingebrannt, daß sie als einziges Vehikel galt, mit der die gedemütigten, erniedrigten und versklavten Menschen ihre Menschenwürde bewahren konnten.

„Etwa 9000 Straßenkinder sind illegal in den weißen Stadtzentren Südafrikas untergetaucht: Waisen, Verstoßene, Flüchtlinge vor Unruhen oder der Familiengewalt. Sie betteln, wischen Autoscheiben, prostituieren sich, klauen Handtaschen, und während sie in den Mülltonnen der Weißen wühlen, sehen sie zu, wie ältere Damen herrenlose Katzen füttern. Nachts träumen sie unter ihrer Zeitungsdecke von einer Zukunft mit eigener Familie und respektablem Beruf." So beschreibt Renate Hücking die Situation der „Straßenkinder von Soweto" (Frankfurter Rundschau, 6. April 1991). Für die junge Generation in den Townships ist der Ausnahmezustand noch die Realität. Die Autorin hat genau die Last der Vergangenheit gespürt, als sie durch Soweto ging. Tony Nene, ein Schwarzer, der nach höherer Schulbildung, also einem Ausnahmeprivileg, jetzt in Soweto eine Theatergruppe leitet, sagte ihr: „Da stürmen die Gangs dein Auto und setzen dir ein Messer an den Hals. Dann steigst du freiwillig aus und gehst zu Fuß. Kein gutes Gefühl in Deep Soweto, auch für uns Schwarze nicht." Und der Bischof Megojo, Präsident des südafrikanischen Kirchenrats, beschreibt die Hypothek, die die Vergangenheit auf Gegenwart und Zukunft legt: „Die junge Generation ist von der Idee der Befreiung besessen, und im Gegensatz zu ihren Eltern haben die Kinder keine Angst mehr vor der Polizei, sogar den Tod fürchten sie nicht. Sie sind bereit zu sterben, aber auch zu töten. Viel haben sie nicht zu verlieren."

Versöhnung, ja, das sagt sich von außen, von oben oder von der Seite so leicht. Aber man muß sich doch in die über Generationen dauernde Versklavung und Verklammerung, die zur Gewalt des Alltags gewordene Arroganz der Weißen-Gesellschaft hineinversetzen, um zu verstehen, daß Versöhnung nicht mit Herz-Jesu-Strahlen, rosarot und süßlich, sondern nur mit klarer großer entschiedener, sich über Jahre mühsam aufbauender Kraft erkämpft wird.

Ich habe 1987 im Lyric-Theatre in Johannesburg eine richtige Musik-Lyrik-Session mitgemacht, die mit einem berauschenden Versöhnungserlebnis am Ende, mit dem Absingen der Nationalhymne und dem Sich-die-Hände-Geben unter Schwarz und Weiß ablief. Aber das war ein privilegierter Augenblick unter Privilegierten, Theater- und Filmleuten, Journalisten und Dichtern. Wir waren anschließend noch im Hause eines Theaterregisseurs, der zu der upper class unter den Schwarzen gehörte. Ansonsten geht in Südafrika das Morden und „necklacing" (= einen Reifen wie eine Halskrause um den Kopf eines Verräters legen und diesen Reifen anstecken) ja weiter.

Das Versagen der Prognose

„Wenn einer die Freundschaft des Königs von England gehabt hätte und die des Königs von Polen und auch noch die Freundschaft der Königin von Schweden – wäre er dann wohl auf den Gedanken gekommen, es fehle ihm an einer Zuflucht in der Welt?“
So heißt es in einem der „Pensées“ von Blaise Pascal. Der Philosoph Josef Pieper hat diesen merkwürdigen Aphorismus für uns aufgelöst: „Die zugehörige Jahreszahl ist 1656. In diesem Jahr wurde der polnische König Johann II. Kasimir abgesetzt. Die Königin Christine von Schweden hatte zwei Jahre vorher – 1654 – als Achtundzwanzigjährige aus freiem Entschluß die Krone niedergelegt; und was den König von England betrifft, Karl I., so war es noch nicht sieben Jahre her, daß Oliver Cromwell ihn hatte umbringen lassen. Also: keine Zuflucht mehr in der Welt für den, der sich auf ihre Freundschaft verlassen hätte! Keine biologische oder historische Gesetzlichkeit hätte so etwas vermuten lassen können; und selbst der versierteste Kenner der politischen Verhältnisse wäre außerstande gewesen, diese Ereignisse vorauszusehen – weil sie alle drei in den Entscheidungen der Menschen ihren Ursprung haben, weil sie geschichtliche Ereignisse in der strengsten Bedeutung des Wortes sind. Das eigentlich geschichtliche Geschehnis, das Geschichtliche ist durch Prognosen schlechterdings nicht zu fassen.“
(Josef Pieper: Hoffnung und Geschichte, Zwei Vorlesungen, in: Hochland, Zeitschrift für alle Gebiete des Wissens und der Schönen Künste, Oktober 1966, S. 21f.)

So könnte man es in diesen Jahren nach 1989 auch sagen: Wenn jemand behauptet hätte, daß jemand ein Freund von Erich Honecker, zugleich einer von Erich Mielke und dem Vorsitzenden Harry Tisch gewesen wäre, der zugleich die Freundschaft des rumänischen Partei- und Landeschefs mit Titel Conducator Nikolai Ceauşescu gehabt und sich der Gunst des damaligen Chefs der polnischen kommunistischen Partei, des Generals Jaruzelski und des Partei-Obersten Rakowski sicher gewesen wäre, dazu noch der Zuneigung des KGB-Chefs Krjutschows – hätte man von dem nicht sagen müssen, daß ihm alle nur erdenkliche Gunst und viel Glück auf dieser Welt zukomme?

Wer vor zwei Jahren das ganze Debakel der Kommunistenherrschaft in Osteuropa vorausgesagt hätte, wäre für geistesgestört gehalten und milde belächelt worden. Wer vorausgesagt hätte, daß Erich Honecker mal in die Fänge der deutschen, gesamtdeutschen, wohlverstanden: Strafverfolgungsbehörden und staatsanwaltlichen Ermittlungen geraten würde, wäre nur von ferne beachtet worden?! Wer uns im Frühjahr 1989 prophezeit hätte, daß die COMECON-Wirtschaft kurz vor dem Zusammenbruch als Partner im internationalen Welthandel stehen würde, daß Veraltung des Maschinenparks und ökologischer Raubbau verbunden mit dem notorischen Desinteresse der Manager und Arbeiter an etwas anderem als einem persönlichen Vorteil die inneren Gemäuer und Stützpfeiler dieser Wirtschaft von Magdeburg bis Wladiwostok an den Rand des unspektakulären Zusammenbruchs gebracht hätten – zumal als international konkurrenzfähige Partner – wäre der nicht müde als Kalter Krieger oder sonstiger Fanatiker beschimpft worden?!

Nein, niemand hat seine Rolle als Prognostiker in der Frage der totalen Umkehr und der Rasanz der Revolution in Osteuropa so gespielt, daß er vor sich bestehen kann. Selbst die wenigen, die einen Anspruch vor sich hertragen wie ein Plakat, wie der Sowjetologe und Kremlastrologe Wolfgang Leonhard, können sich diese Feder an ihr Revers heften. Die zuständige Fachwissenschaft (Ostkunde) hat versagt, die zuständige Publizistik, die zuständige Soziologie, die zuständige Wirtschaftswissenschaft, natürlich auch die Diplomatie und die Geheimdienste. Und da gerade der Starpublizist und Sachwalter der Eigenständigkeit der DDR, Günter

Gaus, sich in beiden Rollen, der des Publizisten (SWF, Spiegel) und der des Diplomaten in der DDR tummeln durfte, war das Prognosedebakel für ihn besonders groß.

Ich habe in Bonn manchmal herumgefragt, in Parlaments- und Regierungskreisen, daß doch die eigenen Nachrichtendienste und die Botschaftsberichte aus Osteuropa zumindest etwas über die ständig sinkende Qualität der wirtschaftlichen Strukturen hätten ausfindig machen müssen – waren dieses doch die entscheidenden Ausgangsinformationen, die den sowjetischen Parteichef Gorbatschow bewogen, seine Umkehrpolitik Perestrojka zu machen, weil er mit klugem Kalkül eingesehen hatte, daß die sowjetische Wirtschaft bei der ewigen Wiederkehr der gleichen Mangelstrukturen nie mehr auf einen grünen Zweig kommen würde.

Nur wenige gehen in sich, mea culpa. Gestehen ihr Versagen ein. Ulrich Beck ist einer von ihnen, Soziologe in Bamberg:

„Alles hätte anders kommen können. Beispielsweise war lange Zeit ein chinesisches Blutbad in Ostberlin oder Leipzig wahrscheinlicher als die friedliche Revolution – die im übrigen auch dem radikal widerspricht, was wir über die Kaderorganisationen kommunistischer Regime zu wissen glauben. Ein historisches Erdbeben dieser Art, dieses Ausmaßes ist, ironisch gesagt, soziologisch unseriös, zeitgeistverdächtig. In den Recherchenzentralen der Soziologie wird man sich fragen müssen, ob diesem Mediengespenst überhaupt Glauben geschenkt werden kann oder ob die Wiedervereinigung durch solide Analysen nicht erst noch bestätigt werden muß."

Die Ereignisse der letzten Jahre – Tschernobyl, die ökologische Krise und der allmähliche Zusammenbruch des Ostblocks – die haben alle eines gemeinsam, was der naiv-kluge Student damals in Jena dem großen Geistesfürsten Hegel klarmachen wollte, als er diesem sagte: „Aber das, was Sie da alles in Ihrer Erkenntniskritik erzählen, entspricht ja nicht den Tatsachen" – worauf Hegel das einzige sagte, was die Prognostiker, die Heere der betrogenen Soziologen, Wirtschafts- und Politikwissenschaftler auch erklären müßten, um sich ihre Rückgratsreputation zu erhalten: „Um so schlimmer für die Tatsachen!" Diese Ereignisse hatten eines gemeinsam, wie Ulrich Beck schreibt („Die Zeit", 15. März 1991, Themen der Zeit):

„Sie mißachteten die nationalstaatliche Kausalitätsvermutung operationaler Soziologie, die da lautet: Binnenveränderungen sind binnenbedingt, wenigstens zu 70 oder 80 Prozent. Sie alle weisen auf eine entscheidende Schwäche, nicht nur im Theorie-Zuschnitt, sondern in den Forschungsselbstverständlichkeiten und im organisatorischen Spezialisierungsmuster westlicher Soziologie." Genau das von den Soziologen in ihren Analysen Ausgeschlossene *geschieht* nun, und das – so Beck – zeige „sich nicht nur am Beispiel des osteuropäischen Erdrutsches, sondern genereller: z.B. bei technischen Gefahren und ökologischen Zerstörungen, angesichts des Golfkrieges und auch angesichts der Armut über nationalstaatliche Grenzen hinweg".

Ja, das wird mir dann schon wieder ganz suspekt. Da versteht schon wieder ein gescheiter Wissenschaftler, aus dem Debakel der eigenen Prognose und dem Zusammenbruch der eigenen prognostischen Erkenntnisse forschungs-spektakulären Honig zu saugen, eine eigene Theorie zu formulieren, sich in der Kraft dieser gagkonformen Formulierung zu sonnen. Die anderen mögen versagt haben, ich habe mein Versagen auf eine neue Theorieebene gehoben und erstürme damit die Bastion des Eliteblattes „Die Zeit".

Im Grunde ist der Sachverhalt ja viel ernster, weil an dem Versagen der Prognose und damit auch an dem Fehlen jeglicher Vorbereitung auf diesen Umschwung Menschen, Millionen Deutsache, Tschechen und Polen, Ungarn, Ukrainer und Russen beteiligt sind, die darunter leiden, daß in ihrem Machtbereich nichts, aber auch gar nichts von den festangestellten Agenten verschiedener Couleur erkannt wurde.

Unter dem Stichwort „Ausstattungshilfe" hat die Bundeswehr seit 20 Jahren in Koordination mit dem Auswärtigen Amt und manchmal auch mit dem BMZ materielle und personelle Hilfe in über 50 Länder gegeben. Eines dieser Länder war das Land am Horn von Afrika: Somalia.

Die Bundesregierung hat zu spät mit dieser Hilfe aufgehört und sogar manchmal entscheidende Angebote ausgeschlagen, aus dieser Form paramilitärischer Hilfe auszusteigen, die in Regierungsstürzen, Präsidentenstürzen und sonstigen „coup d'états" liegen. Es mag aber auch sein, daß der ungleich profitträchtigere (und streng geheime) besondere Teil solcher Vereinbarungen, die in der Anbindung solcher Hilfe an Lieferbindung für die deutsche Rüstungsindustrie bestehen, daß dieser besondere Teil viel verpflichtender in den Lieferfristen ist. Die Behörden dürfen bei uns mit zwinkerndem Auge darauf setzen, daß das Parlament dieses alles nur herausbekommt, wenn es ihm vom Ministerium gesagt wird, bzw. daß die Medien an Afrika kein Interesse mehr haben und deshalb auch nichts herausbekommen.

Die Abgeordneten haben anderes und, wie sie meinen, Besseres zu tun – als sich mit den Schwarzafrikanern zu befassen. Von Zeit zu Zeit gibt es eine Anfrage, die meist schriftlich, d.h. unter Ausschluß der Öffentlichkeit beantwortet wird. Die Lobby derer, die sich um bestimmte Regionen Afrikas – ähnliches aber gilt für Lateinamerika und Asien außerhalb der „Tiger" – kümmern, leidet an Schwund und Schwindsucht. Früher (vor ca. 10 Jahren) hatten die einzelnen Länder zumindest noch ihre Liebhaber-Lobbyisten (Köster, CDU, Somalia; Jan Oøstergetelo – Uganda; Bindig, Afghanistan). Da leistete sich die Bundesregierung in Bonn auch noch einen richtigen Afrika-Staatssekretär in Gestalt des famosen Kenners Dr. Volkmar Köhler. Der mußte aber wegen eines windigen Stammes- oder Länderproporzes gehen – wahrscheinlich, weil er dem CSU-beherrschten Ministerium zu stark geworden war als „Parlamentarischer Staatssekretär".

Seit anderthalb Jahren hat die Bonner Regierung niemanden, der sich für Afrika interessiert. Ist es deshalb so weit hergeholt, daß es keine deutsche Afrika-Politik gibt?

In der „Zeit" vom 18.1.1991 schrieb ich über dieses Thema:

„Gibt es eine Afrika-Politik?"

„Die deutsche Politik in Afrika leidet immer noch unter dem Geburtsfehler der Hallstein-Doktrin. Paul Frank – in den sechziger Jahren Planungschef, dann Staatssekretär im Auswärtigen Amt – hat diese Doktrin am heftigsten erlitten. 1968 rief er eine Konferenz der deutschen Botschafter in Afrika in Abidjan zusammen. Er wollte, sagte er am Beginn des Treffens, von jedem in drei Sätzen wissen, warum er eigentlich in Afrika sei. Die übereinstimmende Antwort: ‚Wir Botschafter in Afrika sind hier, um ein Eindringen oder eine Aufwertung der DDR zu verhindern.' Und dann wollte Paul Frank noch von jedem der vierzig Botschafter wissen, was sie darüber hinaus in ihrem Gastland ‚vorhätten' – da gab es Fehlanzeige.

Der Geburtsfehler wirkt bis heute nach. Zwar ist von der DDR keine Rede mehr, aber eine deutsche Afrika-Politik gibt es immer noch nicht. Das Auswärtige Amt hatte gerade mal eine Namibia-Politik, und Hans-Dietrich Genscher verfolgte gegen massiven CSU-Widerstand eine konsequente Anti-Apartheid-Diplomatie in Südafrika.

Dabei böte die Tatsache, daß Deutschland seit 1918 keine Kolonien mehr besitzt, eine gute Plattform für eine deutsche Afrika-Politik, aber in Westafrika ist unsere Diplomatie durch die Rücksichtnahme auf den französischen (seltener den britischen) Partner gehemmt. Es kommt einfach nicht zu einem beherzten Vorgehen in Kamerun, in Mali, in Niger.

In der Militärkooperation unterhöhlt die Bundeswehr-Ausstattungshilfe zu Gunsten räuberischer Regime wie dem in Khartoum und Mogadischu langfristige Bemühungen der Diplomaten.

In Ostafrika steht es nicht besser. Der Präsident der Republik Uganda wird es den Deutschen nie vergessen, daß er 1985 noch als Rebellenchef vom Staatssekretär Sudhoff empfangen wurde. Ähnlich hoch rechneten die Südsudanesen dem Auswärtigen Amt an, daß Rebellenchef John Garang im Juni 1989 an hoher Stelle erhört wurde. In Ostafrika müßte die deutsche Diplomatie (wie die Briten, Amerikaner und Franzosen es längst praktizieren) gute Kontakte zu den Eriträern, den Tigray, den Südsudanesen und zur somalischen Widerstandsbewegung aufbauen. Denn in West- und Ostafrika können sich schon bald ähnliche Umwälzungen ereignen wie in Mittel- und Osteuropa.

Wenn es keine umfassenderen Bemühungen um Afrika gibt, wenn Bonn dort weiterhin Diplomatie nur nach Vorschrift macht, wird der Einfluß der Bundesrepublik schwinden. Dabei sind die Voraussetzungen für einen Neuanfang gegeben. Die deutsche Diplomatie wird nach Franz Josef Strauß kaum noch Querschläge einer CSU fürchten, die inzwischen mehr mit sich zu tun hat. In Afrika amtieren eine Reihe erfahrener und mit den Schwarzafrikanern sympathisierender Diplomaten. Nicht zuletzt: Wir haben einen Bundespräsidenten, der am Wohl und dem Überleben der afrikanischen Nationen und Staaten tiefes Interesse hat. Afrika fällt, so scheint es, dem Vergessen anheim. Kommerziell ist wenig zu holen, zu investieren ist nicht viel. Der Gemeinspruch: Die Neger schlagen sich gegenseitig tot – dominiert in Politik und Medien. Ich fürchte, das Auswärtige Amt läßt getreu den Präferenzen seines Herrn und Ministers Afrika einfach links liegen – quantité négligeable, von der Qualität nicht zu reden."

Von Zeit zu Zeit wird eine Frage, die ich in dem Artikel in der „Zeit" erwähnte, zum Gegenstand einer Anfrage gemacht. Aber die Art, wie solche Fragen gestellt, wie sie beantwortet – und damit abgehakt sind, läßt eines erkennen: Sie sind abgehakt.

Beispiel: die Ausstattungshilfe für den Sudan. Endlich hatte der rührige SPD-Abgeordnete Günter Verheugen, der in der SPD-Fraktion für Afrika insgesamt, also auch für Somalia zuständig ist, aber aufgrund seiner Ortskenntnis sich eher nur für Südafrika/Namibia interessiert und dort auskennt, diese empfindliche Frage zum Gegenstand einer Bundestagsanfrage gemacht. Immerhin lief ja ein gut recherchierter Filmbericht in der „Report"-Sendung vom 13.11.1990, in dem schlüssig bewiesen und belegt wurde.

Ein Flüchtlingslager im Süden des Sudan. Diese Menschen flohen vor der Dürrekatastrophe und dem Bürgerkrieg. Seit Jahren führt die Militärjunta im arabischen Norden, im Namen Allahs, einen blutigen Feldzug gegen ihre schwarze Bevölkerung im christlichen Süden. Die sudanesische Armee, unterstützt von Libyen, dem Irak und Saudi-Arabien, hungert ganz gezielt die eigene Bevölkerung aus. Hunderttausende, die dem Krieg entkamen, verhungerten oder starben an Entkräftung.

Jetzt droht eine neue Hungerkatastrophe. Dennoch will die Regierung in Khartum keine Lebensmittelhilfen mehr ins Land lassen. Die offizielle Begründung: ausländische Hetzkampagnen gegen die Militärregierung, die im vergangenen April durch einen Staatsstreich an die Macht kam.

Während die US-Regierung in den vergangenen Wochen scharf gegen die Militärs und ihre unmenschliche Hungerpolitik in den Flüchtlingslagern im Sudan protestierte, hält sich die Bundesregierung hier auffallend zurück – obwohl der Auswärtige Ausschuß des Deutschen Bundestages sich kritisch mit der Lage im Sudan befaßt hat.

Heinrich Pohlmeier, MdB-CDU, Auswärtiger Ausschuß:

„Der Sudan ist eines der schlimmsten Länder dieser Erde, und das Regime, der Bürgerkrieg, der seit über zwanzig Jahren tobt, hat sich dort eigentlich zum Schlimmeren entwickelt, und deswegen müssen wir unsere Entwicklungszusammenarbeit mit diesem Land beenden. Wir dürfen sie so nicht weiterführen. Davon zu unterscheiden ist eine Hilfe für die Menschen, die in Not sind, für die Millionen von Menschen, die Hunger leiden, in diesen Wochen droht wieder eine neue Hungersnot in dem Land. Also jede Art von humanitärer Hilfe. Aber Entwicklungszusammenarbeit mit einem solchen Regime, das seit Jahren Bürgerkrieg führt und die Bürger seines eigenen Landes ausrottet zu einem großen Teil, ist nicht mehr vertretbar."

Während die zivilen deutschen Entwicklungshilfeprojekte zum Teil gestoppt werden, erhält ausgerechnet die sudanesische Armee weiterhin Unterstützung aus Bonn.

Im Rahmen der sogenannten Ausstattungshilfe, mit der die Bundesregierung Armeen in der Dritten Welt unterstützt. Verantwortet und bezahlt wird diese Militärhilfe vom Außenministerium, durchgeführt vom Verteidigungsministerium. Hier, etwa dreißig Kilometer von der Hauptstadt Khartum entfernt, ließ die Bundeswehr vor sieben Jahren das Military Vocational Training-Center, ein Ausbildungszentrum für sudanesische Soldaten, errichten. Verteidigungsstaatssekretär Würzbach pflanzte damals ein Bäumchen.

Die deutschen Militärberater sind in offizieller Mission hier. Sie bilden die sudanesischen Soldaten in Metallverarbeitung, Kraftfahrzeuginstandsetzung und Elektrotechnik aus. Fachkenntnisse, auf die keine Armee der Welt verzichten kann. Die Ausbildung erfolgt hier und in deutschen Einrichtungen und Firmen. Derzeit sind wieder einmal 44 sudanesische Offiziere in der Bundesrepublik und werden im Auftrag der Bonner Hardthöhe in Zentren der Carl-Duisburg-Gesellschaft geschult.

Auch wenn nicht an Waffen ausgebildet wird, unterstützt die Bundeswehr eine Armee, die gegen das eigene Volk Krieg führt.

Heinrich Pohlmeier, CDU, Auswärtiger Ausschuß:

„Dieses Projekt muß eingestellt werden. Wir haben mit der sudanesischen, mit der früheren sudanesischen Regierung zusammengearbeitet. Das hat eine gewisse Zusammenarbeit im Ausbildungsbereich, auch mit der Armee, gegeben. Es ist völlig klar, daß diese Armee, die gegen ihr eigenes Volk Krieg führt, von uns nicht mehr unterstützt werden darf."

Am 28.2.1991 fragte der MdB Günter Verheugen – abgedruckt wurden Frage und Antwort in BT-Drucksache 12/159, Fragen 76 und 77.

Frage des Abgeordneten Verheugen (SPD): Beabsichtigt die Bundesregierung eine Initiative, die auf bilateraler oder multilateraler Ebene zu einer deutlichen politischen und wirtschaftlichen Reaktion auf die fortwährende massive Verletzung der Menschenrechte durch die Regierung des Sudan führt?

Antwort: Die Bundesregierung hat in zahlreichen Gesprächen die sudanesische Regierung an ihre Verpflichtungen auf dem Gebiet der Menschenrechte erinnert. Auf der 47. Tagung der Menschenrechtskommission in Genf haben wir uns mit Erfolg dafür eingesetzt, daß die Lage der Menschenrechte im Sudan weiterhin im Rahmen des vertraulichen 1503-Verfahrens unter Beobachtung bleibt. In ihrer Rede zu Top 12 (Menschenrechte in aller Welt) ist die Präsidentschaft der EG auch in unserem Auftrag auf die problematische Menschenrechtssituation im Sudan eingegangen. Die Menschenrechtslage im Sudan hat zu einer spürbaren Einschränkung der Entwicklungshilfe, Nichtzusagen neuer Projekte und zum Teil auch zu einem Abbau des mit Entwicklungshilfeprojekten befaßten entsandten Personals geführt. Unser Botschafter in Khartoum hat der Regierung des Sudan mitgeteilt, daß nur bei einer Änderung der Menschenrechtspolitik die Möglichkeit bestehe, künftig wieder verstärkte Entwicklungshilfe zu erhalten. Nicht zuletzt dem gemeinsamen Druck der westlichen Geberländer ist es zu verdanken, daß in letzter Zeit politische Gefangene entlassen wurden.

Die Bundesregierung wird diese Linie auch weiterhin verfolgen. So wurde der sudanesische Botschafter am 6.2.1991 in das Auswärtige Amt einbestellt. Ihm wurde mit Nachdruck dargelegt, daß wir von der sudanesischen Regierung die Beachtung der Menschenrechte erwarten.

Besonders entzückt hat mich das attributive „mit Erfolg“ – Bonn habe sich mit „Erfolg“ dafür eingesetzt, daß die Lage der Menschenrechte im Sudan weiterhin im Rahmen des vertraulichen 1503-Verfahrens unter Beobachtung bleibt.

Der Plot der Anfrage hätte natürlich ein viel konkreterer – ja ein deutscher sein müssen. Am 22. November 1990 flog eine Antonow der sudanesischen Luftwaffe zum ersten Mal über die Stadt Bor am Nil und ließ dort an die fünf Bomben fallen. Das Ausmaß des Terrors und Schreckens unter der Zivilbevölkerung, aber auch unter den deutschen Not-Ärzten, war beträchtlich. Immerhin war dieser Bombenabwurf sehr gezielt auf die Hilfsplattform des IKRK gerichtet, die mit drei Millionen US-Dollar im Nil aufgebaut worden war und deren Auslaufen die Regierung in Khartum verhindern wollte, sowie auf Zelte von UNICEF und dem World Food Programme, wobei fünf Menschen sofort ermordet wurden und weit über fünfzehn schwer verletzt waren.

Diese Sudan-Luftwaffe wurde zum Zeitpunkt des Angriffs auch auf deutsche humanitäre Helfer noch von unserer Bundesregierung unterstützt und militärisch sowie paramilitärisch ausgerüstet. Kein Wort der Bundesregierung über den Angriff auf Bor, keine Erwähnung der ständigen Bombenangriffe auf die Städte Leer, Akkon, besonders aber Torit, wo die Zivilbevölkerung in den umliegenden Dschungel fliehen muß. Diplomatische Wohlanständigkeit beherrscht die Szene, es geht zu wie bei einem Cocktailempfang: Be nice to His Excellency …

Die zweite Frage, die Günter Verheugen vorformuliert hatte:

Frage: Hält es die Bundesregierung in diesem Zusammenhang für vertretbar, die Ausstattungs- und Ausbildungshilfe an den Sudan im Rahmen der militärischen Auslandshilfe der Bundesrepublik Deutschland fortzusetzen?

Antwort: Die dem Sudan im Rahmen des vom Auswärtigen- und Haushaltsausschuß des Deutschen Bundestages am 8. 3. 1988 gebilligten Dreijahresprogramms der Ausstattungshilfe gewährte Unterstützung wurde eingestellt. Die Abwicklung wird derzeit durchgeführt. Dabei wird berücksichtigt, daß begonnene Maßnahmen im humanitären Bereich (Krankenhausausstattung) zu Ende geführt werden können. Weitere Hilfsmaßnahmen bedürften der erneuten Billigung durch die o. a. Ausschüsse. Die Bundesregierung beabsichtigt nicht, dem Deutschen Bundestag neue Hilfsmaßnahmen für den Sudan im Rahmen der Ausstattungshilfe vorzuschlagen.

Geburtshauses Goethes und des Studierhauses von Schiller. Ich habe jüngst im Oktober 1990 mit den eigenen Kindern auf dem großen weiträumigen Gelände die Gewalt gegen die Zehntausende spüren, die Scham und Erregung nicht abwerfen können, daß das von den Deutschen geschah, die sich später dafür sühnend und betend entschuldigt haben.

Es kam das Massenterror- und Vernichtungsregime der Roten Khmer (1975–1978), mit dem willkürlichen Erschlagen eines Drittels der eigenen Nation. Es kam die „Diktatorisierung der Dritten Welt" mit einem rücksichtslos ausgeworfenen Netz von Terror, Folter, Folterverliesen in den Ländern Afrikas, Lateinamerikas, Asiens. Dolf Sternberger, der Staatsrechtslehrer, hat recht: „Die Lebensform der freiheitlich-rechtsstaatlichen Demokratie ist, historisch gesehen, vorläufig noch Episode."

Ich traf in Dschibuti und Somalia zu Anfang März 1991 die 28 Mitglieder einer Gruppe somalischer Intellektueller, die ich schon 1980 zum ersten Mal kennengelernt hatte. Kurz nachdem die Not-Ärzte von Cap Anamur in Hargeisa mit der Arbeit begannen, wurden diese 28 Ärzte, Ingenieure, Anwälte, Kaufleute ins Gefängnis gesteckt. Wir konnten damals durch Eingaben und Interventionen bei den verantwortlichen Generälen nichts erreichen. Es gab kein Gerichtsverfahren, keinen Zugang, man mußte das Schlimmste für diese Freunde befürchten. Wenn ich ehrlich bin – ich hatte sie längst für tot geglaubt. Sie wurden in drei Schüben entlassen. Zwei von ihnen erzählten mir von den Bedingungen in dem Loch, in dem sie acht Jahre gehalten wurden. Mitten in der Wüste, ohne jeden Zugang zu menschlicher Stimme, Umgebung, Zeitung, Radio – lebten sie in Einzelzellen mit gräßlichem Ungeziefer, mit Ratten, Schaben, Kakerlaken, mit einem Insekt, das sie selbst nicht kannten, das sich auf der Haut festsetzt und Blut saugt, eine Art Blutegel. Ganz schlechtes Essen kam hinzu.

Aber viel schlimmer zu ertragen als diese physischen Bedingungen waren die psychischen. Die 28 durften zueinander keinen Kontakt halten. Sie durften sich nicht sehen, sie ahnten nur, daß sie nebeneinander in den unterirdischen Verliesen untergebracht waren. Basha Abdi Yussuf, ein Ingenieur, erzählte mir am Abend in Dschibuti in dem Hotel „Résidence de l'Europe" im Beisein grölender junger Fremdenlegionäre – die uns aber nicht störten: Neben ihm wurde ein Häftling verrückt, links neben ihm ein anderer, es war eine Riesenanstrengung, diese ganze Zeit ohne jedes Papier, ohne Uhr – ganz auf seine physische brutale Existenz zurückgeworfen – durchzuhalten.

Ich fragte, ob es nicht wenigstens den Trost gegeben habe, mal einen Wärter getroffen zu haben, der Zweifel hatte an der Rechtmäßigkeit der Kerkerhaft. Nein, das Auswahlprinzip des Diktators Siaad Barre war tödlich, auch für die Zukunft des Landes. Es wurden junge Rekruten aus einem feindlichen Stamm zur Bewachung genommen. Also nicht aus dem Norden, aus dem Stamm der Issak, sondern dem Erbfeind der Issak, den Hawiye. Denen wurde gesagt, daß die Eingesperrten tribale Feinde sind. So sieht das Spekulieren solcher Regime aus auf die dumpfe, leicht reaktivierbare Basis von tribalen Feindschaftsgelüsten. Und wenn das Gefühl dann noch mit Terror und Gewalt von oben verstärkt wird, ergibt sich ein unschlagbares Mittel, einen Panzer gegen jeglichen Zweifel. Das alles mitten im 20. Jahrhundert.

Die UNO bemüht sich seit ihrem Bestehen um einen Menschenrechtsschutz, ist aber jedes Mal pünktlich abgeprallt an dem vermaledeitesten Prinzip der Moderne, das ebenfalls mit der Französischen Revolution Triumphe feierte: dem der „nationalen Souveränität". Denn was hat sich mit dem 3. Januar 1976 und dem 23. März 1976 für die Menschen, zum Beispiel für meine 28 Somalis geändert? Nichts.

Am 3. Januar 1976 trat der „Internationale Pakt über wirtschaftliche, soziale und kulturelle Rechte", am 23. März der „Menschenrechtspakt über bürgerliche und politische Rechte" in Kraft. Bis zum 1.3.1989 haben 87 Staaten den Pakt über bürgerliche und politische Rechte, 92 den Pakt über wirtschaftliche, soziale und kulturelle Rechte ratifiziert. Aber von diesen Daten geht keine Epoche aus, kaum ein Schüler kennt sie, wo werden sie gefeiert? Gibt es denn was zu feiern? Man sollte solche Pakte nicht geringachten, sie enthalten alles, was wir Menschen brauchen. Es braucht nur Sanktionen, um sie durchzusetzen gegen die Mauern der nationalistischen Souveränität. Im Zweifelsfall können Regierungen sich der Beglaubigung dieser Pakte einfach entziehen, durch den vornehmen Verweis auf „innere Angelegenheiten", die eigene

„Souveränität". Die Kommission der Menschenrechte bei den UN ist daher auch der „größte Papierkorb der Welt". „Das Schlimme ist", sagt der Gründer von Amnesty international, Peter Benenson, „daß sich die Schere zwischen der philosophischen und juristischen Entwicklung des Menschenrechtsgedankens und den Möglichkeiten zur Unterdrückung von Menschen immer weiter öffnet. Noch nie war eine so große Zahl von Menschen durch Eingriffe in elementare Lebensrechte bedroht, betroffen wie heute. Es gibt kaum einen Staat auf der Welt, in dem Menschenrechte nicht verletzt würden."

1984 haben amerikanische Wissenschaftler etwas Aufsehenerregendes und typisch Amerikanisches gemacht. Sie haben die Lage der Menschenrechte nach einem Punktesystem bewertet und dabei eine Spitzentabelle, eine Hitliste der Länder herausbekommen, in denen mit den Menschenrechten pfleglich, ja geradezu gut umgegangen wird. Hundert Prozent auf dieser Skala bedeuten den Idealfall eines vollkommenen Menschenrechtsschutzes. Kein Staat der Welt erreicht diesen Prozentsatz.

Es gibt in diesem Zahlenwerk Aussagen zum allgemeinen politischen System wie zu Sonderfragen – Religionsfreiheit, Kinderarbeit, Strafen für bestimmte Delikte usw. Die höchste Prozentzahl erreichen dabei

- mit 96 Prozent Dänemark und Neuseeland,
- mit 95 Prozent Großbritannien und Norwegen,
- mit 94 Prozent folgen Kanada, Niederlande und Schweden.

Zu dieser „Spitzengruppe" gehören noch

- mit 93 Prozent Australien,
- mit 92 Prozent Österreich, die Schweiz und die USA,
- mit 91 Prozent die Bundesrepublik Deutschland.

Am Ende der Skala liegt Äthiopien mit 17 Prozent: Es blieb das einzige Land mit weniger als 20 Prozent.

In dem Bereich zwischen 20 und 30 Prozent lagen fünf Staaten, darunter die Sowjetunion mit 27 Prozent.

Die Autoren dieser „Hitliste“ betrachten die Prozentzahl von 64 Prozent als Marke, als Grenze zwischen einem noch erträglichen und unerträglichen politischen System.

Die 74 von ihnen bewerteten Staaten fanden sich wie folgt unterhalb und oberhalb dieser Linie: Nur 37 Staaten gehörten zur Gruppe der erträglichen Länder, 37 zur zweiten.

Das Versagen der zentralen Zwangsstaaten

„In unserem Raum ist die Zeit gekommen für eine Politik – ich würde sie lieber Antipolitik nennen –, die selbst im Erfolgsfall keinen Aufstieg auf die Rangleiter der Amtshierarchie bedeutet. Sie bringt keine hauptamtliche Stellung, kein Vorwärtskommen, keinen Sprung auf der Einkommensskala. Sie bringt keinen Dienstwagen, keinen Leibwächter, keine Sekretärinnen. Sie bedeutet den Schutz der Arbeitsstelle und der Arbeit, den Schutz der Stellung, in der wir uns befinden und auch bleiben wollen. Die Antipolitik ist kein Zukunftstraum, sondern die Würde der Gegenwart."

(György Konrad: Antipolitik. Mitteleuropäische Meditationen. Frankfurt 1985, S. 171)

Das Jahr 1991 wird ein Jahr sein (und die folgenden beiden Jahre 1992 und 1993 werden das Nachzittern und Nachbeben dieser Ereignisse bringen), in dem die Hüllen vieler Staaten in Europa, in Lateinamerika, in Asien und in Afrika zusammenbrechen. Die äußere Form mancher Staaten, nicht unbedingt die Staaten selbst. Wo aber die Prokrustesform der Hülle nur noch als Zwang und Gewalt gegen einen Teil der Staatsbürger verstanden wird, werden ganze Länder auseinanderbrechen, neue Staaten werden sich bilden. Ein Land, das mit als eine der stabilsten und herausragendsten Neugründungen nach dem letzten Weltkrieg galt – Jugoslawien –, ist dabei, kaputtzugehen. Ich habe zur Vorbereitung ein dickleibiges, prächtiges Buch durchgeblättert, sehr repräsentativ, ja triumphal aufgemacht, Publikationsdatum 1984: Jo sip Broz Tito, Ausgewählte Reden und Schriften 1928–1979, Band III, Klett-Cotta. Willy Brandt hatte das Vorwort dazu verfaßt. Er schreibt:

„Titos große historische Leistungen lassen sich wie folgt auflisten:
– Ein Staat, auseinandergefallen durch Krieg, wurde von Tito zusammengeführt zu einer nationalen Einheit. Er verankerte ein jugoslawisches Staatsbewußtsein.
– Tito führte seine Partei auf einen eigenen Weg des Kommunismus und machte sie von Moskau unabhängig.
– Tito stabilisierte Jugoslawien als einen eigenständigen, unabhängigen politischen Faktor zwischen Ost und West.
– Tito ist einer der Gründerväter der Blockfreien."
Und aus diesen vier „Errungenschaften" möchte Willy Brandt 1984 noch diese eine ganz besondere herausheben: „Ein starkes, gegenüber den Großmächten unabhängiges Jugoslawien ist aufgrund seiner geopolitischen Situation ein positiver Faktor im europäischen Spannungsbereich."

Heute vergeht kein Tag, da nicht über neue Auflösungs- und Zersetzungserscheinungen in Jugoslawien berichtet wird. Die große alte ehrwürdige Rolle, die das Land als Gründungsmitglied der Blockfreien gespielt hat, wurde im Jahre des Golfkrieges ausgespielt – als diese Staatenrunde sich noch einmal piepsend in Erinnerung brachte – aus der Welt- und Zeitgeschichte. Die Bewegung der Blockfreien ist im Jahre 1991 erloschen. Wenn es sie je gegeben hat, 1991 ist sie gestorben. Ausgehaucht. Wer erinnert sich nicht an die Tage von Bandung 1955, als die damals Großen der nicht an die Supermächte gebundenen Welt, Sukarno, Tschou Enlai, Kwame Nkrumah, Josip Broz Tito, Jawaharlal Nehru und Gamal Abdel Nasser – den Panch Schila, die „Fünf Prinzipien," für die Welt gültig und durchsetzbar machen wollten? Lang ist es her.

Jetzt bricht alles auseinander. Die Serben – als die mächtigste Ethnie – wollen eine dominierende Rolle und am liebsten in dieser Funktion den Uni-Staat behalten. Die Kroaten haben ihre alten Autarkiegelüste, ähnlich unbelehrt wie die Slowaken in der ČSFR, die dem neuen Staatspräsidenten Václav Havel das Leben ungebührlich schwer machen. Das Bedürfnis nach Wegstreifen der alten Zentralfesseln scheint so groß zu sein, daß beide, Slowaken wie Kroaten, sich nicht scheuen, an alte faschistische Zeiten anzuknüpfen, in denen sie formal eine Art Unabhängigkeit in ihrem eigenen Hause und ihrer eigenen Küche besaßen. Die Slowaken als makabres Geschenk Hitlers, der sie bei der Zerschlagung der damaligen Tschechoslowakei als unabhängigen Staat unter einem klerofaschistischen Regime (des Priesters Jozef Tiso) hervortauchen ließ. Die Kroaten in der gleichen faschistischen Flut, als die ebenfalls gräßlich klerofaschistischen Blut-und-Boden-Berserker ein Großkroatien schaffen wollten.

Milovan Djilas, der alte große Rebell Jugoslawiens, antwortet auf die Frage, wer alles an dem Einheitsstaat Jugoslawien zurrt und zerrt: „Nicht nur die Serben, auch die Albaner. In Kroatien gibt es viele Elemente, die ein Großkroatien wollen. Großkroatien bedeutet Bürgerkrieg. Diese Leute sagen, Bosnien sei ein Teil Kroatiens. In Bosnien leben 2,5 Millionen Serben. Eine Annexion Bosniens würde zum Bürgerkrieg führen."

In der „Weltwoche" fragt Hans Peter Born den erloschenen Vulkan Milovan Djilas: Sind die Kroaten, die jetzt aufbegehren, direkte Nachfolger der Ustascha, der faschistischen Kräfte, die unter Hitler ihren eigenen, auch Bosnien umfassenden Staat hatten? Djilas: „Es gibt Ustascha in Kroatien. Sie existieren nicht offiziell, aber in der politischen Konzeption. Präsident Tudjman ist natürlich kein Ustascha, und wenn ihm in der serbischen Presse vorgeworfen wird, er betreibe eine Ustascha-freundliche Politik, dann ist dies eine Verleumdung." (Weltwoche 21. März 1991)

Jeden Tag wird die Idee des einen Jugoslawien weiter durchlöchert. Slowenien will in die EG als unabhängiger Staat, Kroatien, Serbien.

Überall da, wo in den letzten Jahrzehnten ein zentralisierter unitarischer Einheitsstaat entstanden ist, begehren einzelne Landesteile und Völkerschaften auf. Zu Recht, denn die alles vereinheitlichende Staatsidee gehört zum alten Eisen und auf den Schrotthaufen. Zählen wir nur auf, wo überall Protest und Erregung alter kultureller und ethnischer Geister brodeln.

Die 20 bis 25 Millionen Kurden lassen sich auf Dauer nicht mehr von den Uni-Zwangsstaaten Iran, Irak und der Türkei vergewaltigen. Sie haben bei ihrem Freiheitskampf immer wieder Erfolge, aber nie einen Durchbruch erlebt. Auf die große Politik und Diplomatie zu vertrauen, muß man den Kurden nicht mehr abgewöhnen. Sie haben längst begriffen, daß ihnen die Diplomatie außer schönen Worten nichts bringt. Was sagte den Kurden doch der amerikanische Präsident Wilson innerhalb der 14 Punkte, die die endgültige Weltfriedensordnung besiegeln sollten:

„Den nicht türkischen Minderheiten im osmanischen Reich muß die vollständige Möglichkeit eingeräumt werden, ihre Unabhängigkeit weit entfernt von jeglicher Einmischung und Beeinflussung auszuüben."

Dieser Punkt 12 ist nie durchgesetzt worden. Kein Kurde konnte sich auf ihn berufen, nie auch wurden die Kurden so gefährlich, daß man sich in Washington auf so ein Versprechen beziehen mußte. Die Kurden – wie viele Divisionen haben sie? Sie hatten bis heute immer zuwenig Divisionen gegenüber der geballten Einheitsfront der türkischen, iranischen, irakischen Divisionen. Das Geheimabkommen von Sykes und Picot, der britischen und französischen Diplomaten vom 16. Mai 1916, vergaß die Kurden ganz einfach.

Im Vertrag von Sèvres (Sommer 1920) ging es erneut um die Nachfahren des Osmanischen Reiches und die Kurdenfrage. „Die kurdische Delegation, an deren Spitze der General Scherif Pascha stand, plädierte entschieden für die nationalen Rechte des kurdischen Volkes. Und auch der auf der Konferenz ausgehandelte Vertrag beinhaltete schließlich einige Forderungen der Kurden, die in den Artikeln 62, 63 und 64 festgelegt wurden. Danach wurde der

Türkei jegliches Anrecht auf kurdisches Territorium abgesprochen – was zu diesem Zeitpunkt allerdings lediglich die Formulierung einer Tatsache war, die die Alliierten bereits vier Jahre zuvor mit dem Sykes-Picot-Geheimabkommen zu ihren Gunsten entschieden hatten. Weiterhin sollte dem kurdischen Volk ‚auf Wunsch' seine Unabhängigkeit ermöglicht werden." (Zuhdi Al-Dahoody: Die Kurden. Geschichte, Kultur und Überlebenskampf. Umschau Verlag, Frankfurt, 1988, S. 110)

Und im Vertrag von Lausanne hieß es dann noch einmal (Juli 1923): „Die türkische Regierung verpflichtet sich, allen Einwohnern der Türkei vollen und ganzen Schutz ihres Lebens und ihrer Freiheit zu gewähren ohne den Unterschied der Geburt, Nationalität, Sprache oder Religion."

Die tapferen, harten, unnahbaren Kurden haben es eingebleut bekommen: Sie können sich nur auf die Kraft ihrer Gewehre und ihres Willens verlassen – und auf sonst nichts auf der Welt. Das Jahr 1992 wird eine irgendwie geartete autonome Enklave der Kurden erleben.

Die Welt hat 1991 schon die Eroberung Asmaras durch die Eritreer und die Ausrufung eines freien, unabhängigen, demokratischen Eritrea erlebt. Die Welt ist darauf nicht vorbereitet. Die Diplomatie nicht, weil sie sich von der großäthiopischen Propaganda hat becircen lassen und davon absah, daß es das „Gebilde" im Norden überhaupt gibt. Die Medien nicht, weil es für Journalisten und Korrespondenten zu beschwerlich war, in das eindrucksvolle, fortgeschrittene, autarke liberated Eritrea zu gehen.

Die Äthiopier waren darin den Deutschen sehr vergleichbar. Hatten wir mit unserer Hallstein-Doktrin für zwei Jahrzehnte die ganze bekannte Welt betrogen, so waren es die Äthiopier mit ihrer Menelik-Mengistu-Doktrin in der Zeit bis heute – oder gestern. Die westliche und östliche Diplomatie wagten das Wort Eritrea nicht in den Mund zu nehmen, es war ein verbotenes Wort. Der ADN-Korrespondent Thomas Burmester in Addis Abeba erzählte mir, daß er von Zeit zu Zeit in den Jahren 1986ff. versuchte, das Wort Eritrea in seine Berichte nach Ostberlin einzuschmuggeln – sed frustra –, es wurde ihm pünktlich herausgestrichen.

Nach der Eroberung von Massaua durch die Eritreer und der

Beherrschung der Roten-Meer-Küste bis 50 Kilometer vor Assab hinunter scheint sich dem siegreichen Ende des Unabhängigkeitskampfes nach über 32 Jahren kaum noch etwas in den Weg zu stellen. Die Eriträer werden auch auf einer zunächst ganzen Unabhängigkeit bestehen. Sie werden sie bekommen – wer sollte sie ihnen nehmen? Und Haile Mariam Mengistu wird als Diktator fallen, als eine der schlimmen Erinnerungen an die Zeit, da wir uns vergewaltigt sahen durch so viele macht-, blut-, geld- und einflußgierige Diktatoren. Jetzt fällt einer nach dem anderen, durch Gewalt, Umsturz oder – freie Wahlen. In Benin muß General-Diktator Kérékou den Amtssitz räumen; Sieger bei den ersten freien, gleichen, demokratischen Wahlen in Benin wurde der Weltbank-Manager a. D., Nicéphore Soglo. Soglo, auf den nicht nur die Hoffnungen des winzigen westafrikanischen Landes, sondern ganz Afrikas gerichtet sind, konnte 68 Prozent der abgegebenen Stimmen auf sich vereinen.

Die schrecklichste Zentralmacht war die Sowjetunion, in der das Zentrale durch eine Russifizierung und durch eine Sowjetisierung verstärkt wurde. Rimma Dalos hat beschrieben, wie sie diesem Zwangssystem nur entsagen konnte durch ihren „Abschied von der russischen Seele". Sie lernte ihren ungarischen Mann György Dalos kennen und war von dieser Zeit an für die „russische Seele" verloren. „Was Sie auch sagen mögen, Sie haben trotzdem Ihr Land verraten, Rimma", entgegnete der leitende Funktionär des Parteiverlages, bei dem sie in Budapest Arbeit gefunden hatte, der Kosmopolitin. „Sagen Sie Ihrem Mann, daß Sie sich von ihm trennen, wenn er mit seiner Wühlarbeit fortfährt", so sagte es ihr der Funktionär-Attaché in der sowjetischen Botschaft. „Allmählich sah ich ein, daß es auf der Ebene der politischen Subkultur, die nicht nur in der Sowjetunion, sondern in ganz Osteuropa blühte, für mich kein Überleben geben würde. Ich mußte einen anderen Ort für mich und meine Seele suchen."

So suchen viele Russen ein anderes Land und eine andere Seele. Lydia Grafova von der „Literaturnaja Gazeta" meinte bei einer Pressekonferenz in Bonn, es seien wohl an die 25 Millionen Sowjetbürger, die „einen anderen Ort für sich suchen". Zunächst sind es die russischen Juden und die Sibirien- oder Wolga-Deutschen.

Sie können den anderen Anker schnell finden, weil sie Bezugs- und Heimatländer außerhalb des Landes ihrer Geburt, ihrer Schmerzen und Leiden in Israel und der Bundesrepublik Deutschland haben.

„Das traditionelle russische Denken labt sich am Asketischen. Die Freuden des materiellen Lebens scheinen der russischen Seele fremd zu sein. Daraus folgt für viele eine gestörte Beziehung zum Konsum. Selbst in Ungarn mußte ich nicht nur das Produktivsein, sondern auch das Verbrauchen von Gütern lernen." (Kursbuch „Rußland verstehen", März 1991, S. 72) Das Asketische mischt sich für den Westler noch mit einigen Zeichen und Formen des brutalen Wodka-Alkoholismus. Jedenfalls in Sibirien (Kusbass, wo ich mich dreimal in den letzten zwei Jahren aufhielt) gibt es eine Wodka-Trink-Kultur, die wohl bewirken soll, von zwei Plagen kurzzeitig immer wieder befreit zu werden:

Erstens einmal von der schrecklichen und unabänderlichen Kälte (bis minus 30 und 40 Grad), zum anderen vom naturwüchsig hingenommenen Elend, der Misere, dem Jammertal des Alltags. Auf dem Tisch des „Roter Stern"-Restaurants, in dem die deutschen Helfer des Komitees Cap Anamur immer saßen, standen in der Regel mehr Wodka- denn Wasserflaschen, und eine gemeinsame Unternehmung wie die erfolgreich abgeschlossene Fahrt mit 14 LKWs von Troisdorf/Bundesrepublik bis nach Prokopjewsk/Sibirien über 7115 Kilometer im Januar 1991 endete gewöhnlich in einem entsetzlich besinnungslosen, dröhnenden Besäufnis. „Eine gestörte Beziehung zum Konsum", sagte Rimma Dalos.

Daß die kapitalistische Produktion nicht allein die Ausbeutung des Menschen durch den Menschen zum Ziel hat, das lernen Tausende von sowjetischen Funktionären, russischen Touristen, Kommunal- und Regionalparteigrößen bei ihren Westreisen kennen. Der größte Lern- und Lehrschub, die allergrößten Veränderungen werden sich in der sowjetrussischen Gesellschaft durch die Hinüber-Herüber-Kontakte zur westlichen Gesellschaft ergeben. Deshalb sind die Anstrengungen so wichtig, diesen Austausch zu fördern. Man sollte ihn aber nicht allein auf der unproduktiven touristischen – auch nicht der polittouristischen Ebene belassen. Das strahlenbiologische Institut der Universität München verlangt von den sowjetischen Wissenschaftlerkollegen vor einem Studienaufenthalt den Nachweis von (mindestens) Englischkenntnissen, am besten auch Deutschkenntnissen. Rimma Dalos meinte damals, als sie zum ersten Mal den ausbeuterischen Westen erlebte, „daß die Menschen gar nicht so viele Waren brauchen – ich maß den Konsum noch am russischen Appetit. Erst allmählich begriff ich den Sinn des Überflusses, die Möglichkeit der freien Wahl. Denn Armut – eine für alle – bedeutet das Fehlen der Wahl." (Kursbuch wie o.a., S. 72)

Die jugoslawische Republik stirbt wohl in diesen Monaten 1991 eines halbgewaltsamen Todes: Nach 73 Jahren der formierten staatlichen Existenz. Ähnlich wie die Sowjetunion nach 73 Jahren Einheits- und Uniformierungsterror einen gewaltsamen Tod stirbt. Das ursprünglich aus der Konkursmasse der beiden historischen Großreiche Habsburg und Konstantinopel, Österreich-Ungarn und des Ottomanischen Reichs versammelte Jugoslawien oder Südslawien konstituierte sich nach 1918 als Monarchie in der Dynastie der Kargeorgewitschs. Schon zwischen den beiden Weltkriegen wurde Jugoslawien zu seinem eigenen Unglück ein zentralisierter Staat. Da hatten nun weder die großen noch die kleinen Unterschiede zwischen den Nationen und Kulturen Platz. Einmal waren da die Slowenen und die Kroaten, die beide westlich-römisch-katholisch und von der alten k.u.k.-Kultur sehr imprägniert waren. Da gab es die Serben, die Montenegriner und Bosniaken, die entweder den russisch-orthodoxen Glauben hatten oder Muslime waren, also die kulturellen Erbteile der panslawistischen Anbindung an das dritte Rom, an Moskau oder an das Erbe Konstantinopels hatten. Dazu kamen die beiden großen Minderheiten der Albaner (in Kossowo) und der Ungarn (in Vojvodina), die nicht mal mehr unter die eine gemeinsame Klammer der Südslawen paßten.

Am 9. Oktober 1934 geschah es in Marseille. Ein Montenegriner stürzte sich im Gewühl – Anlaß war ein Staatsbesuch des jugoslawischen Königs – auf diesen und ermordete ihn, König Alexander. Und den französischen Außenminister Jean Louis Barthou gleich mit.

Der Zweite Weltkrieg brachte auch für Teile der jugoslawischen Gesellschaft die Versuchung des Faschismus. Besonders die katholischen Kroaten waren dieser Versuchung ausgesetzt. Auch der Klero-Faschismus war hier sehr ausgeprägt, ähnlich wie das ein unaufgearbeitetes Kapitel in der katholischen Kirche und Hierarchie in der Slowakei geblieben ist. Die Ustaschis richteten ein unabhängig faschistisches Kroatien ein, das Dalmatien an Italien abgeben mußte und das Slowenien zwischen Italien und Hitler-Deutschland aufgeteilt sah. Die Ustaschis begründeten ein Schrekkensregime, dem der Terror der Partisanen gegen die Kroaten in nichts nachstand. Selbst der föderale Aufbau dank der Konstitution von 1974 hat der jugoslawischen Republik kein staatliches Glück gebracht. Der Staat ist 1991 zusammengebrochen. Es werden zunächst drei Republiken entstehen: Serbien, Kroatien, Slowenien. Wenn sie vernünftig geführt werden, werden sie sich gleich danach zu einer Konföderation zusammenschließen.

Der neue Botschafter der Tschechen und Slowaken in Bonn, Jiři Gruša, nennt sich als Botschafter selbst einen Hochstapler. Denn für die Rituale und Protokollabläufe hat er nicht viel übrig. Die kennt er nicht und will sie auch nicht so genau kennen. Aber als Schriftsteller und Poet seiner eigenen Sprache ist er der beste Repräsentant, den sich die Tschechen und Slowaken in Bonn wünschen können. Er hat als Tscheche – wie sein Präsident Václav Havel – unter den unausgegorenen Trotzphasen des slowakischen Volkes zu leiden, das mit seiner Identitätsfindung in den letzten beiden Generationen zu kurz gekommen ist und jetzt seine Identität sucht, indem es sich am größeren Bruder gelassen reibt.

Gruša sagt es sehr heftig, daß die ČSFR weiterbestehen wird, auch dann, wenn in Bratislava/Preßburg die zwei Millionen Slowaken mit der einen Million Ungarn ihre eigene Fahne aufziehen werden. Sie sind auf ziemlich plumpe Art schon dabei, so etwas zu tun. Der Ministerpräsident der Slowakei, Mečiar, hat erklärt, er könne ja die Arbeiter zu seiner Hilfe rufen, aber er habe das bisher nicht getan. Das klingt danach, als ob er die Entwicklung in Rumänien, als ob er Iliescu kopieren möchte und einen neuen Terror gegen mißliebige politische Entwicklungen einrichten möchte, um autokratisch zu regieren.

Sie waren auf Staatsvisite, der Ministerpräsident und sein Außenminister Krejza, seines Zeichens Schauspieler – aber nichts hatten sie vorbereitet. Botschafter Gruša mußte sich um alles kümmern – um aus Bratislava zu hören, was ihm dann auch noch aus dem tschechoslowakischen Referat des Auswärtigen Amtes zugetragen wurde: „Gruša hat beim Abflug des slowakischen Ministerpräsidenten nicht gewinkt." Gruša mußte lachen. Er konnte nicht winken, denn beim Aufgang der beiden Honoratioren der slowakischen Regierung zum Flugzeug in Köln-Wahn hatte der Außenminister der Slowakei zwei Aldi-Plastiktüten in der Hand, und die Photographen schossen ihre Bilder. Gruša, selbst der anti-protokollarischste Mensch der Welt und allen Diplomatieritualen abhold, spürte instinktiv, daß das einen schlechten Eindruck machte. Er versuchte dem „Minister für Internationale Beziehungen" der Slowakei anzudeuten, er solle doch schleunigst die Aldi-Tüten aus der Hand geben. Ist es schon Komik, so hat es doch Methode.

Das Versagen der Deutschen

„Im Deutschland zwischen 1870 und 1945 lag vor allem
beim Militär die vom Staat gestellte Aufgabe, die Körper
der einzelnen Männer im Drill neu zu gebären;
sie bekamen eine Identität übergestülpt, waren
andere Deutsche und anders Deutsche, als sie vor
dem Militär gewesen waren...
Deutschland nach dem 1. Weltkrieg muß eine sehr
primitive Nation gewesen sein, jedenfalls in ihrer
‚völkisch' empfindenden Mehrheit: Die Übereinstimmung
des einzelnen Körpers mit dem Körper ‚Deutschland' in
der völkischen Propaganda ist jedenfalls total. Es gibt so
gut wie keinen Text zur Lage ‚Deutschlands' aus dieser
Zeit, keinen Bericht, keine Biographie, keinen Roman,
kein politisches Pamphlet, die nicht das im Krieg besiegte
Deutschland als zerstückelten Körper dargestellt hätte.
Die ‚Abtrennung' Oberschlesiens... Nordschleswigs...
der Saar: Abtrennungen von Gliedern des
Groß-Deutsch-Leibs, Amputationen."
(Klaus Theleweit: Thesen zum Deutschsein –
geht das?, zitiert nach Ortwin Reich-Dultz:
Abschied von der Kriegsgeschichte,
Verlag Die Argonauten, Husum 1991 S. 168f.)

„Menschenjagd – und alle schauen zu" heißt die Schlagzeile in der „tageszeitung" am 23. September 1991. Die Meldung kommt aus einem Ort, der am Wochenende davor (21./22.9.) traurige deutsche Berühmtheit erlangte: „Öffentliches Wohlwollen, völliges Versagen oder Böswilligkeit von Politikern und eine hilflose Polizei bilden den Rahmen für bislang unglaubliche Jagdszenen auf Ausländer in dieser Republik. In Hoyerswerda bei Cottbus griffen unter dem Beifall eines Teils der Einwohner gestern wieder Hunderte von Rechtsradikalen, wie schon in den sechs Tagen zuvor, ein Ausländerwohnheim mit Stahlkugeln und Molotowcocktails an. Anschläge wurden am Wochenende aus anderen Städten Sachsens, aus Niedersachsen und Baden-Württemberg gemeldet. Die Polizei beklagt bitter Schweigen und Tatenlosigkeit der Politiker. Gestern bequemte sich endlich Sachsens Innenminister Krause an den Ort, wo Bürger Gäste jagen. ‚Bündnis 90' und Berliner Friedensgruppen versuchen, ein Zeichen zu setzen, sie organisierten einen Autokorso nach Hoyerswerda."

Am Montag hat Cap Anamur eine Erklärung abgegeben, die unsere ganze Hilflosigkeit aufdeckt. Wir sind, wird mir klar, auch nicht mehr das, was wir 1979 waren. Ich bin es auch nicht mehr. 1979 hätten wir gleich etwas *getan*. Jetzt – am 23.9.1991 – geben wir erst mal eine Erklärung ab. Genau das aber erwartet man nicht von uns. Zumal nicht in dieser für uns Deutsche einzigartig bedrohlichen Situation.

In der Erklärung, die ich unter dem Eindruck schrecklicher und nicht möglicher Fernsehbilder aus Hoyerswerda schon am Sonntagabend geschrieben habe, heißt es:

„Wir schämen uns."

„Komitee Cap Anamur hat sich seit den großen Seenotrettungsaktionen mit seinen Schiffen auch in Deutschland für die vietnamesischen Mitbürger verantwortlich gefühlt – und wird das weiter tun. Komitee erklärt aus Anlaß der unerträglichen Ereignisse und der mörderischen Angriffe auf Ausländer in Hoyerswerda und anderswo:

Wir schämen uns für das, was Mosambikanern und Vietnamesen in Hoyerswerda täglich/nächtlich angetan wird, ohne daß Polizei und Gesellschaft dem ein Ende bereiten können (wollen?)" …

„Daß ausländische Mitbürger in Deutschland wieder Opfer von Verfolgung, Objekt von physischer Gewalt, von Haß und Drohung sein können, ist ein Skandal" ... „Ein Skandal, der für uns um so schlimmer wiegt, als wir Deutsche uns nach 1945 geschworen haben, daß es so etwas unter Deutschen nie wieder geben dürfte. Oder haben wir das nur geträumt?"

Hans Georg Ullrich, Filmemacher in Berlin, alter Freund aus langen Jahren, ruft mich an, bringt mir zu Bewußtsein, daß eine solche Erklärung tönernes Erz und klingende Schelle sind: Wir müssen etwas *tun*, nicht etwas erklären. Wir müssen uns vorbereiten, Busse vorsorglich an der Hand haben, mit denen wir das Mörderische – die rassistische Verfolgung nicht mehr verhindern, sondern die Verfolgungsopfer, die verängstigten Mosambikaner und Vietnamesen dort herausholen...

Am Abend dieses traurigen Tages eine hilflose (aber in ihrer Hilflosigkeit ehrlich-gute) Sendung „Tagesthemen" mit Sabine Christiansen und einem guten Kommentar von Ernst Elitz. Elitz bringt die Sache auf den Punkt der Beschämung, der nicht mehr zurückzudrehen ist. Und auf das Unvorstellbare, das der Nationalsozialismus mit seiner Verfolgung (und dann Vernichtung!) der Juden auch gewesen ist: Wir haben ja Bedarf an ausländischen Arbeitnehmern, es gibt schon wieder Leiharbeiter-Firmen, die Albaner, sehr billige Albaner, aber auch Jugoslawen anheuern und hier in großen Zahlen illegal auf den Markt bringen. Es ist völlig irrational, daß mit der Wegnahme der Arbeitsplätze durch die Asylbewerber und die ausländischen Gäste argumentiert wird. Man fühlt sich an das zurückerinnert, was Hannah Arendt geschrieben hat über die „vollendete Sinnlosigkeit", die der nationalsozialistische Rassismus an sich gehabt hat: Die Schwierigkeiten bei der Beschäftigung mit dem Gegenstand, schrieb sie 1950, seien offenkundig. Schon die bloße Aufzählung der Fakten klingt in den Ohren von anderen „überspannt und unglaubwürdig". Vor allem irritiere, daß „der gesunde Menschenverstand versagt, denn weder die Einrichtung der (Vernichtungs-)Lager selbst und was innerhalb der streng bewachten Grenzen vor sich ging, noch deren politische Rolle ergeben irgendeinen Sinn. Wenn man annimmt, daß die meisten Tätigkeiten der Menschen utilitaristischer Natur sind und daß böse Taten allenfalls aus ‚übertriebenem' Egoismus resultieren, dann entzieht diese besondere Einrichtung totalitärer Herrschaft sich menschlichem Verständnis." Sie schreibt aber dann weiter, und jagt mir als Leser erneut den Schauder über den Rücken, der mich ergreift, wenn mir klar wird, daß jetzt schon wieder sinnlose Menschen-Vernichtungsabsichten auf den Straßen – in der Thomas-Müntzer-Straße und der Albert-Schweitzer-Straße in Hoyerswerda sich austoben: „Die Neger kriegen Zucker in den Arsch geblasen, denn sie infizieren unsere Mädchen mit Aids."

Hannah Arendt: „Wenn man jedoch andererseits von allen gewohnten Maßstäben abstrahiert und die wahnwitzigen ideologischen Behauptungen des Rassismus in ihrer logischen Klarheit betrachtet, dann macht die Ausrottungspolitik der Nazis fast allzuviel Sinn. Dem von ihnen angerichteten Grauen liegt die unbeugsame Logik zugrunde, welche auch die Sichtweise von Paranoikern regiert, in deren Systemen alles mit absoluter Notwendigkeit folgert, wenn einmal die erste verrückte Prämisse akzeptiert worden ist. Der Wahnwitz solcher Systeme besteht natürlich nicht nur in ihrer Ausgangsprämisse, sondern vor allem in der ehernen Logik, die sich durchsetzt, und zwar ohne Rücksicht auf die Tatsachen und ohne Rücksicht auf die Wirklichkeit, eine Wirklichkeit, die uns lehrt, daß es in der Praxis keine absolute Vollkommenheit geben kann." H. Arendt: „Israel, Palästina und der Antisemitismus" (Klaus Wagenbach Verlag, Berlin, 1991, S. 77).

Genau das versäumen wieder mal Kirchen, Politik, Parteien. Die SPD in ihrer ahnungslosen Blödheit meint, sie könnte auf die Regierung eindreschen, um zu sagen: Ätsch, Ihr habt Schuld. Als ob das unter einer SPD-Regierung nicht das gleiche wäre. Elitz hat recht, Kohl und Engholm müßten in ein Asylanten- oder Ausländerheim, um dort mal die Droh-, die Angst- und die Haß-Orgien zu erleben, selbst, am eigenen Leibe. Da taucht in den „Tagesthemen" ein dicker, vollgefressener Superintendent der Evangelischen Kirche auf, auf einer Wiese der Mörderstadt Hoyerswerda, und erklärt nicht etwa, daß das nach dem Evangelium nicht geht. Nein, er sagt etwas, was Stadtverordnete auch sagen würden: Das waren zu viele und zu schnell. Hat das Jesus Christus auch gesagt: Liebet euren Nächsten wie euch selbst, aber nur, wenn er in „Dosen" euch nahekommt. Weil der herrliche Theologe meint, fremde Menschen müßten uns Deutschen in „Dosen" nahekommen, in Dosierungen. Kurz: Es ist eine furchtbare Geschichte. Wir, die wir nach der Flucht gedacht haben: *Nie* wieder, wir können uns nur die Tränen aus den Augen wischen und sagen: Schon wieder.

Wie lange hält die Jugend noch still?

Wir tun so, als ob wir täten – die Jugend Europas und Afrikas wird sich das nicht mehr lange gefallen lassen.

Das Grundprinzip der Politik in Europa ist – die Heuchelei. Man sagt so, aber handelt anders. Man tut so, als ob man den städtischen kollektiven Verkehr und die Verbundnetze stärken würde zu Lasten des umweltschädlichen Individualverkehrs – aber man handelt genau umgekehrt. Man tut so, als ob man den Entwicklungsländern wirklich helfen und beistehen will, und gibt weiter beharrlich den europäischen Farmern und den europäischen Agrarexperten die leckeren Subventionen – zum herben Schaden der Süd-Welt. Wir tun so, als ob wir die Waffenexporte moralisch abscheulich und juristisch unmöglich finden, aber es geschieht alles, um sie weiter möglich zu machen. Wir tun so, als ob alle Exporte nach Bagdad und in den Irak gestoppt sind, aber die Bundesregierung weiß, daß sogar einige Geiseln ihre eigene Befreiung nicht wollten, sondern auf Anweisung ihrer Firma im Land geblieben sind.

Wir tun überall so, als ob wir täten, wie Tucholsky gesagt hat. Und der hat dem Berliner Gemeinspruch hinzugefügt: „Det is een scheenes Jefieehl..."

Wo wir hinpacken, ergibt sich dieser klaffende Widerspruch von Theorie und Praxis, den die Politik und Verwaltung schon so verinnerlicht hat, daß er ihr als Widerspruch gar nicht auffällt. Die Jugendlichen, die Schüler und Studenten auf dem Campus in Tübingen wie in Nairobi, in Kampala wie in Bochum, in Dares-Salam wie in Aachen werden sich das nicht mehr länger gefallen lassen. Die Selbstvergessenheit einer Zeitepoche wird in den nächsten Jahren abrupt aufhören. Die Jugendrevolte wird keine bloße Studentenrevolte wie 1968 mehr sein, sie wird die junge Generation insgesamt erreichen und einnehmen. Es wird keine intellektuelle Bewegung mehr sein wie die von 1968, die vom Studenten- und

Soziologen-Jargon ebenso imprägniert war wie von all den linken Illusionen, von denen sich diese 68er Generation (mich eingeschlossen) auf eine Art hat vereinnahmen lassen, wie uns das heute kaum noch bewußt sein will. Die Schüler, die sich heute nüchtern und ganz unideologisch vom Krieg abwenden und gegen den Golfkrieg bei der großen Demonstration am 26. Januar 1991 in Bonn auf dem Hofgarten demonstrierten, waren (hoffentlich?) eine lähmende Erkenntnis für die Politik, daß der gutbürgerliche wohlanständige Schlendrian nicht ungefährdet so weitergehen wird.

Ich will nur zwei Felder der Heuchelei und unseres Selbstbetrugs noch einmal auflisten:

Ökologie

Jeder Bürger der Bundesrepublik weiß, daß er auf dem Markt (auch auf dem subventionierten) für dumm erklärt wird, wenn er sich ökologischen Erkenntnissen der Erhaltung von Natur und Umwelt gemäß verhält. Die Flasche Milch ist erheblich teurer als die umweltverschmutzende Tüte. Das heißt für ein unverbildetes Gehirn: Derjenige, der im Sinne der modernen Erkenntnisse handelt, wird bestraft – mit der härtesten Sanktion, die es in der heutigen Gesellschaft gibt: Er muß sich dazu durchringen, für sich selbst unökonomisch zu sein.

Wenn ich selbst am Morgen mal wieder die Eingebung habe, aufgrund von Glatteis oder Nebel oder weil ich wieder ein Buch über die ökologischen Folgen des individuellen Nahverkehrs gelesen habe, mich auf den öffentlichen Nahverkehr von meiner Heimatgemeinde Troisdorf nach Köln einzulassen, bedeutet das einen Verlust in mindestens vierfacher Hinsicht:

- Ich verbrauche statt 20 bis 25 Minuten über zwei Stunden pro Fahrt von meinem Wohnhaus in Troisdorf-Spich zu der Arbeitsstätte DLF.
- Ich muß nicht nur schlechte Anschlüsse in Kauf nehmen, sondern auch abgezähltes Kleingeld bereithalten; in den neuen Bussen der Stadt Köln kann man sich seine Tickets an einem Automaten im fahrenden Bus besorgen, was für ältere Semester eine Zumutung für Physis und Psyche darstellt, aber seit

wann haben sich Verkehrstechnokraten darum gekümmert, wie die eigene Erfindung für den Bürger aussieht?
– Die Kosten sind horrend, ich muß für den Zug 5,00 DM und für den Bus noch einmal 2,50 DM ausgeben, das rentiert sich vorne und hinten nicht.
– Die Anschlüsse sind miserabel, die Fahrzeiten des Busses, der an der Bonner Straße zum Bahnhof hin und her tuckelt und ebenso Opfer des Straßenverkehrs ist wie die PKWs, sind ebenso unkalkulierbar und ökonomisch unsinnig wie die des Zuges der Deutschen Bundesbahn nach Troisdorf. Der einzige Zug, der für mich morgens in Frage kommt – 8.42 Uhr – hat als Nachfolger eine Verbindung um eine ganze Stunde später. Abends das gleiche Bild: 19.08 ist der letzte, danach gibt es wieder einen um 20.30 Uhr. Wer sich da von den öffentlichen Transportmitteln angereizt fühlen soll, ist reif für die Klapsmühle.

Entwicklungspolitik

Würden die afrikanischen Länder noch die Rohstoffpreise von 1980 bekommen bei ihren Exporten, sie hätten einen Zugewinn von 150 Milliarden Dollar in ihren Kassen. Da aber die Rohstoffpreise von uns und zu unseren Gunsten gemacht werden, sind die immer mehr gefallen und haben die Volkswirtschaft Afrikas in den Keller gezogen.

Statt dessen richten wir Riesenbetriebe für unsere Entwicklungshilfe ein, mit denen wir zunächst einmal uns selbst und dann meist die Reichen in den Ländern der Süd-Hälfte begünstigen. Das Ganze heißt dann entweder „Grundbedürfnis-Konzept“ oder „Armuts-Konzept“. Man will die Ärmsten der Armen erreichen und Selbsthilfe statt Hilfe bieten. Tolldreister kann die gewöhnliche Heuchelei nicht aussehen. Denn genau das Gegenteil geschieht da…

Die Jugend Afrikas wird bald erkennen, was die fiktive Filmgestalt des Isa El Mahdi in dem TV-Film „Der Marsch“ der schönen Europa-Kommissarin Clare sagt, als diese ihn und die Tausende junger Afrikaner (meist Sudanesen) abhalten will, bei Gibraltar in das gelobte Land Europa überzusetzen:

Die Kommissarin, die von Brüssel den überraschend schnellen

und klaren Auftrag bekommen hat, ihn noch in der marokkanischen Wüste mit seinem Zug zu stoppen, der schon ein Medienereignis geworden ist, wie in den Monaten Januar/Februar 1991 der Golfkrieg, bietet ihm Flüchtlingscamps an. Also das, was die Politik immer gleich zur Hand hat, einen Scheck – so wie Hans-Dietrich Genscher am 25. Januar 1991 nach Israel fliegt mit einem Scheck, den der deutsche Kanzler schnell am 24. Januar unterschrieben hat, um seine Beschämung auszuradieren.

„Clare: Wegen der Aufmerksamkeit, die Sie erzeugt haben, werden die Camps alle Hilfsgelder kriegen, die sie brauchen – und mehr. Ist das ein Fortschritt, hm?

Isa El Mahdi (ungebrochen in seinem Stolz): „Haben Sie die Camps gesehen? Wollen Sie da leben?"

Die Unverschämtheit dieser Frage: Als ob es je so sein könnte, daß die weißen Europäer und sie, die Habenichtse aus Afrika, zu gleichen Bedingungen leben und existieren könnten? Das ist es ja, was insgeheim uns allen unrealistisch vorkommt. Weshalb der Film und seine Protagonisten uns unheimlich vorkommen. Der Stolz läßt anderes als Gleichbehandlung nicht mehr zu: Aber genau das wollen wir in unserem Sacro-Euro-Egoismo uns nicht einmal vorstellen – geschweige denn daran etwas vorbereiten.

Fortsetzung Film-Protokoll:

Clare: „Im Moment sind die Camps das einzige Mittel, um die Leute am Leben zu erhalten. Aber bessere Bedingungen werden kommen eines Tages. Für den Augenblick ist die Aufgabe, Nahrung zu denen zu bringen, die sie brauchen."

Darauf El Mahdi: „Wie ich klein war, wurde uns gesagt: Wenn ihr studiert und hart arbeitet, wird euer Land sich entwickeln, und eines Tages – vielleicht nach langer Zeit, aber eines Tages wären wir auch reich. Ich glaubte das. Ich studierte hart. Ich arbeitete hart. Aber mein Land wurde ärmer und ärmer, und ein Tag kam, und wir hatten nichts."

Die Kommissarin macht als moderne aufgeschlossene Euro-Politikerin die Sache schlimmer, sie setzt noch einen drauf: „Es gibt hundert verschiedene Gründe dafür."

Isa El Mahdi: „Nein, nicht mehr Gründe. Zuviel Gründe. Ich mag sie nicht, eure Gründe. Ihr habt Gründe – wir haben nichts."

Die Euro-Kommissarin droht noch einmal, wie wir innerlich alle drohen, wenn uns die Neger in ihrer Undankbarkeit nicht in Ruhe lassen wollen: „Lassen Sie mich das sagen, Mr. El Mahdi. Dieser Marsch sieht aus wie eine Drohung. Menschen lassen sich nicht gern bedrohen. Manchmal reagieren sie mit Gewalt." (Zitiert nach dem Protokoll des Films von William Nicholson, „Der Marsch. Aufbruch der Massen nach Europa", Horizonte 1990)

„Fairer Handel", sonst gar nichts

Am 16. Mai 1991 war ich zum ersten Mal in meinem Leben zum Regierungs-Gast-Hotel Petersberg im Siebengebirge geladen, ich hatte ein Interview mit dem Präsidenten Ugandas ausgemacht. Fast wollten mich die BGS-Soldaten nicht hineinlassen, da ich in Räuberzivil und ohne Schlips und Kragen vor die Tür des Heiligtums trat.

Meine erste Frage: Was erwarten Sie, Yoweri Museveni, von dem Besuch hier in Bonn bei der Bundesregierung?

Antwort: Soweit Afrika betroffen ist, meine ich, die größte Erwartung besteht darin, daß wir hoffen, daß Europa alle Schulden erläßt – und zwar sowohl bilaterale wie multilaterale Schulden. Die Schulden Afrikas betragen 230 Mrd. US-Dollar. Diese Schulden waren zum einen nicht einmal richtige Schulden. Und wenn es sich um Niedrigzins-Kredite gehandelt hat, dann war es oft so, daß sie nicht ordentlich genutzt wurden. Das ist der Grund, weshalb die Rückzahlung für uns ein Riesenproblem ist. Und weil Afrika ja nun noch eine ganze Menge anderer Probleme hat, wünschte ich mir, daß all diese Schulden gestrichen würden. Und dann könnten wir einen ganz neuen und frischen Anfang machen.

Das zweite Problem betrifft besonders Uganda: Wir sind außerordentlich interessiert an gemeinsamen Investitionen mit unseren deutschen und europäischen Freunden. Für Uganda sind wir interessiert an Investitionen in der Textilbranche, in der Fischproduktion und im Tourismus.

Frage: Sie hatten gestern Gespräche mit Herrn von Weizsäcker und Kanzler Kohl. War deren Antwort auf Ihre Fragen für Sie befriedigend?

Antwort: Ja, sehr befriedigend. Wir hatten sehr gute Gespräche mit beiden, und ich war sehr zufrieden mit dem Ergebnis in allen wichtigen Fragen. Aber ich möchte noch einen anderen Punkt erwähnen, wo ich meine, daß Europa sich bewegen müßte. Europa muß seinen Agrarprotektionismus aufgeben. Ich denke da an die Subventionen für europäische Bauern. Diese schließen nämlich unsere Agrarprodukte vom europäischen Markt aus. Jetzt produzieren die Europäer Zucker. Früher hat Europa sehr viel Zucker importiert, z. B. aus der Karibik, aber auch aus Uganda, aus Malawi und von Mauritius. Wenn die Europäer fortfahren, ihren Zucker zu subventionieren, dann schließen sie damit den Zucker Afrikas vom Europamarkt aus. Ein anderes Beispiel wäre Fleisch usw. Und Weizen. Ich erinnere mich, daß in den 50er Jahren Argentinien das größte weizenproduzierende Land der Welt war. Und wer hört heute noch was von Argentinien? All diese Länder haben einen Niedergang ihrer Agrarproduktion erlebt wegen der EG-Subventionen. Die Europäer sollten ihr eigenes Interesse verstehen und nicht aus Altruismus den Protektionismus aufgeben. Die Afrikaner werden ihre Produkte Europa verkaufen, dafür bekommen sie Geld in ihre Hände, und dafür können sie eben europäische Produkte kaufen. Denn Afrikaner, die Geld in ihren Händen haben, sind für Europa bessere Handelspartner. Es ist wirklich im Interesse Europas, den Afrikanern Geld zu geben und nicht nur Hungerhilfe. Also ihnen Geld zu geben über freien und fairen Handel.

Frage: Ist es nicht lustig, daß wir Europäer der ganzen Welt die Marktwirtschaft predigen und uns selbst nicht daran halten?

Antwort: Ja, natürlich, das ist einfach paradox, und das sollte nicht so sein. Das muß geändert werden, aber es liegt an den Medien und der Politik, das Publikum hier aufzuklären.

Frage: Politik und Diplomatie sind sehr besorgt um die Situation in den Bürgerkriegsländern Ostafrikas, Somalia, Äthiopien und Sudan wie auch Liberia. Diese Frage geht also an den Präsidenten der Organisation afrikanischer Staaten. Gibt es irgendeine Aussicht auf eine Stabilisierung in diesen Staaten, die ja auch Nachbarstaaten Ugandas sind?

Antwort: Ich denke, die Leute werden müde werden, zu schießen und zu kämpfen, und sie werden damit aufhören. Die Völker wollen Frieden. Die OAU versucht einige Dinge zu regeln, um die Bürgerkriegsparteien zu überzeugen. Da ist auch ein guter Wille in diesen Ländern, wie z.B. in Somalia, wo wir auch Kontakt mit einigen der Bürgerkriegsparteien haben, und diese Parteien sind bereit, an einen runden Tisch zu kommen. In Liberia haben wir jetzt einen Waffenstillstand erreicht, und es kamen ja sogar gemeinsame westafrikanische Truppen dorthin, um Recht und Ordnung wiederherzustellen. In Äthiopien sind die Amerikaner dabei, zwischen der Regierung und den Rebellen zu vermitteln. Auch in Angola sind die USA involviert, um zu einem Waffenstillstand zwischen UNITA und der Regierung zu kommen. So gibt es also überall Verständigungsbemühungen in diesen afrikanischen Ländern.

Frage: Sie kamen Ende Januar 1986 an die Macht durch die Befreiung Ihres Landes. Wie sieht die innere Verfassung Ihres Landes gegenwärtig aus? Sind Sie mit dem Maß von Stabilität und Rechtssicherheit zufrieden, das Sie erreicht haben?

Antwort: Es gibt in Uganda 38 Distrikte. Alle diese Distrikte sind jetzt friedlich, ausgenommen sind nur vier, und zwar handelt es sich um die Distrikte Gulu, Kitgum, Soroti und Kumi. Aber auch in diesen vier Distrikten ist die Destabilität nicht mehr so schlimm, als daß sie Hauptaktivitäten hindern könnte wie z. B. den Straßenbau, Schuleröffnungen, Verwaltung. Es kommt immer wieder vor, daß einzelne Bürger ermordet oder verschleppt werden. Und das war der Grund, weshalb wir jüngst wieder eine große Militäroperation gestartet haben, um diese Leute zu finden. Und wir waren auch erfolgreich, weil wir eine ganze Menge von ihnen festnehmen konnten. Es handelt sich überhaupt nicht mehr um eine Art von Aufstand, sondern um Bandenaktivitäten in diesen vier Distrikten.

Frage: Ihre Rebellenarmee hatte damals einen sehr guten Ruf wegen der Disziplin in ihren Rängen. Und diese Disziplin war es ja auch, die das Volk Ugandas überzeugte. Sie hatten aber sehr viele sog. Kindersoldaten in ihren Reihen, und ich möchte fragen: Was ist aus denen geworden?

Antwort: Diese Kinder gingen zur Schule und sind jetzt alle Männer. Wir haben eine Spezialschule für sie gebaut in Mbarara, und viele von ihnen gehen jetzt auch schon auf das Gymnasium, sie sind also alle in einer Art von Schulausbildung.

Frage: Es gibt ja nun eine Art Abkopplung Europas von Afrika und ein immer geringer werdendes Interesse an Afrika. Das hat auch zu tun mit der Öffnung Osteuropas und der Sowjetunion. Sind Sie über dieses mangelnde Interesse auch besorgt?

Antwort: Ich bin gar nicht besorgt. Es gibt viel mehr natürliche Ressourcen in Afrika, die Europa nutzen kann durch Kooperation mit uns. Im Gegenteil. Ich denke, vor der Öffnung Europas war Afrika in mehrere rivalisierende Staaten gespalten. Ost wie West haben sich ihre Klientel geschaffen in Afrika. So gab es Regime, die von Rußland, und andere, die von England ausgehalten wurden. Dann gab es wieder Staaten, die für die USA, und andere, die für Frankreich optierten. Und das hat einfach afrikanische Aktivität paralysiert. Deshalb ist es eine ganz gute Sache, daß diese Rivalitäten jetzt zu Ende sind, und es ist sehr, sehr gut, daß die Afrikaner endlich sehen, daß sie von den Europäern einfach benützt wurden gegeneinander. Und ich bin ganz sicher, daß die Afrikaner jetzt allmählich merken, daß ihr Schicksal sicherer in den eigenen Händen liegt als in den Händen von anderen Staaten.

Frage: Wenn ein Zuhörer Sie jetzt einfach fragen würde: Herr Museveni, was können wir für die Ugander tun? Was würden Sie sagen?

Antwort: Alles, was wir wünschen, ist ein freier und fairer Handel und gemeinsame Investitionen und sonst nichts.

Das Versagen der Vorbilder

„Was mich betrifft, der mit ihm andere Begegnungen gehabt hat, so will ich über unsere Beziehungen nicht lügen noch mit einem so schönen Optimismus schließen. Ich erinnere mich an meinen letzten Eindruck von ihm – wir trennten uns nachts in der rue Claude-Bernard –: sein Gesicht war enttäuscht, plötzlich verschlossen; es bleibt in mir, eine schmerzliche Wunde, infiziert durch Bedauern, Gewissensbisse und ein wenig Groll; in sich selbst verändert, wird unsere Freundschaft für immer darin ausgedrückt bleiben. Nicht daß ich dem letzten Augenblick eine große Bedeutung beimäße noch daß ich ihn für geeignet hielte, die große Wahrheit über ein Leben zu sagen. Aber in diesem, ja in ihm hat alles sich versammelt: alles Schweigen, das er mir seit 1950 entgegensetzte, ist in diesem schweigenden Gesicht geronnen...
Jeder kann die Schuld aufteilen, wie er will; jedenfalls waren wir nicht mehr schuldig, ja, so wenig waren wir es, daß ich manchmal in unserem Abenteuer nur noch seine Notwendigkeit sehe: so leben die Menschen in diesem Zeitalter, so lieben sie sich: schlecht."

(Jean-Paul Sartre in seiner Hommage an den 1961 gestorbenen Maurice Merleau Ponty, in „Sartre über Sartre", Rowohlt Reinbek 1977, S. 128)

Sie purzeln mir ähnlich aus den Regalen und von den Podesten meines inneren Bestiariums – die Mentoren, die Vorbilder, die „Maîtres Penseurs", die „Meisterdenker" (André Glucksmann). Als ich jüngst die Anthologie von Stalin-Gedichten deutscher und anderer Poeten durchblätterte, wurde mir ganz schwindlig, weil ich so viel Kriecherei, elende und feige Speichelleckerei, einfach nicht (auf einmal) ertragen konnte. Da waren Bertolt Brecht (wo war er denn physisch während des 17. Juni 1953?), Stefan Hermlin (dieser wortgewandte und immer alerte Verteidiger seiner selbst und des Regimes der SED), Hermann Kant („Impressum", Exekutor der Sprachregelungen und Zensurbescheide), Christa Wolff (die noch nachträglich mit einem etwas weinerlichen Widerstandsessay herauskam) beisammen.

Aber bedrückender wurde mir die Lektüre des Buches „Eine so süße Okkupation" (Untertitel: Simone de Beauvoir und Jean-Paul Sartre 1940–1944) von Gilbert Joseph, erschienen in Paris bei Albin Michel, 1991. Jahrelang, ja jahrzehntelang war ich meiner persönlichen Begeisterung gefolgt, hatte mir den „cher maître" zu meinem Spiritus rector gemacht, den „man einfach nicht kritisierte". Ich hätte es früher wissen und ahnen sollen. Als ich 1971 Pierre Victor in Paris traf, damals Sekretär von Sartre, da erzählte der mir eine Geschichte, die mich hätte mißtrauisch machen können. Sartre hatte einen fast antisemitischen Artikel geschrieben im Verfolg der Sadat-Friedensmission. Die Redaktion von „Libération" war entsetzt, konsterniert, einfach baff über einen solchen Ausfall – aber niemand wagte auch nur ein Wort der Kritik, geschweige denn den Eingriff der Redaktion in dieses Machwerk. „Sartre war eine solche Größe für uns, den kritisierte man einfach nicht." Auf 380 Seiten wird – ohne geifernden Eifer – wissenschaftlich belegt, was die beiden Dioskuren der existentialistischen Nachkriegszeit alles unterschlugen, verschwiegen, womit sie gemogelt hatten, um sich in ein besseres Licht zu setzen, als es aufgrund der historischen Fakten gefallen wäre...

Beispiel: „Les Mouches", ein Orest-Jupiter-Stück in Anlehnung an die griechische Mythologie, dessen süßer Verführung ich auch noch während meiner Doktorarbeit verfallen war. Das Stück gilt für alle Interpreten bis hin zu dem Kommunistenfresser Günter Albrecht Zehm (in den Bändchen Friedrichs Theater Klassiker) als *das* Résistance-Theaterstück par excellence. Sartre stilisierte es selbst in dieser Richtung, machte nachträglich den Regisseur und Theaterdirektor Gerard Dullin zu einem Fels in der Brandung der Kollaboration. Nach dem Kriege – die Erstaufführung von „Les Mouches" („Die Fliegen") war im Februar 1943 – erhob Sartre bei mehreren Gelegenheiten sich selbst und das Stück in den Rang eines heroischen Widerstandsaktes gegen Vichy, den Marschall Pétain, die Nazis und die Nazi-Zensur, das nur durchgekommen war, weil er selbst so stark und klar und klug den Résistance-Gedanken gegenüber den dummen Zensoren durchsetzte.

1948 gab es bei einer ersten Aufführung der „Fliegen" in Berlin eine Debatte. Sartre betonte, daß es darum gegangen war, „dem französischen Volk den Mut zurückzugeben, es wieder in Form zu bringen. Orest repräsentiert genau diese kleine Gruppe von Franzosen, die die Attentate gegen die Deutschen unternahmen und die dann nachträglich jene Angst der Reue in sich trugen, die geradezu die Versuchung in sich spürten, sich anzuzeigen."

Und 1951 vertraute Sartre nach der glorreichen Aufführung des Stückes im Pariser Theater Vieux Colombier der Zeitung „La Croix" an: „Wir schrieben das Jahr 1943, und Vichy wollte uns mit Gewalt in die Reue und die Scham hineintreiben. Als ich also ‚Les Mouches' schrieb, habe ich versucht, mit meinen eigenen Mitteln ein bißchen diese Krankheit der Reue, dieses Sich-Hingeben an die Scham auszurotten, die uns belästigten. Die Kollaborateure täuschten sich darüber nicht. Heftige Pressekampagnen zwangen das Theater Sarah Bernhardt sehr schnell, das Stück vom Spielplan herunterzunehmen und damit die bemerkenswerte Arbeit von einem der größten Theaterregisseure unserer Zeit." (a.a.O. S. 283)

Daran ist nun alles falsch, das Gegenteil ist wahr. Schlimmer. Sartre verschweigt etwas: Das Theater Sarah Bernhardt hieß auf Geheiß der Nazi-Zensur – und eines gewissen Haupt-Staats-Nazi-Zensors Gerhard Heller – schon lange nicht mehr Sarah Bernhardt, sondern „Théâtre de la Cité". Gilbert Joseph weist zudem nach, daß es überhaupt keiner Mühen der Propagandastaffel bedurfte, die Intellektuellen von tout Paris strichen und änderten im Sinne der Nazi-Ideologie und des Antisemitismus, was das Zeug hielt.

Nach der ersten Premiere fanden sich am Buffet des Théâtre de la

Cité (eben nicht mehr „Sarah Bernhardt“) nicht nur ganz Paris, das heißt, die intellektuelle Schickeria ein, sondern auch die „Sonderführer Baumann, Lucht und Rademacher von der Theatergruppe – sowie andere Deutsche in Uniform und Zivil. Der Champagner floß. Toasts wurden ausgebracht auf den Theater-Autor sowie den Regisseur. Sartre prostete den Deutschen zu, ‚en souriant‘.“ (S. 265) Gilbert Joseph hat nicht nur in den Nazi- und Propagandastaffel-Archiven geforscht, sondern auch Zeitzeugen befragt, die dabei waren und bezeugen können, wie es gewesen. So wird diese Zuprost-Szenerie von Marc Bénard berichtet, der Sartres Mitgefangener im Stalag XII bei Trier und der Erfinder des Theaterdekors zum Weihnachtsstück „Bariona“ war. Gilbert Joseph zitiert Marc Bénard: „Sartre wirkte außerordentlich entspannt, als er für die Deutschen mit großer Höflichkeit sein Glas auf ihre Gesundheit und ihre Ehre erhob.“(S. 266)

Das Buch ist voller schändlicher Details. Das, was die Sache noch schlimmer macht, ist die Art Weißwäscherei, die beide, Simone de Beauvoir und Sartre, nach dem Kriege betrieben, indem sie sich als Führer einer Widerstandsgruppe einführten: „Socialisme et Liberté“ (Sozialismus und Freiheit). Auch wollten sie ständig ins Café Flore gegangen sein, weil dort die Nazis und Pro-Nazi-Deutschen keinen Zugang hatten, was – wie Gilbert Joseph mühelos herausbekommt – der reine Unfug ist: Wahr ist das Gegenteil. Der SS-Hauptsturmbannführer Dannecker ging genau in den Tagen des April 1942 mit der Reitpeitsche durch das Lager Drancy, in das die französischen Juden eingeliefert wurden, die in der Nähe des Café Flore verhaftet wurden. Die französischen Autoren zensierten sich alle beflissen selbst, sogar der verehrungswürdige Albert Camus, Moralist, résistant (Widerstandskämpfer)? Er zog ganz schnell, auf Anweisung des Nazi-Zensors Gerhard Heller, das Kapitel über den Prager Juden Franz Kafka zurück, um das Erscheinen seines Buches „Le Mythe de Sisyphe“ (Mythos von Sisyphos) 1942 nicht zu gefährden. Schöne innere Emigranten. (A. a. O., S. 237)

Heller war ein guter Freund jenes Ernst Jünger, der immer noch zu den Großen deutscher Literatur zählt. Zu diesem Ernst Jünger trieb es den deutschen Bundeskanzler Helmut Kohl ja jüngst auch mal. Jünger traf damals einen Oberst der Wehrmacht, der die grauenhaften Massaker im Osten erlebt hatte. Das vertraute Jünger seinem „Zweiten Pariser Journal“ an. Datum, 21. April 1943: „Es scheint übrigens, daß die Massenerschießungen aufgehört haben, denn jetzt geht man zu den Vergasungen über.“ (Zitiert nach Gilbert Joseph, S. 239)

Mein Versagen

„Die Illusion der Rückschau ist zerbröckelt; Märtyrertum, Heil, Unsterblichkeit, alles fällt in sich zusammen, das Gebäude sinkt in Trümmer, ich habe den Heiligen Geist im Keller geschnappt und ausgetrieben; der Atheismus ist ein grausames und langwieriges Unterfangen, ich glaube ihn bis zum Ende betrieben zu haben. Wieder bin ich wie damals mit sieben Jahren, der Reisende ohne Fahrkarte: Der Schaffner ist in mein Abteil gekommen und schaut mich an, weniger streng als einst. Er möchte am liebsten wieder hinausgehen, damit ich meine Reise in Frieden beenden kann, ich soll ihm nur eine annehmbare Entschuldigung sagen, ganz gleich welche, dann ist er zufrieden. Unglücklicherweise finde ich keine und habe übrigens auch keine Lust, eine zu suchen. So bleiben wir miteinander im Abteil, voller Unbehagen, bis zur Station Dijon, wo mich, was ich genau weiß, niemand erwartet. Ich habe das geistliche Gewand abgelegt, aber ich bin nicht abtrünnig geworden: Ich schreibe nach wie vor."

(Jean-Paul Sartre: Die Wörter, Rowohlt, Reinbek 1965, S. 143f.)

Auf Verdacht, aber wirklich nur auf Verdacht – rufe ich am 27. Juni 1991 zu Hause in Troisdorf bei Köln an, wo Neudecks und das Komitee Cap Anamur zu Hause sind. Ich war gerade in London, wo ich die Chance hatte, den schwer erreichbaren „Rebellenführer" der „SPLA" (Sudanese People's Liberation Army) Dr. John Garang zu sprechen. Da sich wie immer mein Termin im Hotel Metropol in der Londoner Innenstadt (Nähe Baker's Road) verzögerte – im Busch und beim Guerillakampf verlernt man die Zuverlässigkeit des Terminkalenders –, rief ich an. Christel Neudeck ist am Apparat, von der allerersten Silbe und dem ersten Atemstoß an weiß ich, daß etwas Furchtbares geschehen ist: „Die Helmien ist angeschossen", sagt sie. „Nein, Rupert, ich glaube, wir müssen dort mit der Arbeit aufhören".

Aus Nairobi hätte sie von der UNO um 13 Uhr die Nachricht bekommen. Man sei dabei, die Helmien und eine Somali-Frau, nach Dschibuti auszufliegen, und von dort müsse sie die deutsche Rettungsflugwacht, bei der alle Komitee-Mitarbeiter versichert sind, abholen. Christel hat schon die Rettungsflugwacht kontaktet: Sie muß aber erst genauer wissen, wie es um Helmien und die zweite „Angeschossene" steht, denn es muß ja auch die Transportfähigkeit geklärt sein.

Ich verspreche, von dem Hotel – Zimmer Nr. 1906 – sofort die Zentrale des „Internationalen Komitees des Roten Kreuzes" (IKRK) in der Schweiz anzurufen, die ja als einzige Organisation in Nordsomalia tätig ist. Bernard Julier, der deutschsprechende Somalia-Beauftragte in Genf, ruft zurück: Er weiß von nichts. Das Telefonieren geht hin und her. Nach meiner Metro-Fahrt zurück nach London Heathrow rufe ich noch mal mit ein paar Pennies vom Flughafen an. Die Sache hat sich aufgeklärt, nicht gebessert.

Die holländische Krankenschwester Helmien Hendrikse (aus Nimwegen) ist in Begleitung der somalischen Krankenschwester Nimao mit dem Komitee-Auto unterwegs gewesen von Hargeisa auf der Tarmac-Straße Richtung Berbera. Die beiden sind von der Fahrbahn heruntergefahren, sind rechts auf die ehemalige Gemüse/Obst-Farm unseres somalischen Freundes Abdulkarim Ahmed Guleid raufgefahren, die – wie ich vor einigen Monaten selbst gesehen habe – zerstört war. Die beiden fahren am 27. Juni auf eine

Anti-Tank-Mine, die geht in die Luft, der Wagen ist am Kühler totaler, rauchender Schrott, schlimmer: Den beiden werden die Füße und die Beine weggerissen – wie schnell dann Hilfe vor Ort ist, erfahren wir erst später. Zufällig befindet sich gerade wieder eines der berüchtigten „assessment"-Teams der UNO in Hargeisa – die zum wievielten Male eigentlich die Situation der Menschen in Hargeisa untersuchen, um erneut einen schriftlichen Report zu verfassen. Die UNO bringt für den eigenen Transport immer ein teures Flugzeug mit, das erweist sich im Falle unserer beiden Schutzbefohlenen als Segen.

Am Abend, ich komme mit der wie üblich aus London verspäteten Lufthansa-Maschine um 23.55 Uhr in Köln-Wahn an, gibt es neuere Nachrichten. Helmien und Nimao (wir wissen noch gar nicht, wer das ist, Henrik, unser Teamchef in Dschibuti, meint, es sei Abdulkarims Nichte) sind in ein Dschibuti-Krankenhaus eingeliefert, wo eine Interimsbehandlung stattfindet. Erstes grausames Ergebnis: Helmien wird ein Fuß amputiert, der andere sowie die durch schweren Splitterbeschuß beschädigten Unter- und Oberschenkel sind in schwerer Gefahr, weshalb die Ärzte zum Ausflug raten. Die Rettungsflugwacht ist verständigt und wird am nächsten Morgen (Freitag, 28.6.1991) in Dschibuti landen.

Christel Neudeck wird als einzige Ansprechpartnerin des Cap Anamur-Komitees gefragt, ob man die somalische Frau Nimao mitnehmen soll. Natürlich ahnt Christel Neudeck die europäische Falle, die sich hinter der humanitären Frage versteckt: Wer zahlt? Wer kommt für die horrenden Krankenhaus- und Rehabilitationskosten (an die 150000–200000 DM) auf, selbst wenn der operierende Arzt aus humanitären Anwandlungen auf seine Gebührensätze für die Operation verzichtet?

Komitee-Mitarbeiter Immanuel Jacobs kennt einen orthopädischen Chirurgen in der Universitätsklinik in München („Rechts der Isar" soll dieses Krankenhaus heißen, was ich erst glaube, wenn ich das an einem Messingschild gesehen habe), wir weisen die Rettungsflugwacht an, München anzufliegen, sprechen vorsorglich mit der Münchener Klinik. Die Münchener, an der Spitze der später operierende Chefarzt Prof. Claudi, sind wirklich einsame Spitze; niemand fragt nach der Versicherung der beiden, alle sind erst mal bereit, die Informationen zu sammeln, die Räume und die

OP-Termine auf die Ankunft der beiden Schwerstverletzten aus Hargeisa/Dschibuti festzulegen.

Zwischendurch wird von dem die Verletzten begleitenden Rettungswachtteam aus der Luft (in der Nacht, abgeflogen wurde um 9 Uhr abends, angekommen wurde am 29.6. um 6 Uhr morgens) berichtet, wie schlecht es um die beiden Minenzerfetzten steht.

Morgens am 29. Juni (einem Samstag) der erste Anruf, die zweite Katastrophe. Wir werden verständigt, daß der zweite Fuß nicht zu retten ist. Eine Meldung, die sich als voreilig erweist. Die Operation beginnt erst um 14.15 Uhr und dauert bis 19.30 Uhr. Danach ruft der Münchener Komitee-Arzt Dr. Werner Höfner an und berichtet: Der Fuß ist nach dieser ersten Operation gerettet, aber sie, die Helmien, wird ihn nicht bewegen können, weil da einige Sehnen nicht mehr zu erhalten waren.

Wir haben über die ganzen zwei Tage versucht, die Eltern von Helmien zu erreichen, vergeblich. Vielleicht ist das auch gut so, denn was soll man den Eltern denn sagen, wenn die entscheidende Operation noch nicht vorbei, der Arzt und die eigene Tochter nicht zu sprechen sind? Ich sehe die junge, schlanke Nimwegenerin noch vor mir, wie sie im Januar 1991 an einem Samstag in unserem Cap Anamur-Büro neben etwa 15 anderen Teilnehmern eines sog. Rekrutierungstreffens sitzt. Sie hat diesen fröhlichen holländischen Kannitverstan-Slang. Sie kann aber meistens verstehen, und immer wenn sie – wie auch später am Telefon – nicht „verstaat“, dann lachen wir uns kaputt. Juten Moojen, Tschüs, die Anfangs- und Endworte so einer Kommunikation sind klar. Ich ärgere mich, daß mein Gedächtnis die letzten Telefonate vor ihrer Abreise nicht mehr rekonstruieren kann. Sie wollte noch die Nummer des Chirurgen wissen, der nach vier Wochen Tätigkeit im Krankenhaus Hargeisa zurückgekehrt ist, ein Holländer, den ich selbst in dem Café de la Cité in Dschibuti bei einer Cola getroffen habe, in jenem Café, in dem vor einigen Wochen in Dschibuti – anläßlich des Golfkrieges eine Bombe hochgegangen ist.

Fröhlich, munter, kompetent, mit der Offenheit im Gesicht, die nach meinem eigenen (gern eingestandenen) Vorurteil alle Holländer kennzeichnet, haben wir sie gern akzeptiert. Sie wollte in dieses gefährliche Land, wo an die 1,4 Mio Landminen im Boden herumliegen. Ich hatte von der „Volunteer Group“ der SNM (Somalia

National Movement) eine handgeschriebene Liste der Erfahrungen und Beobachtungen mitgebracht, die diese 20 todesmutigen Somalis der Befreiungsbewegung gemacht hatten. „Damage!: During the last days that we have been in the country more 47 persons are died and wounded by mine explosions, more 80 camels died. Ships and grats are uncountable.“ Abdullah Behin Oday, der Chef dieser kleinen Einheit, die ausgerüstet ist mit Gewehren und Eisenstangen, hat mir minutiös eine Aufstellung der Gegenden vorgelegt, wo Minen liegen und wie viele. Ich halte nach dem furchtbaren Unfall der Helmien diese Liste dauernd in Händen, die mir am 22. Februar 1991 auf der Anhöhe – oberhalb des alten Hargeisa Club gelegen – übergeben wurde.

„a. Flughafen-Gegend 6150 Minen beider Qualität anti-personnel und anti-tank,
b. Hargeisa – die Gefängnis-Gegend – 4500 anti-personnel mines,
c. die Garten-Gegend – 2230 anti-personnel mines,
d. zwischen der Artillerie-Schule und den Baracken der 24th Brigade 5110 anti-personnel mines
e. das frühere Hauptquartier der 26. Division 2000 anti-personnel mines.“

Die gesamte Auflistung der im Boden von Hargeisa und Umgebung liegenden Mordminen ergab eine Zahl von – 48 010. Für die 33 geschlossenen Straßen innerhalb des Distrikts von Hargeisa hatte die „Volunteer Group“ 717 anti-tank mines festgestellt oder geschätzt. Dazu kamen noch die Schätzungen aus den angrenzenden Gebieten und Regionen (Berbera, Burao, Adadleh, Beer, Geri Luged, Erigavo, Tug Wajale, Gebuley, Makkaayadda) – die sich auf 116 590 Minen beziffern.

Das Furchtbare, was ich an mir selbst (und an den Reaktionen in der eigenen Familie) festhalten muß: die Tatsache, daß eine(r) von unserem Fleisch, Blut und Hautfarbe in diese unmittelbare Lebensgefahr gerät, läßt uns nicht nur – was ja selbstverständlich ist – alles bis hin zu einem eigens gecharterten Rettungsflieger sofort in Bewegung setzen. Wir fühlen auch in uns eine Trauer und ein Entsetzen, die beide niemals so heftig, so herzzerreißend, so bis zu

Tränen verheult waren, wenn es um die täglich an die drei Somalis ging, die ich selbst in Hargeisa am 22. Februar 1991 gesehen habe, wie sie ins Krankenhaus blutüberströmt, oft bis zur Unkenntlichkeit entstellt transportiert wurden. Der eine kleine wunderschöne schlanke Somali-Junge, im Alter unserer Tochter Milena, hatte nur noch einen halben Kiefer, fast auch nur noch einen halben Kopf, ein Teil der Eingeweide kam aus seinem Bauch, die Beine waren zerfetzt und nur noch ein unansehnlicher und riechender Fleischklumpen – jeder, der diesen Kleinen im Hargeisa Hospital hat sehen können, wußte: Hier hat jede ärztliche Flickkunst ihr Ende.

Aber selbst solch ein um so viel furchtbareres Bild schafft in uns nicht annähernd das Entsetzen, das losbricht, ungehemmt und in Tränenanfällen sich Bahn schafft, wenn das Unglück – das explodierende einen unseresgleichen trifft...

Wie komme ich aus dieser Klemme wieder heraus? Aus dieser Selbsterkenntnis gibt es keinen Weg – es sei denn den in die Verdrängung oder in die Verklemmung. Die Selbsterkenntnis führt vielleicht künftig zu mehr Demut und Bescheidenheit – auch bei meiner oft sehr hemdsärmeligen Kritik an der Administration und Diplomatie. Wie kann ich künftig die deutsche Diplomatie so kritisieren, wie ich das freihändig zehn Jahre kräftig und oft ungehemmt getan habe, wenn ich gegen den Virus der nationalen Beteiligung und der eigenen europäischen und deutschen Nähe noch nicht immun bin?

An diesem Samstagmorgen, da um 6 Uhr morgens in München-Riem der kleine Rettungsflug-Jet landet, kann ich schon um 6.30 Uhr nicht mehr schlafen. Ich setze mich hin und schreibe einen Brief an Genscher, unseren Außenminister – und gleich zwei andere hinterher: einen an den Altbundeskanzler Schmidt, einen dritten an den Arbeitsminister Norbert Blüm.

Komitee Cap Anamur
Comité Allemand des Médicins de Secours
President: Dr. Rupert Neudeck
Dr. Hans-J. Rüber

Herrn
Bundesaußenminister
Hans-Dietrich Genscher
Auswärtiges Amt
Adenauerallee 99
5300 Bonn 1
den 29.6.1991

Sehr geehrter Herr Minister Genscher,
jetzt ist etwas passiert, was uns in genau elf Jahren CAP ANAMUR Geschichte bisher wirklich erspart geblieben ist: eine Medizinerin ist in SOMALIA lebensgefährlich verletzt worden. Ich berichte Ihnen das in kurzen Strichen nur deshalb, weil ich Sie beschwören möchte, einen Vorschlag mit zu bedenken, den ich Ihnen wohlerwogen machen möchte.

Die CAP ANAMUR Krankenschwester HELMIEN HENDRIKSE und die somalische Krankenschwester NIMAO sind mit dem Wagen des Komitees am 27.6.1991 auf eine Mine gefahren. Beide haben sofort einen Transport mit einem UN-Flugzeug bekommen, weil sich zum assessment wohl zufällig eine UN-Delegation in der „Hauptstadt" des Nordens HARGEISA aufhielt. Komitee CAP ANAMUR bekam die Nachricht von der UNO in NAIROBI. Wir erfuhren dann im Laufe des Abends Einzelheiten. Die beiden Krankenschwestern sahen furchtbar aus, weil ihre Beine von den Minen zerfetzt und zerschmettert waren. Die Füße wurden ihnen schon im Krankenhaus in Djibuti abgenommen, während die schwierige orthopädische Operation nur in München gemacht werden konnte. Die Frage, ob die Rettungsflugwacht nur die („versicherte") Not-Ärztin oder auch die Somalia-Nurse mitnehmen sollte, haben wir gemäß unserem humanitären Herzen beantwortet: NATÜRLICH.

Lieber Herr Genscher: wir erleben nun überall in der Welt, daß mit solchen anti-personnel mines und anti-tank-mines, mit Plastik-

und Metall-Minen die Kriege nach Beendigung der reinen Kampfhandlungen gegen die jeweilige Zivilbevölkerung auf die grausamste Art fortgesetzt werden. Ob wir nun nach KAMBODSCHA oder nach AFGHANISTAN, ob nach ANGOLA oder MOSAMBIK, ob nach – nun auch CHOMAN im Nord-Irak oder nach Nord-Somalia schauen – überall sind diese mörderischen Waffen in den Boden gelegt worden, um potentiell ihre Mordarbeit irgendwann zu verrichten.

Ich habe mir von der kleinen somalischen Einheit die Statistik geben lassen, die schon an die 400 Minen aus dem Boden unter primitivsten Bedingungen mit Metallstäben freigelegt haben und in die freigelegten Minen hineinschießen, um sie zu entschärfen: es liegen um Hargeisa (und manchmal an verborgenen Stellen in der Stadt) an die 110000 Minen.

Ich erbitte noch einmal Ihre Unterstützung für eine beherzte Aktion des Komitees CAP ANAMUR, das aber mit Minenräum- und Minensuchgeräten der Bundeswehr ausgerüstet werden muß und hier bei uns an solchen Geräten auch eigene Techniker ausbilden lassen kann. Wie ich höre, ist da ein erster Schritt von Ihrem Haus beim Bundesministerium für Verteidigung bereits empfohlen worden (?). Ich habe allerdings noch nichts Offizielles dazu gehört.

Der zweite Vorschlag ist mir heute morgen, da die beiden Bein-Zerfetzten in fürchterlichem Zustand hier ankommen aus Djibuti und wir (meine Frau und ich) noch nicht wissen, wie wir den Eltern der blutjungen Krankenschwester unter die Augen treten können, die ihr freiwilliges Engagement mit dem lebenslangen Krüppeldasein bezahlt, bitter bezahlt – viel wichtiger.

Ich bitte Sie mit der ganzen kleinen Kraft der humanitären Überzeugung, in der EG, der KSZE und der UNO einen Vorschlag zur weltweiten Ächtung dieser spezifischen Waffe zu machen. Es müßte eigentlich ein Produktionsverbot ausgesprochen werden. Diese Waffe dient überall, wo sie eingesetzt wird, nachweislich in viel stärkerem Maße der Verletzung und Tötung, der Verstümmelung und Malträtierung der Zivilbevölkerung, also der Nicht-Kombattanten, denn der Kombattanten. Ich habe mir sagen lassen, daß diese infamen kleinen handtellergroßen Anti-Personnel Minen hauptsächlich aus chinesischer wie auch aus amerikanischer und italienischer Produktion sind. Es wäre ein Vorstoß, der den Deutschen bei ihrer Profilierung als Friedens-initiatives Volk ganz besonders gut anstehen würde. Es wäre natürlich wichtig, daß wir als Nation mit einem eigens bei uns durchgeführten Produktionsverbot vorangehen würden.

An diesem Morgen ist bei uns und bei mir immer noch lähmendes Entsetzen darüber, daß wir verantwortlich und damit auch ein bißchen schuldig dafür sind, daß einer Krankenschwester auf Grund unserer Empfehlung, nach Somalia zu gehen, zeit Ihres Lebens die Beine fehlen werden. Hoc meminisse non iuvabit. Im Gegenteil. Helfen würde mir und meiner Frau, wenn wir wüßten, daß Sie sich zu einem solchen Vorschlag angesichts der Tausenden von Rollstuhlfahrern und Krüppeln, der Ein-Armigen und Ein-Beinigen entschließen könnten.

Mit freundlichen Grüßen und der Bitte, die humanitäre Dringlichkeit bei den statistisch heute wieder drei Somalis ernst zu nehmen, die heute ins Krankenhaus Hargeisa kommen und eingeliefert werden, blutüberströmt, zerfetzt und durchschossen von solcher Mine

Ihr
(Dr. Rupert Neudeck)
CAP ANAMUR / Deutsche Not-Ärzte e.V.

Am Dienstag der darauffolgenden Woche kann ich diesen Brief nicht mehr unter Verschluß halten. Ich schicke ihn mit einem schnellen Fax an mehrere Redaktionen, u. a. an die FAZ, die Frankfurter Rundschau und die Süddeutsche Zeitung. Die FR meldet sich, Hans Helmut Kohl möchte etwas daraus machen. Später am Nachmittag ruft der SZ-Redakteur Koydl an und berichtet mir, er habe den gesamten Brief in die Zeitung vom nächsten Tag hineingenommen, mit Ausschluß des Lateinzitats.

Hans Helmut Kohl hat auch sofort recherchiert, er hat sich gleich erkundigt, wie es um die Wirksamkeit einer Waffenächtung steht. Der Projektleiter bei der Hessischen Stiftung für Friedens- und Konfliktforschung (HSFK) in Frankfurt, Harald Müller, bestätigt nur das, was ich schon dachte und ahnte: Die reine Ächtung macht nichts und nützt nichts, es muß schon ein regelrechtes

Produktionsverbot sein. Es existiert auch bereits eine 1981 abgeschlossene „Konvention über inhumane Waffen". Nach dieser Konvention ist der Gebrauch von Plastiksplitterbomben, deren Spuren durch Röntgenstrahlen im menschlichen Körper nicht entdeckt werden können, ebenso verboten wie „Minen und explosive Täuschkörper", die als Waffen nicht zu erkennen sind.

Es heißt in dem Artikel am Schluß: „Der Friedensforscher erinnerte daran, daß die Mehrzahl der von Neudeck kritisierten Waffen in Bürger- oder Befreiungskriegen von Guerillaorganisationen eingesetzt würden, die ‚völkerrechtlich nicht zu belangen sind'. Deshalb sei allein ein Produktionsverbot für derartige Minen erfolgsversprechend, das durch ein Zusatzprotokoll zu der Genfer Konvention ausgesprochen werden könnte."

Die Frankfurter Rundschau bekam auch die Versicherung, daß vom Auswärtigen Amt „die Einweisung und Überlassung von 20 Minensuchgeräten befürwortet werde."

Am Mittwoch, dem 3. Juli 1991, kommt auch schon der Antwortbrief von Bundesminister Norbert Blüm:

Dr. Norbert Blüm
Bundesminister
für Arbeit und Sozialordnung

Bonn, den 3. Juli 1991

Komitee Cap Anamur
Deutsche Notärzte e. V.
Herrn Rupert Neudeck
Kupfer Straße 7
5210 Troisdorf

Lieber Herr Neudeck,
herzlichen Dank für das erst gestern hier eingegangene Schreiben vom 30.6.1991, in dem Sie auf Ihre Initiative zur Ächtung von Landminen hinweisen.

Ich bin betroffen darüber, daß wieder einmal hilflose Zivilisten, die in uneigennütziger Weise unterwegs waren, um das Leid und die Not der Bevölkerung zu lindern, Opfer dieser heimtückischen Waffen wurden.

Auch für mich ist der Gedanke unerträglich, daß in verschiedenen Krisenregionen dieser Welt von Bürgerkriegsparteien, verfeindeten Stämmen oder sonstigen Gruppierungen unentwegt diese fürchterlichen Waffen eingesetzt werden.

Leider ist es mir aufgrund terminlicher Verpflichtungen nicht möglich, Ihrer kurzfristigen Einladung für morgen zu folgen. Ich bitte hierfür um Verständnis, meine besten Wünsche für ein gutes Gelingen der Initiative begleiten Sie.

Mit freundlichen Grüßen
Norbert Blüm

Am 5. Juli 1991 fliege ich morgens um 8.15 Uhr nach München. Angekommen am Flughafen Riem, pünktlich, wer hätte das gedacht, wartet die Ärztin des Komitees, Annemarie Hofmeister, auf mich mit ihrem kleinen Sohn Matthias. Ich sage Annemarie, daß ich zum ersten Mal seit elf Jahren regelrecht Angst habe vor der Begegnung mit einer Frau, die ich persönlich zum Krüppel gemacht habe. Ich ahne noch nicht, wie die nächsten beiden Tage für mich ausgehen werden.

Wir fahren gleich von Riem zur Klinik „Rechts der Isar", die ganz in der Nähe des Flughafens liegt. Es ist ein sommerlich heißer Tag, wir schwitzen schon draußen in dem kleinen Renault mit Schiebedach. Zur Station 1/6 „Septische Chirurgie" zu kommen, erweist sich als schwieriges Unterfangen, weil man offenbar diese Station auch vor Besucherströmen etwas versteckt hat, man muß zu einem Zugang, der durch einen Keller und dann drei Treppen hoch genau auf den Flur geht, wo im Zimmer 12 unsere beiden Komiteeler liegen.

Wir fragen eine Schwester, die aber „nur" eine ausländische (griechische?) Hilfskraft ist, deshalb auch sehr freundlich: Nein, es wird gerade verbunden in Raum 12, da könnten wir nicht hinein. Annemarie erzählt mir, daß es in diesem Universitätskrankenhaus mittlerweile mehr Ärzte als Krankenschwestern gibt...

Wir sitzen an einem kahlen Tisch auf schmucklosen Stühlen vor dem Zimmer, alle zehn Minuten kommt mal jemand aus dem Raum heraus und geht wieder hinein. Dann fragt Annemarie eine Krankenschwester, wie lange es wohl noch dauern wird. „Eine Stunde", da es schon fast 10.40 Uhr ist, wird uns das ja fast zu spät. Wir dürfen hinein. Mein Herz klopft mir bis zum Hals, ich sehe vorne die schwarze Somali Nimao liegen, die flach liegt im Unterschied zur aktiveren Helmien, die mit dem Oberkörper so liegt, daß sie den Raum überschauen und ihrem malträtierten Körper eine gewisse neugierige Aktivität zutrauen kann. „Rupert", sagt sie mit den immer noch etwas schelmisch angezogenen Mundwinkeln und dem phonetisch nicht zu beschreibenden holländischen Slang. Sie hat mich erkannt, ich gehe auf sie zu, drücke eine viel zu schmale, blasse Hand, neige mich herunter und drücke die Andeutung eines Kusses auf ihre schmale magere Stirn. Sie hat das fahle, falbe Haar in Strähnen herunterfallen lassen, an ihrem linken Auge ist ein schlimmer Bluterguß als Folge des gräßlichen Unfalls.

Sie kann mit großer ökonomischer Kalkulation ihrer Kräfte etwas über den Unfall erzählen: Sie waren am Donnerstag, 26.6.1991, unterwegs auf der Straße, die von Hargeisa in Richtung Osten und Indischer Ozean führt, sie waren nach dem Dam Camp, in dem früher die Ogaden-Flüchtlinge lebten, an den Ort an der Straßenbiegung gekommen, an dem Abdulkarims Farm früher lag. Das heißt, der Platz gehörte weiter unserem somalischen Freund Abdulkarim, aber die Farm war von der Soldateska des Siad Barre einfach hemmungslos zerstört, auch das kleine Haus, das sich Abdulkarim mit seiner Frau Aischa gebaut hatte.

Sie waren von unserem Team schon oft zu der Farm gefahren mit dem Auto, weil der ortskundige Abdulkarim dem Team wohl gesagt hatte, die Farm sei minenfrei – denn es galt im Komitee-Team die strikteste Anweisung, die ich selbst bei meinem Besuch im Februar 1991 noch einmal durch eigenes Beispiel heftig und autoritär unterstrichen hatte: keinen Fußbreit Boden abzuweichen von den Straßen, Wegen und Pisten, die geklärt sind.

Doch an diesem Tage saßen insgesamt sechs Personen in dem Auto – wahrscheinlich in dem Landrover, den Abdulkarim von seinen Landsleuten für das Projekt überlassen bekommen hatte. Vorne am Steuer (also links) unser alter Komitee-Fahrer Said, rechts von Said die somalische Krankenschwester Nimao, die zugleich die Schwester von Abduls Frau ist. Dann die Helmien Hendrikse, Krankenschwester von Cap Anamur. Auf dem Rücksitz drei Somalis, in der Mitte unser Komitee-Mitglied Abdulkarim Ahmed Guleid.

„Es wird wahrscheinlich eine große Mine gewesen sein", meint Helmien, die nur langsam sprechen kann, die den Kopf vor lauter Schmerzen am Bauch, in beiden Beinen, am Hals, am Brustkorb nicht bewegen kann. Sie hat nicht nur beide Beine in riesige Verbandsungetüme eingepackt, sie hält ihre eine Hand behutsam auf dem Bauch, weil man ihr aus der Bauchdecke einen großen Muskel herausoperiert hat, das war am 3. Juli, und der Bauch tut immer noch weh. Ich versuche mich mit einer ersten Trostnachricht und erzähle, daß uns der Chirurg erklärt hat, daß man eigentlich nur zwei Tage Schmerzen haben müsse, andernfalls solle sie sich etwas geben lassen.

Ich spüre, während ich das langsam sage, wie sie nur ungläubig still in sich hineingrinst, (oder?), so einen Quatsch in der Situation zu erzählen, wo sie allein ja nur weiß, was mit ihr los ist.

Die Pflege ist gut, die Kräfte sind hervorragend. Aber die Verwaltung ist eine Katastrophe! Da sind doch am Vortage (4.7.) tatsächlich zwei Leute von der Verwaltung gekommen und haben der Nimao den Eindruck vermittelt, sie müßte raus, wenn nicht ihr Status und die Bezahlung geklärt wären. Nun sind beide nur in der Lage, ein paar Stunden am Tage bei dieser übermenschlichen Anstrengung die Augen aufzuhalten – da werden sie auch noch mit solchen Fragen belämmert. Nimao wird auch mit so unsäglichen Fragen wie genauer Name, Geburtsdatum, Versicherung, die man als Somali ja nicht hat, malträtiert. Helmien kann mir das Ganze kaum schildern, aber es hatte einen Grad von Unverschämtheit, daß sie mit ihrer schwachen Stimme sagte: „Out of the room" – und englisch deshalb, weil sie ihre Leidensgenossin noch stützen möchte, die ja kein Deutsch versteht. Nimao soll, so meinen die tolpatschigen Verwaltungsschnösel, einen Fürsorgeantrag unterschreiben, aber Nimao will nichts unterschreiben, was sie nicht versteht.

Ich habe – aufatmend fällt es mir ein in diesen schrecklichen Minuten, wo mir das Tränenwasser bis zum Hals steht, ich möchte losheulen, aber ich schaffe es, das nicht zu tun – noch eine schöne, knallbunte Zeichnung unserer Tochter Milena, ein Phantasietier, das ich der Helmien auf den Tisch lege. Diese Zeichnung wirkt

Wunder. In dem sterilen technologisch ausgenüchterten Instrumentenraum wirkt dieses bunte Phantasietier sehr belebend.

Als ich am nächsten Tage nachmittags noch einmal für zehn Minuten komme, hat Helmien diese Zeichnung an den Galgen geklebt, an dem ihr linker Fuß im Fixateur extern hängt: Der Fuß, den die Chirurgen (vor allem jener famose Prof. Claudi) hier mit Hilfe der einplantierten Bauchmuskeln noch retten wollen. Und werden? Ich war zwischendurch bei einer Tagung zur Feier der 40jährigen Geltung der Genfer Flüchtlingskonvention. Am Samstag mittag bin ich von einem sommerlich dampfenden Tutzing am Starnberger See mit der Cap-Anamur-Ärztin Annemarie Hofmeister losgefahren. Es ist so einer der wunderbaren Tage im Jahr, wo man mit Gott und der Natur und damit auch mit seinen Mitmenschen sehr versöhnt ist. Wir sitzen noch zehn Minuten am See, der wunderbar sanft und friedlich sich ergießt in diese herrliche bayerische Welt. Die Staatssekretärin Michaela Geiger hatte gerade gesprochen über „Flüchtlingsorientierte Entwicklungspolitik“, viel zu papieren und theoretisch. Wieder denke ich mir, warum setzen sich Politiker, gerade so eine initiative Frau wie die Geiger, nicht mal solchen Erfahrungen aus? Um einfach von dem ausgenüchtert-taktischen Spiel wegzukommen. Der Vortrag in dem schönen Schloßsaal mit der vornehmen Deckentäfelung in Tutzings Evangelischer Akademie ist ebenso ein ausgenüchtertes Kalkül, bei dem es darum geht, möglichst wenig und möglichst viel zu sagen, möglichst viele Worte mit möglichst wenig Bedeutung zu machen. Die Lisa (Tochter der Annemarie) mit ihren gesunden Beinen springt noch einmal in den See mit ihrem kleinen Schlauchboot, wir stehen da herum mit unseren unverschämt gesunden Beinen und Körpern, wir freuen uns, denn wir können gleich mit Schmackes einen dicken Käsekuchen verdrücken und mit Behagen einen Kaffee trinken. Kurz, es geht zum zweitenmal zum Krankenhaus rechts der Isar. Wir haben etwas knapp kalkuliert, ich weiß, ich darf nur 10 Minuten dort sein bei der Helmien, alles andere wird Belastung. Wir kommen in der Nähe des Sendlinger Tors in einen Stau, obwohl die schwüle, föhnangereicherte Hitze die Straßen wie beim Fußball-WM-Endspiel leergefegt hat. Plötzlich kommt ein Fähnlein aufrechter Slowenen und bewegt sich behäbig im Rahmen einer sog. angemeldeten Demonstration. Die Folge ist, wir sehen diese kleine Gruppe von Slowenen, etwa 50 bis 70 Meter, mit ein paar Nationalfahnen und Transparenten, aber wahrscheinlich noch mehr Polizisten mit den entsprechenden Autos. Der kleinen 6jährigen Lisa sage ich im Auto, daß ich noch in einer Zeit geboren bin, in der Polizisten wahrlich und wahrhaftig zu Fuß gehen konnten. „Oder hast Du, Lisa, schon mal einen Polizisten zu Fuß gehen sehen?“ Nein, das muß Lisa zugeben, hat sie nicht.

Die Temperaturen sind nochmal geklettert, ich vermute sie auf 32 Grad. Wir kommen zum Haupteingang, Annemarie mit ihren beiden Kindern wird einen Parkplatz suchen. Ich gehe schnellen Schrittes den Schleichweg bis zur zweiten Etage mit dem grünen Hinweisschild: „1/6 Septische Chirurgie“. Als ich auf den Flur komme, befällt mich ein plötzlicher Schrecken: Sie sind tot! Der Raum ist auf, die Tür steht auf. Ich komme rein, und der Schrecken bewahrheitet sich, es steht nur noch ein Bett in dem Raum, und ich sehe eine wildfremde Person vor dem Bett, die allenfalls die Schwester sein könnte von der Helmien. Sie ist es aber nicht, sie schaut mich merkwürdig an, was ich denn hier … Aber Helmien kann, ohne den Kopf zu bewegen, wieder dieses unnachahmliche „Rupert“ flüstern, mit dem Ton auf der ersten Silbe „Ruppert“. Ich erfahre, daß das Agnes ist, eine gute Freundin von Helmien. Helmien ist gräßlich erschöpft – oder habe ich das in meiner eigenen Aufregung nicht gesehen gestern? Sie liegt da, die Hitze macht ihren sowieso schon erschöpften Körper noch kaputter, sie hat kaum noch den langen Atem, wie ich das gestern gespürt hatte, sie ist unendlich blaß bis anämisch, das linke Auge wirkt mir noch blutunterlaufener als am Tage vorher, sie hat eine Infusion am Hals, sie hängt überall an irgend etwas, die Tür ist nur auf, um etwas Luft in diese Hitzeküche hineinzulassen, etwas Durchzug. Helmien hat einen nassen blauen Waschlappen auf der Stirn, um etwas das Fieber abzuwehren, das sie zusätzlich noch sehr heftig attackiert. Gestern abend sogar 39,8 Grad, jetzt wieder „normal“ auf 38,5 Grad. Ich berühre in der abgrundtiefen eigenen Verlegenheit mal kurz von der Seite den Bettrand, sie ruckt auf, sagt: „Vorsicht“, jede Erschütterung des Bettes tue ihr weh.

Sie klagt nicht, sie berichtet nur über das Bündel Schmerzen, das sie ist, oder daß das da unter ihr ist, der Sack Schmerzen. Die Bauchschmerzen dort, wo man ihr die Muskeln herausoperiert hatte, sind an diesem Nachmittag wieder stärker, wie zum Beweis hält sie mit ihrer schlaffen Hand behutsam den eigenen Bauch.

Wenn man nach einer Operation oder dem Verbandswechsel wenigstens mal Ruhe „und keine Schmerzen" haben könne, dann ... Aber das wird erst später sein, sagt sie in ihrer zerbrechlichen Mischung von Aufmunterung und Verzweiflung. Sie spricht, wie wenn sie haushälterisch die Worte ihrem Körper, der nur noch Schmerz, Dreck, Minensplitter, Wunde, Infusion ist, abringen muß. Nein, sie muß die Worte dem Schmerzsack ablisten, der da eigentlich nicht mehr mitmachen will.

„Hast Du viel Blut verloren?", fragt Annemarie, die mit den Kindern eingetroffen ist, die sich von der Atmosphäre kaum beeindruckt zeigen. Ja, ihr Blutdruck sei sehr niedrig und schlecht. „Aber man hat gesagt, Du bist noch jung, und das wird schon gehen ohne Transfusion". Nimao, sagt Helmien, ist im OP, seit 3 Uhr (seit drei Ühr, sagen die Holländer). Das rechte Bein Nimaos wird operiert, was sie da noch machen? Sie lassen aus dem Bein Flüssigkeit heraus und müssen wohl noch Minensplitter herausoperieren.

Helmien hat gestern, nachdem wir gegangen sind, Verbandswechsel gehabt. „Das tut weh", sagt sie. Das linke Bein haben sie noch offen gelassen. Das rechte Bein, sagt sie, ist besser, „aber ich bekomme keine Lage für mein Knie". Wieder liegt sie da als dieses Häufchen Elend, Schmerz, Verband, sie hat Schnüre an der Scheide – für den Urin, am Hals für eine Infusion, sie weiß kaum noch für welche. Sie möchte sich keine Infusion geben lassen, weil das so viele sind, später sagt sie: „Ich werde mir doch etwas geben lassen." Ich überlege in dieser Verlegenheit, in der Helmien uns beide aufrichtet. Was kann ich hier sagen? Was würde ihr guttun? Welches Wort dürfte ich Großredner und Großquatscher hier benutzen, das ihr gut täte –? Alles was mir einfällt, verwerfe ich sofort. Ich möchte sie immer bitten, zu verstehen, daß ich nichts Vernünftiges sagen kann. Aber das muß ich sie ja nicht fragen. Sie weiß es ja.

Lisa zeigt auf den Galgen über dem Bett: „Was hängt da denn?" „Das ist die Zeichnung von der Tochter von Rupert, der Milena", sagt Annemarie, ein leises, schwaches, ausgemergeltes Lächeln huscht über Helmiens Gesicht. „Ja, wir haben das da angepinnt", sagt sie, es war wohl das einzige Geschenk, das in dieser Situation geht...

Das Essen steht da, Suppe, Brot, Obst, Butter – nicht angerührt, wie soll sie bei der Hitze jetzt um 17 Uhr essen, wo die Sonne durch die Ritzen der Vorhänge noch unverschämt hineinknallt in diesen besonderen Raum. Die Freundin Agnes ist stark, sie nutzt unseren Besuch, um kräftig zu essen, schneidet das Brot, ißt die Suppe, sie hat Nerven, ist nicht von der Rührseligkeit angeknackst, die so viele von uns befällt, wenn wir unfähig sind, uns einzugestehen, daß wir aktuell nichts tun können. Ich bin in dieser Situation nur noch ein ununterscheidbares Bündel von Schuld und schlechtem Gewissen. Culpabilité raisonnable, so hatte es mein Mentor Albert Camus gemeint, ich hatte es immer wieder geschrieben, so sollte unsere Haltung sein, wir sollten uns einer bestimmten „verstellbaren Schuldhaftigkeit" immer bewußt und fähig zu ihr sein. Ja, nur muß man sie praktisch beweisen, nicht intellektuell.

Ein Ausblick zum Schluß

Im folgenden Schlußkapitel versuche ich Hoffnungen und Sehnsüchte, Enttäuschungen und Frustrationen der letzten Jahre noch einmal zu bändigen und zu fokussieren. In „Eritrea – geschafft?“ erzähle ich die neben Äthiopien und vielleicht Südafrika einzige neue Erfolgsgeschichte des Kontinents Afrika, der in der dumpfen Vergessenheit der Europäer einzutauchen droht. In „Noch nicht Vietnam“ geht es mir darum, zu zeigen, daß Vietnam keinerlei Lob für die entsetzliche machtgierige Position seiner Nomenklatura verdient, weil sein fleißiges, erfindungsreiches und tapferes Volk schon längst viel weiter sein könnte.
Zum Schluß will ich meine Sorge über das Volk ausdrücken, dem ich selbst angehöre:
„Wir Deutschen – wohin?“

Eritrea – geschafft?

„Der Naybe hatte, wie wir später erfuhren, oft mit seinen Ratgebern überlegt, was mit diesem Prinzen zu machen sei. Einige waren für den kürzesten und in Massawa üblichen Weg der Behandlung von Fremden, nämlich sie zu ermorden und ihre Habseligkeiten unter sich aufzuteilen“, so schreibt es der schottische Landedelmann James Bruce, der am 4. November 1770 an den Quellen des Blauen Nil ankam und am 19. September 1769 in der Hafenstadt Eritreas, Massawa, eintraf.

Massawa wird mit der Geschichte des neuen Staates Eritrea unverbrüchlich verbunden sein. Der Befreiungszug der Eriträer für ihr eigenes Land dauerte ganze dreißig Jahre. Ganze dreißig Jahre hielt das kleine 3,5-Mio.-Volk der größten Streitmacht Afrikas, der Äthiopiens mit seinen 300 000 Soldaten, stand. Einer wirklichen Supermacht in Afrika, der allenfalls noch die Armeen Südafrikas und Nigerias Paroli hätten bieten können. In einer Mischung aus amharischem Chauvinismus, pseudo-marxistischer Kinderei und persönlicher Machtparanoia hatte es der Oberst Haile Mariam Mengistu geschafft, sich 1974 ff. die Unterstützung der Supermacht Sowjetunion zu verschaffen. Mit dieser Supermacht hatte er siegreich den Feldzug gegen das unvergleichlich kleinere Bruderland Somalia gewonnen, woraufhin auch die Kubaner in Äthiopien auftauchten und das Land erst 1989 wieder verließen – in dem Jahr, in dem zeitgeschichtlich auf der Welt so ungeheuer viel passierte und diese Kubaner – z. T. Aids-verseucht – auch aus Angola wieder abziehen mußten.

Am 9. Februar 1990 eroberten die mutigen, tapferen, unermüdlichen und disziplinierten Fighter der EPLF (der „Eritrean People's Liberation Front“) von der Seeseite die Hafenstadt Massawa, in die die Äthiopier mit gewiefter Absicht eine große Menge an Amharen und sonstigen Äthiopiern verpflanzt hatten. Die Äthiopisierung von Massawa war schon weit fortgeschritten, wie ich selbst in den Tagen meines ersten Besuches dort sehen konnte. Das gesamte Viertel hinter dem unmittelbaren Hafen mit seinen sechs Liegeplätzen und sechs Kränen war eine jetzt leergeräumte Großsiedlung, in der nur die äthiopischen Hafen- und Handelsbeamten saßen. Es gab mittlerweile durch diese gezielte Besiedlungspolitik des DERG (so nannte man in Äthiopien die marxistisch-bonapartistische Militärregierung, die nach dem Sturz und der Ermordung des Haile Selassie die Macht übernahm) fast 40% der Bevölkerung, die nicht Eriträer waren.

Die Hafenstadt wurde von der Luftwaffe Mengistus nach dem 9. Februar 1990 heftigst bombardiert, in immer neuen Vernichtungsanfällen, die um so paranoider wurden, als Mengistu längst von der Sowjetunion im Stich gelassen war und sich bei der Suche nach neuen Verbündeten auf Israel angewiesen sah. Komitee Cap Anamur ist bei den Eriträern übrigens sehr bekannt – wie bei den Europa-Diplomaten in Addis Abeba, aus unterschiedlichen Gründen. Cap Anamur sandte sein Schiff Cap Anamur V mit 5000 t Nahrungsmitteln im Juni 1990 nach Massawa, aber die Regierung in Addis Abeba ließ das Schiff, das nachweislich in rein humanitärer Absicht gekommen war, nicht in den Hafen, sondern drohte mit den schlimmsten Bombenangriffen, falls es die Hafengewässer berühren würde. Ich selbst mußte kurz vor dem Einlaufen in die Bucht des Hafens Massawa und noch vor der äthiopischen Militärbasis der Insel Dhlak den Befehl zum Abdrehen geben. Das Schiff mußte unter entsetzlichen Bürokratie-Mühen in Port Sudan entladen werden. Aber das Leben der einzigen deutschen Not-Ärztin Dr. Barbara Krumme wie der dänischen Besatzung war uns wichtiger als – die Probe aufs Exempel zu machen. Wir erfuhren es erst später. Die MiGs des Haile Mariam Mengistu stiegen genau zum „ETA", zur „expected time of arrival" der Cap Anamur V auf und bombardierten wie wild das Hafenbecken. Sie hätten unser Schiff getroffen.

Am 24. Mai 1991 geschah es: Der Traum der Eriträer auf der ganzen Welt wurde an diesem Morgen Wirklichkeit. In der Eritrea-Hauptstadt Asmara („une ville très coquette", wie mir eine Eriträerin sagte, bevor ich dort eintraf) wurde um 6.30 Uhr über das Radio eine nicht-autorisierte Sensation bekanntgemacht: Die EPLF würde die Sicherheit von Asmara gewährleisten, wenn man die Sicherheit der abziehenden Truppen Äthiopiens garantieren könne. Das wirkte auf die 400000 Bewohner der Stadt noch bedrohlicher, die seit Wochen und Monaten in der Stadt eingeschlossen waren, die um den letzten Kampf *ihrer* Befreiungskämpfer der EPLF gegen die in und um Asmara eingeschlossenen Armeen in

Stärke von 120000 wußten. Sie hatten die Angst, daß sie bei Abzug der Mengistu-Soldaten die Zerstörung ihrer eigenen Stadt miterleben würden, wie ja nach dem 9. Februar 1990 auch Massawa total dem Boden gleichgemacht wurde – außer dem Hafengebiet, das noch einigermaßen intakt ist.

Um 10.30 Uhr wurden die Bewohner Asmaras an diesem Tage endgültig gewahr, daß die Truppen sich nach Nordwesten (Richtung Keren, dann Sudan) verzogen, mit all ihren Geschützen und Panzern, und daß auf der großen Straße von Decamere im Süden eine undefinierbare Masse von Fightern sich auf den Weg in die Hauptstadt machte. Da die Asmara-Bevölkerung in den letzten 30 Jahren aber immer nur gedemütigt und betrogen worden war, konnten die Bewohner nicht glauben, daß dieses nicht wieder ein Trick der Addis-Abeba-Regierung sei. Erst als kurz danach ein Toyota mit den beiden Flaggen, der der EPLF und der blauen von Eritrea, die Straße heraufgesaust kam, war es sicher: Eritrea ist ein neues Land, ein neuer Staat, ein Volk, das sich seine Freiheit selbst erobert hat.

Seit dem 24. Mai 1991 haben die Eriträer diesen Rausch und Enthusiasmus erlebt, gefeiert. Danach haben sie ihren disziplinierten Plan gemacht:

- Die Fighter haben sich zu weiteren zwei Jahren unbezahlter Arbeit im Lande verpflichtet, also zur Arbeit ohne Waffen, um die Straßen zu renovieren, Schulen und Stores und Häuser zu bauen;
- die Bevölkerung wird innerhalb von zwei Jahren die Möglichkeit haben, in einem Referendum diesem Staat seinen völkerrechtlich letzten Schliff zu geben;
- bis dahin sind alle Eriträer gebeten und motiviert, zur Unterstützung des Aufbaus der eigenen Heimat aus ihrem Exil oder ihrer Diaspora zuückzukommen: das gilt für die 500000 Eriträer, die noch im Sudan vermutet werden; das gilt für die 150000, die in den Ländern des Nahen Ostens untergekommen sind, das gilt für die 40000, die in Europa sind (darunter etwa 17000 in Deutschland), das gilt für 15000 in den USA;
- sie wünschen in diesem Provisorium, das nur eines der

Form ist, schon möglichst viel Assistenz und Anerkennung zu finden.

Aber genau dieses bleibt aus. Früher, gäbe es noch den Kalten Krieg, wären alle schon längst gerannt, um den Fuß in der Tür des wichtigsten Landes neben Ägypten und Saudi-Arabien am Roten Meer zu haben.

Heute aber bleibt es aus. Besonders schmerzlich erlebt es der deutsche Besucher. Während ich selbst noch am 10. Oktober 1991 den britischen Botschafter James Glaize (sowie den Nahost-Beauftragten im Londoner Foreign Office Patrick Fairweather) anläßlich seines ersten Besuches in Asmara spreche, wird mir klar, wie lahm die deutsche Diplomatie ist. Die ja noch gar keine Anstalten macht, einen ersten Schritt des demonstrativen Willkommens für die Eriträer zu tun. Ja, gewiß, sie hat – die deutsche Diplomatie der Genscher-Afrika-Spezialisten – noch viel zu viel mit sich selbst und mit dem Aufräumen der Trümmer der eigenen Erwartungshaltungen und Prognosen in bezug auf Äthiopien zu tun. Aber es wäre ja wichtig für die Deutschen, zu einem Land gute Beziehungen zu entfalten, das ein Hoffnungsträger in Afrika werden kann, mit dem wir auf vielfältige Art gute, ja beste Beziehungen aufbauen können.

Es wäre für die Bevölkerung in Deutschland eine große praktische und handfeste Erkenntnis, endlich einmal zu erleben, daß es nicht entfernt so ist, daß alle Ausländer oder Asylbewerber unbedingt darauf versessen sind, in unserem Deutschland zu bleiben. Im Gegenteil. Wenn die Heimatländer frei sind, weiß ich von „meinen" Vietnamesen in Deutschland, daß sie liebend gern wieder in ihr vertrautes Land Vietnam gehen werden. Die Eriträer werden alle – fast alle – gehen wollen. Die Bonner Regierung könnte mit einem Programm (vocational training für ausgewählte Eriträer; Transport der returnees; resettlement für die Zurückgekehrten in Eritrea) diesen Prozeß befördern. Tut sie aber nicht, weil sie – das AA Genschers und das BMZ Sprangers – dieses Land noch nicht einmal wahrgenommen haben.

Das Land bietet sich für Investoren geradezu an, weil es den Prozeß der modernen Zivilisation besser schaffen wird als jedes andere mir bekannte afrikanische Land. Es gibt in Massawa eine seit dem 5. Oktober 1991 wieder auf guten Touren laufende Zementfabrik, die seinerzeit vor über 20 Jahren von Krupp und AEG aufgebaut wurde, die jetzt für den Eigenbedarf pro Stunde 10 Tonnen Zement produziert. Das Land, das sollte VW in Wolfsburg wissen, hat wahrscheinlich die meisten noch laufenden und fahrenden VW-Käfer, die auf der Welt anzutreffen sind. Dorthin könnte man endlich die Fabrik transplantieren, die VW schon in den Zeiten des Kaisers Haile Selassie in Decamere bauen und damals aber nicht installieren konnte, weil der amharische Negus Negesti natürlich den mißliebigen, gerade in Äthiopiens Machtbereich eingemeindeten Eriträern das nicht gönnen wollte.

Das Land braucht Unterstützung, es braucht ein kleines Goethe-Institut, weil nirgendwo in Afrika eine so bildungs-ausgehungerte Bevölkerung wie in Asmara sitzt. Es braucht Assistenz beim Aufbau der Krankenhäuser in Nacfa und in Tessenie, bei der Rehabilitation des Hafens in Massawa. Aber alles das sind Assistenzoperationen, die dazu dienen, daß der Eriträer heißester Wunsch Wirklichkeit wird: daß sie es demnächst selbst schaffen.

Der neue Chef der Provisorischen Regierung Eritreas Issaias Afwerki, hat am 22. Juni 1991 in Asmara gesagt: „The Government should not have ownership and control rights in all sectors of economy; exceptions being land, mineral resources, transport. Even in the latter the Government has to encourage investment from local and foreign capital.“ Worauf warten deutsche Firmen noch, worauf die Bundesregierung?

Die Wirtschaft ist hier besonders gerufen. Wie schon James Bruce, der schottische Landedelmann und Arzt, in seinem Reisebericht erwähnt: „Wenn ich ein Kaufmann und kein Priester oder Franke wäre, die nur kämen, um die Ruhe im Land zu stören, so wolle er nicht zulassen, daß mir eine persönliche Beleidigung widerfahre, wäre ich aber wirklich ein Priester oder einer von den Franken, so möchten sie mich zur Hölle schicken, wenn sie es für gut fänden, und er wolle dann nichts damit zu tun haben“ (James Bruce: Zu den Quellen des Blauen Nils. Die Erforschung Äthiopiens 1768–1773. Edition Erdmann. Thienemann Verlag, Stuttgart, 1987, S. 55) „Franken“ sind wir alle als Europäer in Äthiopien, man nennt uns „Ferenczis“, gespr. Ferengis, was eben damit zusammenhängt, daß als erste Europäer und Fremde die Franzosen in Äthiopien einfielen. In Eritrea heißen wir oft alle „Talianos", was Italiener heißen soll.

So wie wir Europäer, Fremde, Weiße alle – „loeung Xo" in Vietnam tituliert und gerufen werden: Russen.

Noch nicht Vietnam?

Das Land kommt aus seiner unterdrückten Rolle nicht heraus. War es einst der Schwarm von uns allen, weil ein Land der Dritten Welt es der Supermacht USA gezeigt hat, so ist es heute in den Jahren seit dem Umsturz in Osteuropa und der Sowjetunion völlig an den äußersten Rand der Weltpolitik abgesunken. Vietnam hat sich seine eigene Bedeutunglosigkeit selbst zuzuschreiben und das Elend seiner stolzen 70-Mio.-Bevölkerung.

Meine eigenen Erinnerungen an Vietnam sind durch die Rettungsaktionen der Cap Anamur geprägt (das erste Schiff rettete vom 9. August 1979 bis zum Anfang Juni 1982 insgesamt 9507 Menschen vor dem Tod des Ertrinkens), aber auch durch den Versuch einer Arbeit im Lande selbst.

Seit dem April 1988 arbeitet Cap Anamur/deutsche Not-Ärzte e. V. in Vietnam. Wir haben versucht, in zwei großen Krankenhäusern die technische Basis zu erneuern. Zunächst mit einem einzigen Mitarbeiter, dann noch mit je zwei Mediziner-Techniker-Teams. Bis heute ist diese Arbeit mehr oder weniger gescheitert, weil zwei Querschläger sie dauernd behindern.

Erstens verhindert die paranoide Security freie Entfaltung und Bewegung derer, die helfen wollen und auf eigene Kosten zum Arbeiten dorthin gekommen sind. Bis heute müssen die Cap-Anamur-Mitarbeiter jeweils Travel permits haben, um an den Ort der von ihnen auch finanziell mitgetragenen Projekte zu kommen. Das letzte Mal wollte mich (im September 1991) das Ministerium für Gesundheit nicht einmal nach Ankunft in der Hauptstadt Hanoi dorthin – also in das Krankenhaus Ninh Binh fahren lassen, weil das Ausstellen des Permits zum Reisen dorthin drei ganze Tage braucht.

Zweitens wollen die offiziellen Vietnamesen nicht zugeben, daß wegen der Zwangsisolation ihrer Bevölkerung und ihrer Fachleute der Ausbildungsstand der Mediziner so rapide gesunken ist, daß die medizinische Versorgung katastrophal ist, deren Opfer die Vietnamesen in ihrem eigenen Land sind.

Man muß für Vietnam hoffen, daß eine Wende kommt. Den Anschluß an den Stand Südostasiens schafft die gegenwärtige Führung nicht. Sie hat nur erreicht, daß sie einen Teil der Bevölkerung durch staatlich genehmigten (besser: zugelassenen) Konsumgüterschmuggel zufrieden- oder ruhiggestellt hat. Deshalb boomt der kapitalistische Untergrundmarkt sowohl in Hanoi wie Saigon. Deshalb hat man die Grenze zu China geöffnet. Ich selbst konnte mit geröteten Augen den Grenzfluß bei Lao Cai sehen, wo der kleine und mittlere Grenzverkehr und Grenzhandel explodiert. Aber meist einseitig: Die Vietnam-Märkte sind voll mit chinesischen Konsum- und Nahrungsgütern, weniger umgekehrt.

Der letzte, der 7. Parteikongreß, der Mitte Juli 1991 stattfand, hat der Bevölkerung nichts gebracht, außer einem neuen Innenminister, der sich selbst und der vom Volk völlig abgewandten Nomenklatura beweisen will, was eine Harke ist. Deshalb gab es Rückschläge in Vietnam. Von Perestrojka keine Spur mehr, die als Doi Moi in Vietnam bekannt wurde. Wenn Erich Honecker am 10. Oktober 1991 im ARD-Interview von dem „tapferen Vietnam" schwärmt, das bei seinen „sozialistischen Grundsätzen" bleibt, dann beweist er nur seinen abgrundtiefen Zynismus, mit dem er weiter für richtig hält, daß ganze Völker stillhalten, leiden und darben müssen, nur damit sich die Nomenklatura auf die schlimmste Art bereichern und begütern kann – mit den Devisen, die die jeweiligen Schalck-Golodkowskis durch die miesesten Geschäfte herausholen. Vietnam hat sich durch den Export eigener Landsleute nach Osteuropa, auch in die DDR, und in den Irak die Devisen für die eigene Nomenklatura hereingeholt.

Duong Thu Huong ist die berühmteste vietnamesische Schriftstellerin. Sie wurde plötzlich im April 1991 verhaftet und landete im Gefängnis. Im Juni 1991 kam sogar Danielle Mitterrand nach Hanoi, eigens, um Duong Thu Huong zu besuchen, was ihr von dem Beton-Apparat in Hanoi verweigert wurde. Sie ist durch wunderbare Romane wie „Verlorene Paradiese" und „Arc de Triomphe" bekannt geworden. Sie ist dem Regime ein furchtbarer Dorn im Auge, weil sie selbst aus der Partei kommt und früher eine Enthusiastin war. Jetzt aber schreibt sie in dem „Offenen Brief einer vietnamesischen Dissidentin": „Die größte Leistung der Partei ist es, daß sie den Vietnamesen die Liebe zum Heimatland ausgetrieben hat." Damit bestätigt Duong Thu Huong auf ihre sarkastische Art, was Cap Anamur immer wieder von Flüchtlingen auf dem Südchina-Meer gesagt wurde: „Dreißig Jahre während all der Kriege sind wir Vietnamesen nicht versucht gewesen, aus unserem geliebten Heimatlande herauszugehen." Jetzt aber hat man uns „die Liebe zu unserem Heimatland ausgetrieben".

Dieser „Offene Brief" wird uns Deutschen durch die deutsche Übersetzung der Moskauer (!) Wochenschrift „Neue Zeit" bekannt: Vietnam versucht durch allerletzte untaugliche Manipulationen noch den Weg in die Demokratie und die Beteiligung des Volkes an den eigenen Geschicken zu vermeiden. Ich denke – untauglich.

Ich muß hier eine Geschichte erzählen, von der ich sicher bin, daß sie bis zum Erscheinen dieses Büchleins nicht bekannt werden wird. Cap Anamur/Not-Ärzte ist stolz, in Vietnam einen israelischen Arzt in seinen eigenen Reihen zu beschäftigen. Dieser Arzt hatte sich nach einer Titelgeschichte in dem US-Nachrichtenmagazin „Time" aus Tel Aviv bei uns gemeldet, weil er die permanenten, auf Dauer ermüdenden Einsätze bei der Israel-Armee satt hatte. Es gelang dann auf diplomatisch gewiefte Art, ihm die Arbeitserlaubnis zu erstreiten. Erst wollte der bemühte und humanitär empfindende damalige Innenminister Wolfgang Schäuble ihm einen deutschen Paß auf Zeit verpassen. Aber der eigene Ministerialapparat wollte da petzen und revoltierte, in schöner deutscher Beamtenkleinkariertheit. Also mußte Schäuble zurückzucken. Nachdem ich über die Affäre Schalck-Golodkowski und den Ex-BND-Chef Wieck höre, daß das Ausstellen eines deutschen Passes für halbseidene Polit-Schwerenöter „eine ganz normale Sache" sei, kann ich den Wankelmut des Ministers Schäuble damals nur von ferne bewundern.

Kurz, dieser israelische Arzt hat nach seinem ersten Heimaturlaub, nachdem er eine Vietnamesin geheiratet und diese mit nach Israel genommen hat, ein Exemplar der hebräischen Übersetzung des Buches von Go Nguyen Giap „People's War" nach Hanoi mitgebracht. Er sandte es mit einem persönlichen Schreiben an den legendären Sieger von Dien Bien Phu und Gewinner des Krieges gegen die USA, Vo Nguyen Giap. Wochen später bekam er einen Antwortbrief, der für mich die Verheißung enthält, daß das große starke vietnamesische Volk sich von den Fesseln seiner eigenen Diktatur befreien kann.

Hanoi 20 July 1991

Dear Sir,

I have received Your letter dated June 9th 1991 with the book „People War, People Army“ translated to the Hebrew language. Thank You sincerely for Your high appreciation of the book. And I should be inspired if this book could serve as some help to people who love the just cause and who are fighting for true peace on our planet, for inviolable human life rights for all nations and for friendship between nations.

Let me wish You a good health and great success in Your humane activities“.

Muß ich erwähnen, daß dieser Brief eine Ermunterung unserer oft sehr frustrierenden Anstrengungen zur Verbesserung der Gesundheitsversorgung in Vietnam darstellt?

Wir Deutschen – wohin?

Zum erstenmal komme ich von einer Reise nach Afrika zurück und fühle mich nicht mehr richtig zu Hause. Zum erstenmal – gut, ich bin jung –, also zum ersten Mal seit 1979. Ich habe in früheren Jahren immer wieder selbstbewußt und oft stolzgeschwellt gesagt: „Ich lebe gern in der Bundesrepublik Deutschland.“ Ich konnte auch sagen, warum: Wir Deutschen haben uns bemüht, nach 1945 eine menschenfreundliche Gesellschaft zu sein. Selbstverständlich galt das für Aus- wie Inländer. Für niemanden exklusiv. Die Last der sechs Millionen Judenknochen, die mir wie dem Beckmann aus Wolfgang Borcherts „Draußen vor der Tür“ manchmal arg schlafverkürzend vor die Augen treten – diese Last, ein überlebender Deutscher zu sein, hatten wir ja produktiv gewendet, im Aufbau einer wirklich menschenfreundlichen und humanitär sich auszeichnenden Gesellschaft.

Zum anderen konnte ich beim Ausstieg aus einem Flugzeug, das mich aus Vietnam oder Äthiopien, Südafrika oder Mosambik wieder auf den Frankfurter Flughafen ausspuckte, wieder frei durchatmen und anfangen, *alles* laut, unmißverständlich, klar zu sagen (zu senden, zu schreiben, zu schreien).

Jetzt kam ich am 11. Oktober 1991 zurück aus einem kleinen tapferen Land Ostafrikas, gleichsam dem Vietnam Afrikas – war es ihm doch in dreißig Jahren Krieg gelungen, die mit Abstand stärkste und bestausgerüstete Armee Afrikas (300000 Mann) zu besiegen, aus Eritrea kam ich – da wurde mir diese Freude bei der Rückkehr vergällt. Ich las in der „Zeit" von einer „Schande über Deutschland". Die Mordversuche gegenüber Ausländern, ganz gleich, in welcher juristischen Statusverfassung sie sich unter uns aufhalten, hatten in den Tagen des Afrikabesuches noch zugenommen. Nach Hoyerswerda mußte ich mir gleich einen anderen Ortsnamen, Hünxe, einprägen, den ich vorher noch nie gehört hatte. Ausländerfreundliche Demonstrationen werden am folgenden Wochenende gemeldet. In Köln sollen es 8000 Teilnehmer gewesen sein, die Polizei sagt 5000. Als ob das eine Demonstration wäre, die auch nur annähernd dem Skandal Paroli bieten würde, der sich schleichend und dann mit einem Knall ereignet hat. Und die Demonstration wäre ja auch nur ein relativ ohnmächtiges Mittel, um etwas dagegenzusetzen. Aber ein in seiner Ohnmacht dann auch wieder mächtiges Instrument.

Ich komme zurück und lese, daß über 20 Länder bei der Bundesregierung Waffen aus den NVA-Beständen bestellt oder erbeten hätten. Der Bundesverteidigungs-Staatssekretär Otfried Hennig gibt am 10.10.1991 freimütig darüber Auskunft. Was er nicht bekanntgibt, sondern was unter den beiden Buchstaben „VS" (Verschlußsache) der Öffentlichkeit verborgen bleiben soll, ist die Ausweitung der „Ausstattungshilfe der Bundeswehr" für ausgewählte Länder der Dritten Welt.

Diese Ausstattungshilfe ist schon Ende der achtziger Jahre ins Kreuzfeuer großer Kritik gekommen. Damals – 1990 – wurde von „Report", Baden-Baden, aufgedeckt, daß selbst das mörderische fundamentalistische Regime des Omar al Baschir in Khartum –

Sudan – weiter fröhlich Ausstattungs-, Trainings- und auch verkappte Waffenhilfe bekam. Das gleiche Regime köpft munter jemanden, der nur den Besitz von 5 US-Dollar verschwiegen hat, haut Arme und Beine von Taschendieben ab – und profiliert sich auch sonst auf der Skala der Menschenrechtsverletzungen.

Nun hat man hastig die Sudan-Ausstattungshilfe beendet (obwohl MBB dank dieser Ausstattungshilfe drin ist im Sudan und wir auch immer wieder hörten, daß es sudanesische Offiziere geben soll, die weiter im Rahmen solcher Programme in die BRD zur Aus- oder Weiterbildung kommen).

Die Neuvorlage an den Bundestag enthält für die Jahre 1991 bis 1993 Mittel in Höhe von 196,38 Mio. DM. Diese Mittel werden an folgende Länder ausgeworfen: Algerien (ein Land mit einer gefährlichen fundamentalistischen Entwicklung), Bolivien, Brasilien (Neuaufnahme), Bulgarien (Neuaufnahme), Burkina Faso, Burundi, Dschibuti, Ecuador, Marokko, Peru, Polen (Neuaufnahme), Sambia, Simbabwe, Tansania, Türkei, Zaire. Zaire bricht gegenwärtig als Staat ganz zusammen. Zu lange haben die Westmächte und Europa dem Blutaussager Mobuto die „blutige Stange" gehalten.

Unter dem Titel Neuverpflichtung bis zu 5 Mio. DM heißt es:

„Unter den afrikanischen Flächenstaaten hat Zaire wegen seiner Größe, seiner zentralen Lage und des Einflusses Präsident Mobutos besonderes Gewicht. Der von Mobuto Anfang 1990 eingeleitete Demokratisierungsprozeß (Mehrparteiensystem, Verfassungsänderung und Parlamentswahlen) ist noch mit zahlreichen Unwägbarkeiten behaftet. Das auf Mobuto zugeschnittene Herrschaftssystem, ethnische Gegensätze und der Niedergang der Wirtschaft lassen Besorgnis um die dauerhafte Stabilität des Landes gerechtfertigt erscheinen."

Wie im Falle China – und im Falle Äthiopiens, wie im Falle Kenia – die Bundesregierung hat überhaupt keine aufrechte Haltung, sie wechselt die Einschätzungen und Grundsätze wie das Hemd. Nun ist doch Zaire das Land mit der allergrößten Willkür, das Land mit dem betrügerischsten Dieb an der Spitze, der sich der Reichtümer des Volkes zur Selbstbedienung in seinen Luxusvillen bemächtigt hat – zwei Schlösser in Belgien, entsprechende Paläste in der

Schweiz und in Südfrankreich. Wir aber hören, daß der Deutsche Bundestag, unsere tolle parlamentarische Vertretung, beschließt: „Neuverpflichtung für 1991 bis 1993 5 Mio. DM." Vielleicht gibt es das Land bis dahin gar nicht mehr. „In Menschenrechtsfragen müssen weitere Verbesserungen erreicht werden. Es bestehen jedoch hinreichend günstige Aussichten für künftige Fortschritte im Bereich der politischen Reformen und für Verbesserungen im Gebiet (!) der Menschenrechte, um eine Fortsetzung der Ausstattungshilfe für Zaire vorzuschlagen."

Und so geht das im Text weiter: „Empfänger der Ausstattungshilfe sind seit 1988 ausschließlich die Streitkräfte", was sich besonders berückend liest, wenn man weiß, daß die 31. Brigade der zairischen Armee die flächendeckenden Plünderungen in der Hauptstadt Kinshasa in den Tagen vom 21. September an und vor allem in der Nacht vom 22. auf den 23. September 1991 durchgezogen hat. Weiter im Text der Bundesregierung: „Die Ausstattungshilfe konzentrierte sich bislang auf den Aufbau eines stromunabhängigen (solaren) Fernmeldesystems, die Verbesserung des Sanitätsdienstes und den Aufbau und Betrieb von Kfz- und Fernmeldelehrwerkstätten. Zum Betrieb dieser Einrichtungen wurde ab 1978 eine Beratergruppe der Bundeswehr eingerichtet. Sie ist für die Durchführung der Projekte weiterhin verantwortlich."

Warum sind und bleiben wir Deutschen die Weltmeister in den Sekundärtugenden – und machen nicht einen Sprung nach vorn, zeichnen uns geradezu im internationalen Wettbewerb aus – in der Frage, wer derjenige ist, der am schnellsten und am besten zur Stelle ist, wenn Menschen in der allergrößten Not sind. Warum haben wir uns nicht als erste geschworen, nicht mehr nach der jurisdiktionellen Pforte zu fragen, sondern nur noch nach der Not? Warum? Es gibt doch das „droit d'ingérence", wie es die Freunde von „Médecins du monde" damals 1980 formuliert haben.

Wir sind lahm, unangepaßt, wir wollen mit der Beamtenethik und dem Habitus von Juristen Weltpolitik machen. Das mißlingt.

Zurückgekehrt nach Deutschland, nach Deutschland im Herbst 1991, erlebe ich: Mein Land ist nicht mehr ganz mein Land. Ich will mit dem Land nichts mehr zu tun haben, in dem es geduldet wird, daß der Verfassungsschutz für eine feindliche und feindselige Stimmung gegenüber Mitbürgern anderer Hautfarbe, Herkunft und Religion zuständig ist, die in Hetze und blanken Mord umgeschlagen ist.

Ich bereite meinen Rückzug vor. Ich kann Heinrich Bölls Exil-Wünsche plötzlich verstehen – auf dem Höhepunkt der Hetze in der Öffentlichkeit gegen ihn, den liebevollen Schriftsteller. Nein, es wird mir schwarz vor Augen, als ich die schöne Rheinfahrt von Mainz über Bingen, Bingerbrück, Koblenz, Andernach bis nach Bonn am Abend des 11. Oktober 1991 mache und die Zeitung lesen muß. Ja, lesen muß. Denn alles, was dort steht, ist für mich ein Hohn auf unseren gemeinsamen Schwur. Und mit einem solchen Buchtext kann man den auch nicht allein beheben oder wieder neu auflegen. Ich möchte schon den Leser und die Leserin fragen, wie Sie (ja, SIE!) es schaffen, in dieser Republik weiterzuleben, in der Molotowcocktails zwei libanesische Babies treffen, die dann auch noch in unserer bestversorgten Bundesrepublik bis nach Hamburg gebracht werden müssen, um behandelt und gerettet zu werden.

Nein, der Freimut ist weg, das klare Aussprechen dessen, was ist. Es ist ja mehr geschehen als nur ein Zwischenfall. Es hat sich ein Land geändert, oder – schlimmer – es war immer schon so, wir haben es nur nicht gemerkt. Die Politiker sind dabei, als Berufspolitiker nur um ihre Karrieren zu fürchten. Sie beschönigen, was das Zeug hält. Sie werden eine neuaufkommende Stimmung im Westen der Republik nicht beim Wort packen und die eigenen Wähler kritisieren. Sie sind bis ins Mark verdorben.

„Allemagne: la montée de la violence contre les immigrés. De nouveau la peur des pogroms" – schreibt Henri de Bresson in „Le Monde" am 29. September 1991. Ich lese das in Eritrea: Vielleicht gehe ich doch nach dieser Erfahrung heraus aus Deutschland und baue meinen Garten und Felder in Nacfa in Eritrea. Damals habe ich das mehr als Jux in den FAZ-Fragebogen geschrieben. Jetzt scheint es mir der gute Ausweg zu werden. „46 Jahre nach Hitler bewegen wir uns auf einem sehr brüchigen Eis", hat die Generalsekretärin der FDP, Cornelia Schmalz-Jacobsen gesagt – bei der Bundestagsdebatte am 26. September 1991. Das, gute Freunde, ist mir nach 46 Jahren als Leistung dieser Gesellschaft zu wenig.